ETChina
■com.cn

# "互联网+"

# 文化创意创业

Internet+ Creative and Cultural Entrepreneurship

主　编◎刘　丹

副主编◎王　弢　吕　明　牛　旼

配 套 资 源

北京师范大学出版集团
BEIJING NORMAL UNIVERSITY PUBLISHING GROUP
北京师范大学出版社

**图书在版编目(CIP)数据**

"互联网＋"文化创意创业 / 刘丹主编. —北京：北京师范大学出版社，2017.12

"互联网＋"创新创业系列教材

ISBN 978-7-303-22643-6

Ⅰ. ①互…　Ⅱ. ①刘…　Ⅲ. ①文化产业－创业－高等学校－教材　Ⅳ. ①G114

中国版本图书馆 CIP 数据核字(2017)第 181403 号

| 营 销 中 心 电 话 | 010-62978190　62979006 |
| --- | --- |
| 北师大出版社科技与经管分社 | www.jswsbook.com |
| 电 子 信 箱 | jswsbook@163.com |

HU LIAN WANG＋ WEN HUA CHUANG YI CHUANG YE

| 出版发行：北京师范大学出版社　www.bnup.com |
| --- |
| 北京市海淀区新街口外大街 19 号 |
| 邮政编码：100875 |

| 印　　刷：北京玺诚印务有限公司 |
| --- |
| 经　　销：全国新华书店 |
| 开　　本：787 mm×980 mm　1/16 |
| 印　　张：15.75 |
| 字　　数：245 千字 |
| 版　　次：2017 年 12 月第 1 版 |
| 印　　次：2017 年 12 月第 1 次印刷 |
| 定　　价：39.80 元 |

| 策划编辑：陈仕云 | 责任编辑：陈仕云 |
| --- | --- |
| 美术编辑：刘　超 | 装帧设计：刘　超 |
| 责任校对：赵非非 | 责任印制：赵非非 |

# 本书编委会

**主　编**　刘　丹　北京邮电大学副教授、北京创新创业教育投资中心秘书长

**副主编**　王　戮　中央音乐学院学生处处长、副教授

　　　　　吕　明　中央美术学院教务处副处长

　　　　　牛　旼　创想天使基金创始合伙人

**编　委**

**高校界：**

李朝阳　清华大学美术学院环境艺术设计系书记、博士生导师

岳洁琼　中央美术学院协同创新办公室主任

郭　丽　中央美术学院学生处处长

王京超　中央音乐学院学生处副处长

郑玉明　中国传媒大学副教授

张丰艳　中国传媒大学副教授

马同斌　北京电影学院影视文化产业创新园主任

李丹丹　北京电影学院宣传部副部长

李习文　北京师范大学校团委书记助理

刘　锐　首都师范大学招生就业处副处长、就业创业中心主任

彦　风　中国艺术研究院副教授

张宏娜　北京服装学院学生处处长

何　群　中央财经大学文化与传媒学院副院长、教授

刘永平　北京工业大学信息学部副书记

刘　洁　北京工业大学经管学院副教授

谢火木　厦门大学现代教育技术与实践训练中心主任

王美艳　南昌大学艺术与设计学院党委副书记

韩晓剑　西安美术学院学生处处长、文创教学中心常务副主任

张迺英　同济大学经济与管理学院硕士生导师、副教授

张　欢　上海工艺美术职工学院学生工作部部长、创新创业中心主任

方　军　上海戏剧学院创意学院党支部书记、副教授

陈　伟　上海体育学院创新创业指导中心主任、副教授

雷卫军　浙江传媒学院华策电影学院党总支书记
郭　清　福建工程学院设计学院党委副书记
**企业界：**
胡海泉　著名音乐人、天使投资人
郝景芳　著名科幻作家、雨果奖得主
杨　姝　阿里巴巴文化娱乐集团人才战略总监
卢　丹　中青旅置业有限公司执行董事
刘晓春　中国文化产业发展研究中心主任
李薇薇　中国教育报创客版主编
李肖鸣　教育部高校毕业生创业智库首席专家
马　骏　上海市创意产业协会理事、创意人才培训中心秘书长
方　伟　武汉华工科技企业孵化器有限责任公司总经理
曾　莉　湖北省科技与孵化促进会秘书长
孔令旭　全国大学生创新创业联盟副秘书长、中国校园市场联盟理事长
尹兴良　北京新片场传媒股份有限公司 CEO
张勤涛　百知教育集团创始合伙人
李光栋　北京灵动天合科技有限公司董事长（51 美术网、尚聘网创始人）
赵　勇　北京版库互联网科技有限公司 CEO
周一帆　城市传奇篮球俱乐部（北京）有限公司 CEO
刘　超　北京粉丝时代网络科技有限公司 CEO
潘兴德　北京全景声信息科技有限公司 CEO
戚　渊　尚至音文化发展（上海）有限公司 CEO
孙　伟　视觉中国社区联合创始人
盛国强　浙江永康知闲影业有限公司 CEO
**投资界：**
王　蔚　全国高校创新创业投资服务联盟理事长、梧桐高创创始合伙人
蒋　楠　全国高校创新创业投资服务联盟副秘书长、梧桐高创资本联合创始人
陈爱国　上海创业投资管理有限公司、上海寅嘉创业投资管理公司总经理
赵　勇　上海科创产业股权母基金主管合伙人
李　娟　楚商领先创业投资管理有限公司董事长
董占斌　青松基金创始合伙人
周　琳　中国文化产业投资基金董事

# 名家推荐
# Recommendation

**著名音乐人、天使投资人　胡海泉**

　　我本人一直关注文创领域的发展动向，并坚信演唱会、音乐会、网络视频、影视剧，甚至包括手机移动终端应用、手游等内容都可以通过整合以及深度的互动营销来提升传统行业价值。经过 6 年的准备，巨匠文创产业基金于 2016 年成立，参与泛娱乐内容创业领域投资，主要涉及影视、音乐、经纪、网娱 IP、网络综艺、游戏、文学、演出等众多领域。大学生们年轻奔放、彰显个性、无拘无束、自由洒脱，是文创创业中最具有创造力的人群。我非常希望能够在他们最有活力的年龄阶段，参与他们的成长，创造奇迹！

　　但是，文化创意创业与其他创业项目不同，其内容是不可复制的，成功经验也不可复制。洞悉行业是创业成功的开始，刘丹老师在《"互联网＋"文化创意创业》一书中，详细分析了文化创意产业链的基本特征与关键活动，为创业者选择创业机会提供了参考依据。书中分别对内容生产、分发推广、衍生产品进行了深入解读，与我的观点不谋而合。大学生在创业中可以借鉴本书中的观点，从一个恰当的角度切入市场，少走弯路，走出一条最适合自己的创业之路。

　　预祝同学们学有所获，创业成功！

**清华大学美术学院环境艺术设计系书记、博士生导师　李朝阳**

　　文化创意创业在当下方兴未艾，已然成为潮流和时尚。无论是创意产业，还是文创产品，其具体运作既要博采众长、展现前瞻性，也要脚踏实地、具有理性精神；既要契合时代脉络和创新意识，也要尊重传统文化、敬畏经典；既要有合理手段和实施措施，也要戒除功利心态、拒绝攀比，以呈现既富有科技魅力，又颇具人文气息的健康发展理念。

你需要的，也许在这本《"互联网＋"文化创意创业》书里都能找到答案或路线图，谨推荐之。

**全国高校创新创业投资服务联盟理事长、梧桐高创创始合伙人　王蔚**

2017年教育部举办的第三届"互联网＋"大学生创新创业大赛覆盖了2 241所高校、150万大学生，参与大赛的创新项目多达37万个。相比第二届大赛，本届比赛的参与人数和团队数量分别增长了2.2倍和1.7倍。大赛的热度从一个侧面体现了大学生们创新创业的意愿高涨。

文化创意产业是推动我国文化产业发展的重要力量，在市场实践的经验愈加丰富的背景下，文化创意产业将以IP为核心，以互联网技术为依托，与各行业深度融合，创新商业模式，形成资本投资的新高地，引领文化产业发展的潮流与方向。在社会资本的助推下，文化创意创业频现强吸引力的风口和热点。

第三届"互联网＋"大学生创新创业大赛增加了"互联网＋"文化创意服务组，旨在鼓励大学生们利用自身的优势，在文化创意领域进行创业探索。刘丹老师的《"互联网＋"文化创意创业》教材的适时出现，为同学们在创业中指点迷津。书中系统地阐述了文化创意产业的特征，选取了大学生文化创意创业典型项目，提供了可借鉴的创业路径及商业模式，是致力于文化创意创业大学生们的首选教材。

**中青旅置业有限公司执行董事　卢丹**

青春，从不缺乏创意、激情与梦想。

化茧成蝶，一飞冲天，在互联网大时代，一切皆有可能。

当金庸还未走远，桃花岛就变成了"三生三世"；从"打开电视看电影"，到在手机上追网剧、顶网红。文化创意产业从未像今天这样，乘着互联网之舟，成为大学生、社会青年自主创业、实现梦想的利器。

刘丹老师的新书《"互联网＋"文化创意创业》，不同于刻板的教科书和语录式的宝典铭篇，针对大学生、社会青年创意思维和创业行为的特点，系统性地总结了应用互联网平台与技术进行文化创意创业的商业模式，用严谨的理论和众多的案例，为青年创业者提供了可行的技术路径，并全景式地展示了这一领域中文化创意的创造、生产、消费、传播、技术、平台、资本等环节的操作实务。

读完这本书，创业的路上，你会更轻松。

**著名科幻作家、雨果奖得主 郝景芳**

中国网络文学已经成为文学发展史上一道独特的风景。由网络小说转化出版的图书，改编的影视作品、游戏、动漫、有声读物及周边产品带火了大众娱乐市场，打造出"'互联网＋'文化创意"的庞大产业。网络文学以低门槛、自由状的姿态跻身互联网大军，蔚为壮观的创作和阅读队伍，从文学圈横跨影视界，将网络文学推向快速发展时期，唐家三少等网络小说作家以过亿元的版税进入了网络作家富豪榜。

网络文学的"野蛮成长"吸引了大量的文学创作者及创业者，但很快网络作家们对每天面对几千甚至上万字更新的快节奏状态感到无法适应，创作灵感枯竭，内容更新滞后，作品阅读数据惨淡。

经常有人问我，作为一个作家，你是如何生活，如何写作的？我觉得一个作家如何生活完全不重要，只有他的写作方式是重要的，找到自己能够顺利写下去的生活方式才是最重要的。我认为写作是一种需要，需要是一种力量。就像爱一个人一样，若非全身细胞都情感性地需要对方，那便难以达到那种真挚的让自己幸福的状态。在每一个默默行走的时刻，在每次冲突与打击的时候，在每一处新的风景，我都需要我的笔，需要它带我渡过每个难关，需要它将我的生活传递出去，同时吸纳另外千千万万个生活进入我心。

互联网给了创作者们全新的舞台，只有用心诠释生命的意义才能感动更多的观众。在文化创意创业正劲的今天，刘丹老师的《"互联网＋"文化创意创业》一书从理论视角系统讲解了文化创意产业的特点、内容创业的痛点与难点，让创业者能够理性思考创业之道，实现创业梦想。

做最好的自己才能遇到最好的他人，有优秀的作品才有持久的读者。

**中国文化产业发展研究中心主任 刘晓春**

我们进入了创客时代。创客时代的来临有多方面的原因，其中一个非常重要的原因是高科技、数字化，特别是互联网和移动互联网给我们创造了新的机会，促进文化产业完成向创意产业的升级换代。

"互联网＋"与"文化创意"作为两大驱动力将推动文化产业自身的整体转型和升级换代，同时激发出更多的新型业态。"互联网＋"文化创意产业，将再次激发起全民创新与创业，以及文化产业、创意经济的无限可能，能充分展示大众创业、万众创新的活力，这种活力和创造，将会成为中国文化产业未来增长的不熄引擎。

刘丹老师的《"互联网+"文化创意创业》一书，针对大学生、社会青年投身文化创意产业的行为特点，系统地阐述了互联网与文创产业的特性，以众多真实案例和严谨的理论，为文化创意创业者提供了可借鉴的有效路径及商业模式，是投身于文化创意产业的大学生和社会青年的必读之物。

无限的创意对人们的一生具有极为重要的意义，它将拓展你人生的意义，增强你的成就感，激发你的活力，最大限度地丰富你的生活内容。

### 青松基金创始合伙人　董占斌

近年来，伴随着人们经济收入的提高，人们在文化内容上的消费也相应增加。顺应这一趋势，很多基金开始关注文化创意产业，众多聚焦于文化产业的基金也应运而生。

在文化产业快速发展的同时，国内却鲜有系统地介绍文化创意创业的教材。很多文化领域的从业者要么摸着石头过河，要么把积累的宝贵经验深藏不露。因此，刘丹老师的最新著作《"互联网+"文化创意创业》让我眼前一亮。这本书借鉴国外，又考虑到中国国情；既有理论深度，又注重案例研究；既有历史回顾，又有前沿信息。各章节既可独立阅读，又可前后贯通、相映成趣。

中国正在崛起为文化大国，相信会有更多的创业者进入文化创意领域，而此书也将为他们助一臂之力。

### 北京电影学院影视文化产业创新园主任　马同斌

时下中国，文化创意产业正在快速发展，"互联网+"代表着文创产业纵向的时间维度，创新创业增加着文创产业横向的内容体量。

刘丹老师主编的《"互联网+"文化创意创业》一书，是崭新时代下关于文化创意创业的一次重要的理论概述，囊括了目前中国文化创意产业发展中创业领域面对的若干前沿问题。

《"互联网+"文化创意创业》一书，语言朴素凝练，案例丰富，论据扎实，深入浅出地为大学生及创业读者概括了文化创意创业目前所面临的 IP 概念、金融服务、商业模式、产业链、内容创意、营销、衍生品以及与传统文化的关系等若干问题，内容全面而不失深度，严谨而不落态度，实际而不损高度。

感谢刘丹老师团队为迷茫的青年创业者擎起一缕光。从此，互联网时代下的文化创意创业不缺主角和英雄！

# 前言
## Preface

近两年来，我国文化创意产业发展态势迅猛，特别是直播、网综、网剧三驾马车并驾齐驱，带来了互联网内容行业的兴盛繁荣。以 IP 为核心，文学影视、游戏动漫、音乐体育等多个文化创意行业找到了创新发展的结合点。在互联网背景下，文化创意产业积极与各行业深度融合，探索并创新形成新的行业形态，有效地促进了我国的消费结构升级，推进了经济结构转型。

创新是文化创意产业的立根之本。不论是内容创作、IP 孵化、发行模式，还是品牌服务、内容营销，都体现了文化创意产业本身在创意和创新精神上的高度追求。文化创意产业与"互联网＋"相遇，再次激发了全民创新创业的潜能与活力。大学生们正值青春，在文化创意创业的舞台上崭露头角，创造着无限的可能。2017年第三届全国"互联网＋"大学生创新创业大赛增加了"互联网＋"文化创意服务组，鼓励大学生们在新赛道上追逐创业梦想。

《"互联网＋"文化创意创业》是继《"互联网＋"创业基础》之后编写的第二本"互联网＋"创业教程。文化创意产业涵盖面广泛，因此本书先将影响产业发展的三大要素：IP 管理、金融服务、商业模式进行了全面介绍，然后按照产业链的基本框架，从内容创意与生产、产品分发与营销、衍生品开发与推广三个环节解构创业活动的主要特征。本书秉承了第一本书的写作宗旨：从创业实践中总结经验规律，为创业实践提供可行之策。书中的大量案例来自一手调研与访谈，通过创业者的视角总结文化创意创业的独特性，探寻创业有效路径。

在本书写作过程中，编者收获了满满的感动。每次请教创业同行，无论是企业家还是投资人，总能得到他们慷慨无私的帮助、高屋建瓴的指点。每次采访创业者，或是激昂或是平静，总能领略到他们的创业激情，折服于他们的创业智慧，钦佩于他们的创业坚持，在此一并致谢。另外，特别感谢著名音乐人、天使投资人胡海泉，清华大学美术学院环境艺术设计系书记、博士生导师李朝阳，全国高校创新创业投资服务联盟理事长、梧桐高创创始合伙人王蔚，中青旅置业有限公司执行董事卢丹，著名科幻作家、雨果奖得主郝景芳，中国文化产业发展研究中心主任刘晓春，青松基金创始合伙人董占斌，北京电影学院影视文化产业创新园主任马同斌等创业大咖的鼎力相助。感谢新片场、城市传奇、粉丝网、果酱音乐、阿里影业、SG音乐、木疙瘩等创业团队的积极配合。感谢在百忙之中参与本书编写的赵勇（第2章）以及我的学生团队罗旭（第3、6章）、刘婷（第5、7、8章）、闫磊（第4章）、王楠（第1章）、吕正东（第9章）。

创业教育本身就是创业的过程，创业路上我们一路同行！

编者

2017年10月

# 目录
# Contents

# 第1章
# 导　论

## 【本章导读】

2017年1月22日，中国互联网信息中心发布的第39次《中国互联网络发展状况统计报告》显示，截至2016年年底，中国网民规模已达7.31亿人，中国互联网普及率达到53.2%，手机网民6.95亿人，各类互联网服务应用均保持高速增长。动漫游戏、网络文学、网络音乐、网络视频等数字文化产品拥有广泛的用户基础，与百姓生活越来越密切，已经成为目前群众文化消费的主产品。2016年11月29日国务院印发的《"十三五"国家战略性新兴产业发展规划》提出，到2020年，中国将形成文化引领、技术先进、链条完整的数字创意产业发展格局，相关行业产值规模将达到8万亿元。

本章将介绍文化创意产业的相关概念，国内外文化产业的发展现状，以及大学生在文化创意产业创业的时代背景。

## 【教学目标】

- 学习文化创意产业的概念；
- 理解文化创意产业的特点；
- 了解国内外文化创意产业的发展现状；
- 了解我国文化创意产业的相关政策；
- 熟悉文化创意创业的外部环境。

**【开篇案例】**

## 新片场——下一代的传媒公司

新片场传媒股份有限公司由北京邮电大学 06 级通信工程专业的学生尹兴良于 2012 年 8 月 29 日创立。在校期间，尹兴良就喜欢在业余时间拍片子，后来受到国外聚集视频创作人的平台 Vimeo 的启发，尹兴良等四位理工科大学生在课余时间搭建了一个短视频内容分享平台。该平台分享的主要内容为国内外最新的优秀短片和 UGC，短片时长多为 5~10 分钟，此即 V 电影平台的前身。

微电影指的是在电影和电视剧艺术的基础上衍生出来的小型影片，具有完整的故事情节和可观赏性。在资金投入方面，相较于传统电影在投资、制作经费上动辄千万元甚至上亿元，微电影的投入可谓少之又少，几万元的投资是比较常见的，有些甚至仅仅花费数百元。从专业创作的角度来看，微电影有效地缩短了从事电影电视剧制作的专业人士的成长周期。同时，微电影在互动性、参与性方面也具有浑然天成的优势，可以把微电影看作"草根化创作"。

随着信息技术的不断发展，创作拍摄门槛降低，大家都想去拍微电影，把自己想说的通过影视的方式表达出来。于是微电影就成为老百姓广泛参与的一种草根艺术形式。至于娱乐性，主要指的是微电影的内容，大部分微电影的内容都是比较幽默诙谐的，符合年轻人的需求，容易引起共鸣和讨论。据统计，2014 年上半年，用于投拍微电影及网络微剧的金额总量已高达 30 亿元，2014 年整个微电影市场占有量已破 100 亿元，预计 3 年后将达到 1 000 亿元以上。可以预见，未来微电影产业将成为影视文化产业强大的生力军。

2012 年 11 月，V 电影平台发行了第一个系列短视频《飞碟说》和第一部电影《冬眠》。此后，越来越多的新媒体影视行业爱好者、从业者开始关注 V 电影平台，注册用户因此陡增，线上交流、互动快速升温。V 电影创业团队是国内最早引入新媒体发行概念的团队，而且起步较早。短短几年，V 电影平台几乎已全面覆盖所有视频网站以及飞机、公交、地铁三大运营商的内容专区、电视盒子等渠道。通过 V 电影平台发行的优秀视频内容，经过全渠道分发，平均播放量累计可达数亿次。

在累积了一定规模的用户后，V 电影平台开始考虑如何将粉丝转化为用户，并不断创造好的内容。2012 年，依托于 V 电影平台，新片场平台成立，通过互联网平台聚集了一批优秀的年轻创作人，出品发行影视作品，并逐步发展为国内领先的新媒体影视出品发行平台。新片场是影视创作人社区，定位于新媒体影视的出品和发行。创业团队通过线上互动和线下活动很快盘活了已注册或新加入的行业爱好者和创作人才，并在原有平台基础上推出了新片场这一模块。新片场相当于创作人平台，线上用户均可有专属页面，通过官方认证后，他们可发布作品、参与交流互动。在新片场，用户可以将自己的作品上传，线上展映交流，同时提供幕后制作揭秘，线下举办展映交流活动。另外，新片场也自制优秀的新媒体内容，包括电影自习室等网络系列。

2016 年 3 月，在网络大电影业务进入正轨之后，尹兴良又开始着手布局短视频自媒体，一口气孵化和推出了"造物集""魔力美食""耐撕男女""魔力 TV"4 个短视频自媒体，并很快成为行业标杆。新片场在短视频自媒体领域的成绩，也被新浪微博、今日头条、秒拍、美拍等新媒体渠道注意到。在 2016 年 6 月 16 日新浪微博的"红人节"中，新片场成为新浪微博战略级合作伙伴，同时成为今日头条、秒拍、美拍在短视频领域的合作伙伴。尹兴良除了给新片场这架高速成长的火箭装上了"网络大电影"之外，还安装了第二个推进引擎——"短视频自媒体"。2016 年 6 月底，新片场进军网络大电影业务不到一年，已经成为国内网络大电影领域第一品牌。2016 年上半年票房 Top 30 网络大电影中，新片场发行、出品总量排名行业第一。

新片场的成功离不开尹兴良敏锐的洞察力，他在合适的时机找到了我国文化创意产业的市场空白，一击即中，从而造就出今日的新片场。让我们共同期待其未来的发展，相信在新的机遇下新片场还会带给我们更多的惊喜。

**创业之路：**

2011 年，V 电影平台正式上线，打造互联网视频媒体网站；

2012 年，新片场平台上线，定位于新媒体影视的出品和发行。

2014 年，新片场获得阿里巴巴人民币数千万元 A 轮投资；

2015 年 9 月，新片场三周年发布会上，尹兴良宣布新片场获得红杉资本和中瑞投资数千万元人民币 B 轮投资；

2015 年 12 月 4 日，新片场作为新媒体影视领域首家平台型公司登陆新三板，成为国内新媒体影视第一股（股票代码：834630），公司市值近人民币 10 亿元；

2016 年 9 月，新片场在其四周年庆祝典礼上宣布完成天星资本、红杉资本人民币 7 000 万元 C 轮投资；

2016 年 10 月，新片场获得第二届中国"互联网＋"大学生创新创业大赛金奖（成长组）。

**思考题：**

1. 尹兴良创办"V 电影"的契机是什么？

2. 为什么投资人认为短视频是一个好的投资方向？

3. 新片场成功有哪些原因？

4. 新片场未来可能遇到哪些挑战？他们应该如何应对？

# 1.1　文化创意产业的概念

## 1.1.1　文化产业

文化是指一个国家或民族的历史、地理、风土人情、传统习俗、生活方式、文学艺术、行为规范、思维方式和价值观念等。一切文化形式都是符号形式，任何符号都是一定文化的体现，没有符号就没有文化。

人类文化的三大要素是精神要素、表达要素与规范要素。精神要素即文化的精神内容，符号学称之为符号的"所指"（significatum）。表达要素即文化的表现形态，是表达特定精神意义的物质形态，符号学称之为"能指"（signifier）。规范要素是人们行为的准则，包括思维规范，符号学称之为"符码"（code）。

文化产业是指文化意义本身的创作与销售，以生产和提供精神产品为主要活动，以满足人们的文化需要为目标。包括：文学艺术创作、音乐创作、摄影、舞蹈、工业设计与建筑设计。

文化产业的本质是一种符号的商品化生产。文化创意人根据一定的符码规则创造出具有精神消费价值的符号产品。

根据国家统计局 2017 年 2 月的消息，文化及相关产业 10 个行业的营业收入均保持增长，文化服务业快速增长。其中，实现两位数以上增长的 3 个行业分别是：以"互联网＋"为主要形式的文化信息传输服务业，营业收入 5 752 亿元，增长 30.3%；文化艺术服务业，营业收入 312 亿元，增长 22.8%；文化休闲娱乐服务业，营业收入 1 242 亿元，增长 19.3%。2017 年 5 月 7 日，国务院印发的《国家"十三五"时期文化发展改革规划纲要》提出，"十三五"末文化产业将成为国民经济支柱性产业。

## 1.1.2 创意产业

随着文化产业发展到一定阶段，人们发现，一些普通商品引入文化创造力后大大提升了其原有价值。于是经济发展中创意的作用开始被强调，这便产生了一个新名词：创意产业（Creative Industries）。

创意产业是指那些从个人的创造力、技能和天分中获取发展动力的企业，以及那些通过对知识产权的开发来创造潜在财富和就业机会的活动。它通常包括广告、建筑艺术、艺术和古董市场、手工艺品等。

国际上对创意产业的定义及其概念的内涵与外延的争议非常大。最早提出创意经济的英国创意经济特别工作组于1998年将创意产业定义为"源于个人的创意、才华及技术，通过知识产权的开拓利用，有潜力创造财富和就业的活动"。这一概念也发布于《英国创意产业路径文件》中。

"英国创意产业之父"霍金斯（2001）认为，创意产业是这样一种经济部门，其产品均属于知识产权法的保护范围，并依照知识产权法保护形式划分为四大类，包括专利、版权、商标和设计。2008—2014年，英国创意产业各领域所占百分比均有变化，如表1-1所示。

表 1-1　2008—2014 年英国创意产业各领域的企业分布　　　　单位：%

| 种类 | 百分比变化（2013—2014） | 复合年均增长率（2008—2014） |
| --- | --- | --- |
| 广告与市场 | 10.9 | 8.0 |
| 建筑 | 16.4 | 3.3 |
| 手工 | — | — |
| 设计：产品、图像、时尚 | 16.6 | 9.7 |
| 电影、音乐、摄影 | 13.8 | 4.7 |
| 计算机服务 | 7.4 | 5.8 |
| 出版 | 2.8 | 1.6 |
| 博物馆、画廊、图书馆 | — | — |
| 音乐、表演、视觉艺术 | 5.4 | 6.5 |
| 总计 | 8.9 | 5.4 |

资料来源：http//：www.culture.gov.uk，2017-05-25。

哈佛大学文化经济理论家 Richard Caves（2004）认为，"创意产业为我们提供与文化价值、艺术价值相联系的创意产品和服务"，这一定义基本上将创意产业局限在文化产业以内。

## 1.1.3 文化创意产业

文化创意产业是在经济全球化背景下产生的以创造力为核心的新兴产业，强调一种主体文化或文化因素依靠个人（团队）通过技术、创意和产业化的方式开发、营销知识产权的行业。文化创意产业主要包括广播影视、动漫、音像、传媒、视觉艺术、表演艺术、工艺与设计、雕塑、环境艺术、广告装潢、服装设计、软件和计算机服务等方面的创意群体。

"文化创意产业"这种表达的使用始于中国台湾地区。文化创意产业是一个内涵和外延都比较丰富的产业业态，虽然文化创意产业已有半个多世纪的历史，但是目前尚未形成统一的概念，且存在创意产业、创意经济、创造性产业、创意工业等诸多不同的称谓。根据不同国家或地区的整体战略、地域特征、文化传承和主导趋向的差异，文化创意产业具有不同的称谓。

世界主要国家和地区对文化创意产业的理解分为三种：以美国为代表的"版权型"；以英国为代表的"创意性"；以中、日、韩为代表的"文化型"。美国从知识内容和市场权益出发，认为文化创意产业是以知识产权为核心，故称其为"版权产业"或"娱乐产业"；英等国则是从创造者、策划者、设计者出发推出创意产业的理念；日本等国将文化创意产业界定为以信息化的内容作为产品提供的产业，关注当代数字类产品的文化内容，提出了"内容产业"的理念。

联合国教科文组织相关报告显示，2013 年，全球文化创意产业创造的产值已达到 2.25 万亿美元，超过了全球电信服务业产值（1.57 万亿美元）和印度的 GDP（1.9 万亿美元）。其中，排名前三的行业分别是电视（4 770 亿美元）、视觉艺术（3 910 亿美元）和报纸杂志（3 540 亿美元）。从业人数排名前三的行业依次为视觉艺术（673 万人）、图书（367 万人）和音乐（398 万人）。

2006 年国务院发布的《国家"十一五"时期文化发展纲要》正式提出了文化创意产业的概念，这是我国政府首次正式使用这一概念。我国各地区通常采用"文化创意产业"的称谓，是结合了我国文史政经的特殊国情，并充分考虑了产业发展需求。"文化创意产业"这一称谓体现了它是植根于文化内涵、经创意与科技深度融合和加工而创造出高附加值产品和服务的规模化发展的产业。

2008 年，北京市统计局颁布《北京市文化创意产业分类标准》，并于 2011 年 5 月对其进行最新修订。该文件规定文化创意产业分为 9 个大类、27 个中类，为北京市明确各个产业的属性、制定各项政策以及为统计部门核算文化创意产业 GDP 提供了权威的依据，目前已被全国大部分地区采用，成为国内对文化创意产业主流界定和划分的方法。新标准对"文化创意产业"的定义是："以创作、创造、创新为根本手段，以文化内容和创意成果为核心价值，以知识产权实现或消费为交易特征，为社会公众提供文化体验的具有内在联系的行业集群"。

**【案例 1-1】**

**我国文化产业资金流入量逼近 4 000 亿元**

在我国经济增长降速、结构调整、动力转换的新常态背景下，资本市场成为经济转型与创新的重要支撑。近年来，资本市场主流融资渠道流入我国文化产业的资金规模不断增加，并呈现不断爆发之势。2016 年，全国文化产业资金流入量逼近 4 000 亿元，其中股权融资渠道为资金流入主渠道，北京、广东、上海、浙江是资金集中涌向地。

据中国文化产业投融资数据平台显示，2016 年，互联网信息服务、旅游、影视制作发行、软件、文体娱乐器材制造、网络游戏、出版与发行、体育、广告创意与代理、互联网内容制作成为最受资本青睐的十大行业领域。融资金额分别为：互联网信息服务业 848.12 亿元（占比 21.53%，同比增长 13.07%），旅游业 681.98 亿元（占比 17.31%，同比增长 −18.14%），影视制作发行行业 560.68 亿元（占比 14.23%，同比增长 65.56%），软件业 250.53 亿元（占比 6.36%，同比增长 97.53%），文体娱乐器材制造行业 226.11 亿元（占比 5.74%，同比增长 117.40%），网络游戏行业 172.57 亿元（占比 4.38%，同比增长 8.47%），出版与发行行业 172.10 亿元（占比 4.37%，同比增长 1.06%），体育产业 148.36 亿元（占比 3.77%，同比增长 1 129.09%），广告创意与代理行业 148.21 亿元（占比 3.76%，同比增长 293.58%），互联网内容制作行业 136.74 亿元（占比 3.47%，同比增长 −28.10%）。

其中，体育产业增长最快，挤掉了 2015 年文化产业资金流入前十强的"广播电视及数字电视业"，进入 2016 年文化产业资金流入前十强行业，位居第 8 名。另外，整体来看，2016 年文化产业前十大吸金行业合计流入资金 3 345.40 亿元，占比 84.93%，有着举足轻重的作用。

从文化产业资金流入细分领域来看，旅游服务、在线生活服务、景区游览管理的流入资金规模位居"2016年文化产业各细分领域资金流入 Top 10"前三名。其中，旅游服务融资 346.51 亿元，在线生活服务融资 293.55 亿元，景区游览管理融资 281.67 亿元。值得注意的是，位居第一名的旅游服务与位居第三名的景区游览管理均处于负增长走势，分别为－19.69％、－29.70％，而在线生活服务业与其呈反向走势，同期增长 197.78％，位居第二名，且其资金流入渠道主要为 PE(271.17 亿元)、创投(21.47 亿元)、新三板(0.83 亿元)和众筹(0.09 亿元)。未来，随着中产阶级消费兴起，再加上互联网、移动互联网加速渗透，在线生活服务的吸金表现将更值得期待。

资料来源：《文化产业资金流入量持续增长 逼近 4000 亿元》，中国经济网，2017-04-20。

# 1.2　文化创意产业的特点

随着科技的不断进步，在依靠人的智慧、技能和天赋的基础上，文化创意产业越来越多地借助高科技手段对传统文化资源进行创造与提升，所生产出来的创意产品也具有更高的附加值。综合来看，文化创意产业主要有四个基本特征。

## 1.2.1　知识集聚性高

从一般意义上来说，文化创意产品和服务都是以客观的历史文化和现存资源以及主观的创意理念为基础的，是人的知识、经验和智慧在特定领域的现实表征。文化创意产业与信息技术、数字技术等专业知识的广泛应用紧密相连，表现出较高的知识性、较深的智能性、较广的应用性等特征。以电影为例，现在几乎每部电影的创作都是通过与光电技术、计算机仿真技术等多种高知识含量的方式相结合实现的，而且还要借助知识含量较高的传媒手段进行推广和宣传。

## 1.2.2　价值增值性强

文化创意产业不是依赖物质、生态、环境等自生性资源，而是依靠知识、技术、智力、灵感等再生性资源去创造财富，这类资源主要来源于人的创造力、技能、才华等非物质因素，它可以通过教育、培训和社会环境的激发来创造和再生，因此，文化创意产业是无污染、资源消耗少的产业，也是当前中国经济亟需培育壮大的新动能。文化创意产品和服务是以创新和创造为核心的，处于"微笑曲线"的两端，即产业价值链的高端环节，因此，文化创意产业是一个具有较高附加值的产业。商品的市场价值可以理解为由商品的使用价值和观念价值两个方面组成，创意为商品赋予了更高的观念价值，是附加的文化观念。使用价值一般由科技创造而成，而观念价值则体现为商品的附加值，是主观的感受与体验。在文化创意产品和服务的价值构成中，科学技术和历史文化的附加值占比要明显高于普通的商品和服务。

## 1.2.3 与其他产业关联性强

文化创意产业是一个新兴产业，是经济、文化、科技、教育等社会生活各个领域相互融合的产物，是科技创新与内容创新高度融合的产业。文化创意产业连接的其实是人的情感、人的创意和人的想象力，所以从这个角度来讲，文化创意产业其实也是未来连接一切新生态和新浪潮非常重要的一环。新兴的创意产业与传统的文化产业融合发展，能够实现高度的渗透性和融合性，从思想意识层面全面提升人民群众的文化素质。在带动相关产业发展的同时，还可以辐射到社会的各个层面，具有较强的辐射性，进而为发展新兴产业及其关联产业提供良好的条件。

文化产业与其他传统产业有着很强的关联性和渗透性，直接与推进"互联网＋"行动和国家大数据战略，全面实施《中国制造 2025》相关，通过与其他产业的融合，把文化理念渗透到传统产业的设计、生产、营销、品牌和经营管理环节，既扩大了就业，又通过增加文化含量和文化品位改变了传统产业的价值链条，从而提升传统产业的观念价值和经济价值，促进经济转型升级。

## 1.2.4 与技术融合度高

文化创意产业比传统文化产业更加重视创意，这种创意应该是思想、文化、技能和创造力基础上产生的创意，且随着现代科技的发展越来越多地与技术紧密相连，因此文化创意产业与传统文化产业相比，比较突出的一个特点就是更新频率较高，换代速度较快。这种与时俱进的特性在基于数字技术和网络技术的新媒体行业表现得尤为突出。

在互联网发展、跨界融合与科技创新成为时代趋势的背景下，数字经济已然成为国家经济稳定增长的主要动力和推动产业创新、技术进步的重要力量。中国互联网络信息中心（CNNIC）发布的第 38 次《中国互联网络发展状况统计报告》显示，

2016 年中国网民规模超过 7.1 亿人，中国互联网普及率达到 51.7%，手机网民达 6.56 亿人，各类互联网服务应用均保持了高速增长。互联网和数字技术的发展极大地促进了数字文化产业发展，也不断催生出数字文化产业的新业态、新模式。随着互联网和数字技术的广泛普及，动漫游戏、网络文学、网络音乐、网络视频等数字文化产业迅速发展，与百姓生活越来越密切，已经成为目前群众文化消费的主产品。在当前文化消费形态愈加数字化、网络化的形势下，大力发展数字文化产业不仅有利于推进供给侧结构性改革，实现产业优化升级，更重要的是使中华文化的传播和弘扬有了更强大的技术优势。

## 【案例 1-2】

### "互联网十"文创产业演绎中国故事

文创产业是受互联网影响最深的领域之一，"互联网十"改变了文创产业的传播渠道，改变了产业结构，也改变了整个产业的组织方式和价值链构成，甚至更新了人们对文化和创意的认识。我国互联网、移动互联网的快速发展带来了 7.31 亿人的庞大网民群体，使得我国创意经济的发展走出了一条与发达国家文创产业发展完全不同的路径。

在网络文学、网络漫画、网络视频等文创产业细分领域里，UGC(用户自制内容)让"中国声音"与众不同。就网络文学来说，从创作群体规模看，中国作家协会会员仅有万余人，在阅文平台上写作的网络文学作者超过 400 万人。从收入来看，在 2016 年全球作家收入榜中，排名前 10 的全部是传统作家，海外文学创作互联网化的程度相对较低；在中国作家收入排行榜中，如唐家三少、江南、南派三叔等网络作家几乎占据大半江山，而七度鱼的原创漫画作品《尸兄》，仅手机游戏授权费就高达 5 000 万元。

从产业视角看，在互联网的帮助下，更多人的创意天赋被发掘出来，优化了更扁平的产业组织，带动了更多元的文化社群，从而实现了更广泛的创意来源、更高效的创意生产和更充分的创意认同。

全球收购正在助力中国文创产业快速实现创意全球化。在手机游戏领域，顺荣三七收购了日本知名游戏公司 SNK Playmore；联众为巩固自身智力运动布局收购了 WPT；金立科技收购了 MMOGA；腾讯则斥资 86 亿美元收购了全球最大的手游开发商 Supercell 84.3% 的股权。在影视娱乐业，万达 2016 年宣布并购美国传奇影业；此外诸多企业以资本和市场为纽带，加深了与全球知名企业的合作。比如，《功夫熊猫3》的出品方包括来自美国的梦工场动画、中国电影股份有限公司（发行）以及东方梦工厂（中方控股55%），其中东方梦工厂负责本片的模型/贴图、角色特效、特效、绑定和动画，并参与全球分账。

更重要的商业模式则与以微信、手机QQ、新浪微博为代表的社交网络在中国"大行其道"有关。网络文学作者猫腻的《择天记》在从小说改编为电视剧的过程中，电视剧和网络文学平台的互动非常紧密，作者不断向电视剧输入内容，而电视剧在制作过程中得到丰富的粉丝互动。影视化之后，最吸引观众的是哪点，哪些是他们绝对不愿意放弃的，哪些是他们希望有所突破的……来自互联网的大数据给了编剧大量的一手信息，包括男女主角鹿晗和古力娜扎也是粉丝选择的结果。

基于社交网络的社群成为我国文创产业新的基础，也带来了更多商业模式的创新。一方面，朋友圈、微信群、微博成为文创产品营销的主渠道；另一方面，社群内部的分享、讨论和反馈也有助于创意者对产品继续打磨，以及UGC内容生成。社群甚至还在改变文创产业的投融资模式，社群内共同的兴趣爱好成为股权众筹的基础。无论是《大圣归来》《十万个冷笑话》等动漫电影，还是《黄金时代》《战马》等文艺电影和话剧，其之所以能够在短时间内筹集百万元以上的资金，前期的粉丝运营、社群运营功不可没。

腾讯影业首席执行官程武如此形容"互联网＋产业文创"未来的商业模式创新：任何娱乐形式将不再孤立存在，而是全面跨界连接、融通共生；创作者与消费者界限将逐渐被打破，每个人都可以是创作达人；移动互联网催生的粉丝经济，将会让明星IP诞生效率大大提升，催生前所未有的创意时代。

资料来源：《"互联网＋文创产业"创新演绎中国故事仍有短板需补》，中关村创意产业网，2017-04-01。

# 1.3 我国文化创意产业的产业环境

## 1.3.1 产业发展空间巨大

随着经济的不断发展和技术的不断进步，以创新、创意为特点的文化创意产业已经发展成为推动国民经济发展的重要产业，多年来一直受到我国政府的高度重视。2014—2015中国数字出版产业年度报告显示，2014年，文化产业增加值为24

017 亿元，占 GDP 的比重为 3.77%。尽管文化产业在整个国民经济中的比重并不是太大，但可以看到在经济新常态下，2014 年文化产业的增长速度仍为 12.5%，高于 GDP 7.4% 的增长。2016 年第一季度，全国规模以上文化及相关产业企业实现营业收入 16 719 亿元，同比增长 8.6%，增速比 2015 年提高了 1.7 个百分点。可见，文化创意产业对我国国民经济增长的贡献水平不断上升，其国际影响力也在不断增强。

2016 年 12 月 19 日，《"十三五"国家战略性新兴产业发展规划》（以下简称《发展规划》）正式印发。《发展规划》提出，战略性新兴产业代表新一轮科技革命和产业变革的方向，是培育发展新动能、获取未来竞争新优势的关键领域。"十三五"时期，要把战略性新兴产业摆在经济社会发展更加突出的位置，大力构建现代产业新体系，推动经济社会持续健康发展，规划期为 2016—2020 年。2017 年上半年，我国文娱企业 IPO 受政策影响较大，共有 16 家文化企业登录主板。2016 下半年以来，证监会进一步加强了影视、娱乐类企业 IPO 审核，至 2017 年上半年，虽然我国主板 IPO 的文化企业较去年同期有所增加，但多数为文化创意和设计服务、工艺美术品生产等行业类别，以影视 IPO 为代表的 IP 泛娱乐类企业缺席。表 1-2 列出了2016 年及 2017 年上半年我国文化产业 IPO 的情况，从中可以看出，文化及相关产业企业的发展势头强劲。

表 1-2　2016 年及 2017 年上半年我国文化产业 IPO 概览

| 公司简称 | 上市时间 | 门类 | 大类 | 募资规模（亿元） | 币种 |
|---|---|---|---|---|---|
| 美格智能 | 2017-06-22 | 文化用品的生产 | 文化电子设备制造 | 2.39 | 人民币 |
| 诚邦股份 | 2017-06-19 | 工艺美术品的生产 | 园林、陈设艺术制造 | 3.47 | 人民币 |
| 杰恩设计 | 2017-06-19 | 文化创意和设计服务 | 专业设计 | 2.21 | 人民币 |
| 杭州园林 | 2017-05-05 | 工艺美术品的生产 | 园林、陈设艺术制造 | 1.09 | 人民币 |
| 德艺文娱 | 2017-04-17 | 文化创意和设计服务 | 专业设计 | 1.49 | 人民币 |
| 实丰文化 | 2017-04-11 | 文化用品的生产 | 乐器、玩具及视听设备制造 | 2.02 | 人民币 |
| 天域生态 | 2017-03-27 | 工艺美术品的生产 | 园林、陈设艺术制造 | 5.7 | 人民币 |
| 大千生态 | 2017-03-10 | 工艺美术品的生产 | 园林、陈设艺术制造 | 2.96 | 人民币 |
| 高斯贝尔 | 2017-02-13 | 文化信息传输服务 | 广播电视及数字电视 | 1.67 | 人民币 |

| 公司简称 | 上市时间 | 门类 | 大类 | 募资规模（亿元） | 币种 |
|---|---|---|---|---|---|
| 华凯创意 | 2017-01-20 | 文化信息传输服务 | 互联网信息服务 | 1.59 | 人民币 |
| 中国科传 | 2017-01-18 | 新闻出版发行服务 | 出版与发行 | 8.93 | 人民币 |
| 纵横游控 | 2017-01-12 | 文化休闲娱乐服务 | 旅游业 | 0.8 | 港币 |
| 荣泰健康 | 2017-01-11 | 文化信息传输服务 | 广播电视及数字电视 | 7.82 | 人民币 |
| HM International Holdings | 2017-01-11 | 文化产品生产的辅助生产 | 印刷复制业 | 0.6 | 港币 |
| 奥传思维 | 2017-01-05 | 文化创意和设计服务 | 户外媒体 | 0.486 | 港币 |
| 吉比特 | 2017-01-04 | 文化创意和设计服务 | 软件业 | 9.61 | 人民币 |
| 中国数字视频 | 2016-06-27 | 文化信息传输服务 | 广播电视及数字电视 | 2.87 | 港币 |
| 盛讯达 | 2016-06-24 | 文化信息传输服务 | 网络游戏 | 5.19 | 人民币 |
| 无忧英语 | 2016-06-10 | 文化信息传输服务 | 互联网信息服务 | 0.456 | 美元 |
| 百利科技 | 2016-05-17 | 文化创意和设计服务 | 专业设计 | 3.38 | 人民币 |
| 南方传媒 | 2016-02-15 | 新闻出版发行服务 | 出版与发行 | 10.37 | 人民币 |
| 成实外教育 | 2016-01-15 | 文化艺术服务 | 培训业 | 17.24 | 港币 |

资料来源：《2017 上半年中国文娱产业创业与投资分析报告》，麻辣娱投，2017-07-30。

## 1.3.2 政策环境不断优化

我国从国家到地方都陆续出台了若干围绕文化产业的相关政策和法律法规。2014 年被誉为国家文化产业的"政策年"，这些政策出台各有侧重，有扶持小微文化企业的，有促进文化金融合作的，还有推进特色文化产业的，如《关于大力支持小微文化企业发展的实施意见》《关于深入推进文化金融合作的意见》《关于推动特色文化产业发展的指导意见》等。在 2014 年的基础上，2015 年更是出台了大量与文化产业相关的国家政策，如《关于发展众创空间推进大众创新创业的指导意见》等。作为国家"十三五"规划的开局之年，2016 年我国在文化产业政策方面加大了力度，相继推出了不少具有重要意义的政策和法规性文件，如《"十三五"国家战略性新兴产业发展规划》为我国文化产业的整体政策体系架构的完善、产业深化乃至产业协同发展打下了坚实的基础。

2017年2月，国家工业和信息化部、财政部联合下发《工业和信息化部 财政部关于推进工业文化发展的指导意见》（以下简称《指导意见》）。《指导意见》提出，将凝聚发展工业文化的社会共识，整合工业文化各类资源，加强与相关部门协同，培育和发展工业文化产业，建设各类主体共同参与工业文化发展的良好环境；聚焦突出问题，重点抓好工业设计、工业遗产、工业旅游、企业征信以及质量品牌、企业文化建设等领域的工作，形成竞争新优势。

在发展文化产业方面，《文化部"一带一路"文化发展行动计划（2016—2020年)》提出，建立和完善文化产业国际合作机制，加快国内"丝绸之路文化产业带"建设；以文化旅游、演艺娱乐、工艺美术、创意设计、数字文化为重点领域，支持"一带一路"沿线地区根据地域特色和民族特点实施特色文化产业项目，加强与"一带一路"国家在文化资源数字化保护与开发中的合作，积极利用"一带一路"文化交流合作平台推介文化创意产品，推动动漫游戏产业面向"一带一路"国家发展；顺应"互联网+"发展趋势，推进互联网与文化产业融合发展，鼓励和引导社会资本投入"丝绸之路文化产业带"建设。

2016年12月15日，国家新闻出版广电总局召集部分移动游戏骨干企业举办移动游戏出版管理工作座谈会。2017年，国家新闻出版广电总局将对用户数量多、营收规模和市场影响力大的游戏作品进行重点监管，以点带面，进一步引导游戏企业坚持正确导向，保障游戏作品内容安全，以保护未成年人的身心健康。

2014—2016年，我国出台多部文化创意产业相关政策以推动文创产业发展，如表1-3所示。

表1-3 2014—2016年我国文创产业的主要政策

| 日期 | 相关部门 | 相关政策 |
| --- | --- | --- |
| 2014年2月28日 | 中央全面深化改革领导小组 | 《深化文化体制改革实施方案》 |
| 2014年3月14日 | 国务院 | 《关于推进文化创意和设计服务与相关产业融合发展的若干意见》 |
| 2014年3月17日 | 文化部、中国人民银行、财政部 | 《关于深入推进文化金融合作的意见》 |
| 2014年8月19日 | 文化部、工业和信息化部、财政部 | 《关于大力支持小微文化企业发展的实施意见》 |

续表

| 日 期 | 相关部门 | 相关政策 |
|---|---|---|
| 2014 年 8 月 26 日 | 文化部、财政部 | 《关于推动特色文化产业发展的指导意见》 |
| 2014 年 12 月 19 日 | 文化部 | 《国家文化创新研究中心管理办法（暂行）》 |
| 2015 年 3 月 13 日 | 国务院 | 《关于深化体制机制改革加快实施创新驱动发展战略的若干意见》 |
| 2015 年 3 月 30 日 | 国家知识产权局 | 《关于进一步推动知识产权金融服务工作的意见》 |
| 2015 年 4 月 27 日 | 国务院 | 《关于进一步做好新形势下就业创业工作的意见》 |
| 2015 年 6 月 11 日 | 国务院 | 《关于大力推进大众创业万众创新若干政策措施的意见》 |
| 2016 年 6 月 12 日 | 文化部 | 《文化产业投资指导目录》 |
| 2016 年 11 月 7 日 | 全国人民代表大会常务委员会 | 《电影产业促进法》 |
| 2016 年 12 月 19 日 | 国务院 | 《"十三五"国家战略性新兴产业发展规划》 |
| 2016 年 12 月 19 日 | 中国海关总署 | 《2017 年关税调整方案》 |
| 2016 年 12 月 25 日 | 全国人民代表大会常务委员会 | 《公共文化服务保障法》 |
| 2016 年 12 月 29 日 | 文化部 | 《文化部"一带一路"文化发展行动计划（2016—2020 年）》 |

## 1.3.3 投融资服务体系更加健全

近年，全国文化创意产业总体发展环境进一步优化，政策对产业发展的刺激作用不断增强，文化创意产业的投融资服务体系更加健全，良好的发展环境为全国文化创意产业的持续健康快速发展提供了重要保障。

以北京市为例，针对文化创意企业"轻资产"的特点，北京市政府完善机制、拓宽渠道、健全文化投融资服务体系，有力地推动了文化创意产业与资本全面接轨，破解了文化创意企业"融资难、融资贵、融资慢"的难题，搭建了"一个平台""多个支点"的文创企业投融资专营服务体系。"一个平台"是指成立注册资本 60 亿元的北京市文化投资发展集团（以下简称"市文投集团"），作为首都文化投融资平台和重大项目实施主体。"多个支点"是指由市文投集团发起设立投资基金、担保公司、小额贷款公司、文化创新工场、融资租赁公司、文化产权交易中心等文化金融主体，形成"投、保、贷、孵、融、易"多支点的服务体系。

2015年，市文投集团所属的北京市文化创意产业投资基金管理有限公司募集子基金增至16支，总规模近150亿元；与房山区政府共建文创基金小镇，入驻基金公司54家，管理资本近千亿元；成立北京市文化中心建设发展基金管理有限公司，出资8亿元设立首期规模为200亿元的文化中心建设发展基金，年内募集资金规模达到25.75亿元；吸引央企金融资本投入首都文化创意产业，2015年，市文投集团与光大资本投资有限公司设立300亿元的文资光大产业基金；探索混合所有制改革，设立影都文化投资发展有限公司，打造首都影视产业投资的新平台。

北京市文化科技融资担保有限公司自2013年成立至2015年年底累计为145家文化企业担保，总担保金额为25亿元，其中为民营企业担保的金额占92%。

北京市文化科技融资租赁股份有限公司自2014年成立至2015年年底，共投放49个项目，投放金额为40.56亿元，其中为非国有项目投放的资金占52%。北京文化创新工场建设"管家式"和"文化金融超市"全要素服务体系，形成车公庄示范区为核心，包括万开、经济日报社等7个合作基地的"一核心多基地"格局。此外，在全国率先建立针对文化创意企业的统贷平台，设立了1.5亿元的文化创意产业风险补偿金，试点开展文化融资风险补偿业务。

2015年，北京市文资办与文化部、人民银行北京营管部加强会商，初步形成首都文化金融合作试验区创建方案，并不断细化，明确四至范围和建设格局，拟规划"文化要素市场、文化产品与金融服务创新、互联网文化金融"三个特色示范区，鼓励先行先试一批文化金融政策，创新一批文化金融产品，形成一批文化金融机构集聚区，为服务京津冀协同发展提供文化金融创新系统支撑。

北京市文资办积极搭建"政府、银行、文化企业"合作平台，建立文化政银企合作机制，已与北京银行等15家银行签订战略合作协议，为文化创意企业授信额度超过1 500亿元；与北京证监局等单位联合制定《上市备忘录》，畅通文化创意企业上市渠道，助力北京文化上市板块做大做强。

《北京文化创意产业发展白皮书（2016）》数据显示，2015年，北京市共安排文化创意产业发展专项资金4亿元，征集项目881个，支持项目231个，财政杠杆比达到25倍。2012—2015年，累计面向社会公开征集项目4 000多个，支持优秀项目1 000多个，有力地促进了首都文化创意产业的发展。

# 1.4 大学生文化创意创业的机遇

2016 年，国家针对大学生文化创意创业出台了多项新政策，其中在《国务院关于进一步做好新形势下就业创业工作的意见》有关创业的新政策中提到众创空间税收优惠、创业担保贷款提高额度、整合发展就业创业基金、税收减免、支持举办创新创业活动，以及大力加强创业教育等多方面有利于大学生创业的意见。

与第二届中国"互联网＋"大学生创新创业大赛项目"互联网＋"现代农业、"互联网＋"制造业、"互联网＋"信息技术服务、"互联网＋"商务服务、"互联网＋"公共服务和"互联网＋"公益创业相比，第三届更强调了文化产业，添加了"互联网＋"文化创意服务组，包括广播影视、设计服务、文化艺术、旅游休闲、艺术品交易、广告会展、动漫娱乐和体育竞技等。文化创意服务新赛道鼓励更多的大学生投身于文化创意领域的创新创业活动。

此外，《国务院办公厅关于发展众创空间推进大众创新创业的指导意见》指出，加快实施创新驱动发展战略的重点任务有：

（1）降低创新创业门槛。深化商事制度改革，针对众创空间等新型孵化机构集中办公等特点，鼓励各地结合实际，简化住所登记手续，采取一站式窗口、网上申报、多证联办等措施为创业企业工商注册提供便利。有条件的地方政府可对众创空间等新型孵化机构的房租、宽带接入费用和用于创业服务的公共软件、开发工具给予适当的财政补贴，鼓励众创空间为创业者提供免费高带宽互联网接入服务。

（2）鼓励科技人员和大学生创业。加快推进中央级事业单位科技成果使用、处置和收益管理改革试点，完善科技人员创业股权激励机制。推进实施大学生创业引领计划，鼓励高校开发开设创新创业教育课程，建立健全大学生创业指导服务专门机构，加强大学生创业培训，整合发展国家和省级高校毕业生就业创业基金，为大学生创业提供场所、公共服务和资金支持，以创业带动就业。

【章尾案例】

### 城市传奇——再战十年

周一帆创办的城市传奇篮球俱乐部（北京）有限公司成立于 2008 年，到 2017 年正好满十个年头。城市传奇篮球争霸赛采用与国际篮联接轨的比赛模式，配备 CBA

级别的专业裁判和技术统计，通过高标准的赛事执行，已成功举办十万余场比赛，树立了中国第一草根篮球联赛的品牌形象。

相比美国体育产业，中国体育产业在各项收入中的差距仍是巨大的。从赛事门票收入来看，在美国，一支 NFL 球队一年的平均门票收入是 5 100 万美元，NFL 的比赛场馆平均有 65 000～85 000 个座位，一张 NFL 比赛球票的平均价格是 80 美元。30 支 NBA 球队一年的门票总收入超过 10 亿美元，平均下来一支球队的门票收入超过 3 300 万美元(2.1 亿元人民币)。相比之下，中超球队在 2014 年的门票总收入仅为 1.2 亿元人民币。门票收入过千万元人民币的俱乐部只有 4 家，CBA 每支球队的门票收入大概在几百万到一千万元人民币之间。

虽然中国的体育产业相比美国仍有一定差距，但随着国务院有关文件的出台，中国体育产业立志在未来 10 年内从 3 000 亿元飞速发展到 5 万亿元。政策利好的推动和全民消费升级让中国体育产业迎来了市场化发展的黄金时代，也为这个行业吸引了大量资本和人才。

北京有 300 万个篮球爱好者，这里面有学生、工人、白领甚至还有一些退休人员。这些人大部分都喜欢看 NBA、CBA，他们知道谁是姚明、科比、詹姆斯，也知道什么叫走步、24 秒；他们也喜欢看一些数据，为自己喜欢的球星每场得多少分、多少篮板而欢呼；但是，他们只能作为观众，根本体会不到真正在职业球场上是什么感觉。为了让这些人可以像职业球员一样体会到竞技篮球的快乐，接触到专业的篮球，甚至可以在球场上和真正的职业球员同场竞技，周一帆创办了城市传奇联赛。从一开始，周一帆给城市传奇联赛的定位就是"中国民间最专业、最大的篮球联赛"。周一帆一直有一个目标，就是打造中国最有影响力的篮球多赛事的 IP 平台。"我希望以后在中国的大小街巷里，一说到篮球人们就会提到城市传奇，而不是 CBA，就像我们现在一提到汽水就会想到可口可乐和雪碧一样。"

现在民间的篮球赛事很多，办篮球赛的企业更是不少，大家耳熟能详的有 NIKE 京城少爷、肯德基 3VS3 篮球赛和安踏水泥克星等。这些比赛承诺的奖金、奖品、福利很多，也很诱人，不少人都乐于去现场"玩票"，但是这些联赛都是以娱乐为主，缺乏专业性。为了区别于这些联赛，城市传奇一开始就在各方面体现专业性。它同 NBA、CBA 一样，采用全场 5 打 5、48 分钟比赛模式，并配备有职业的裁判和技术统计，每个球员都可以在赛后通过数据科学地认识自己的篮球水平。城市传奇重视联赛的品质，严格遵守联赛的公平、公正性。从第一年的 4 支球队到第二年的 10 支、第三年的 14 支、第四年的 80 支，截至 2016 年，城市传奇篮球争霸赛已经覆盖了全国 16 个省、80 个城市，一年有将近 10 万场比赛，而乐视体育一年所有赛事 IP 加起来不过 16 000 场。城市传奇的模式得到了市场的认可，在赛事规模和公众参与度上成为行业的领跑者。同时，也证明了这种模式是球迷喜欢的、认可的。

互联网的发展带来了很多机遇，2011 年，城市传奇就开始做线上平台——开火网，2012 年开始做移动端——"With Ball—微战"APP。线上业务主要是自由约战，即用户可以自由组队，在 APP 上发起约战，平台帮助用户撮合、匹配最适合的对手。但城市传奇的定位并非互联网公司，它仅把线上业务作为一个工具，利用线上约战平台来加大体量，打破临界点，还可以降低经营成本。公司明智地选择从最脏、最苦的赛事执行和赛事服务做起。体育最大的魅力在于线下亲身参与，那种流汗的感觉是别人无法替代的。而体育行业的核心就是赛事，NBA 围绕赛事聚合了用户，分发了内容。城市传奇的布局也是以赛事为中心，再到服务层、产品（周边装备）层。

美国体育产业约占全球体育产业整体规模的 1/3，美国体育产业可以分为三大部分，分别是 IP、产品与服务。城市传奇以此为依据，将 IP 放在核心营业模式中。城市传奇的产品和服务都是围绕赛事 IP 中的人（用户和队员）和内容（时间和场地等）来打造的。依托线上互联网工具（公司线上产品有 APP 城市传奇、UF 技统、UF 视频和开火网）为用户提供直播、视频、图片和运动数据。每场赛事的定制（包括场地的确保、合乎比赛双方情况的赛事时间的匹配，以及场地的设计和媒体宣传等服务）是城市传奇收入的主要来源。同时，公司开放装备及周边产品的订制服务，使得用户可以自己设计并购买装备，从而挖掘用户的兴趣，提升其使用城市传奇服务的次数。另外，B 端广告、C 端体育装备以及企业 DIY 赛事执行及会员增值服务的收益也是营业模式的一部分。这便是城市传奇收入的三大来源：企业 DIY 赛事执行服务、广告以及装备。

在赛事服务上，用户可以使用 APP 上的功能自由约战。当城市传奇寻找到了同样水平的最合适的对手后，便会向比赛双方确定场地和时间。除了纯娱乐意义上的自由约战篮球赛事，公司还在全国建立了培养其品牌价值的赛事。这一赛事名为红牛城市传奇篮球争霸赛，是公司一大盈利系统。自由约战的篮球队有机会进入预选赛及各大赛区城市决赛，最后可以进入每年举办的全国总决赛。在这一系统中，公司从物料搭建、裁判委派、招募球队、促成比赛、技术统计、本地化推广以及媒体宣传等方面盈利，并与红牛等大公司和大企业合作完成比赛。据周一帆所说，这便是公司走向大众化的最好方式，跟红牛的合作让比赛能迅速在全国铺开，而大众对红牛品牌的认知也让这个比赛从一开始就有一定的IP属性。

另一个赛事系统则是高校赛事系统。如果说红牛城市传奇篮球争霸赛是城市传奇的品牌价值的话，那么高校赛便体现了其体系价值。不过，城市传奇并不是进入高校做自己的比赛，而是为高校已有的比赛服务，让学生能举办更加专业且具有影响力的比赛。在这一合作中，城市传奇为高校赛事提供供应链的资源整合服务，比如把他们集中起来与上游的品牌方进行赞助费用的议价，提供专业的裁判等。在这一模式打通后，城市传奇便联合北京高校成立了首都高校体育联盟（BCSL）。除北京外，截至目前已与全国400多所高校达成长期战略合作，成立了"全国高校篮球联盟（全高篮联）"，并为高校提供自有IP升级服务，从而打造了中国大学生篮球联盟第一品牌。

在周一帆看来，此事可成的一个原因便是大众对篮球这一运动的情怀。在中国，喜爱篮球的人群数量比其他球类和运动都要多，未来篮球行业发展前景良好，城市传奇的目标是使得篮球这一运动成为普通中国人的一种生活方式。达到这一点后，城市传奇便可以成为中国最有影响力和拥有最大市场的线上线下多赛事为不同年龄和不同职业背景的用户服务的篮球运动IP平台。

2008—2017年，从北京首钢到城市传奇，从运动员到CEO，周一帆十年的时间里只做篮球这一件事，可谓十年磨一剑，将整个青春都奉献给了"创业"二字。未来，周一帆会继续以赛事为核心，专注打造城市传奇的赛事品牌，将其布局整个篮球产业链，使城市传奇成为一家泛娱乐体育公司。

**十年创业之路：**

2008年，主要业务是为在校学生组织篮球比赛，称为"城市传奇篮球争霸赛"；

2011年，线上篮球约战平台"开火网"上线，城市传奇篮球争霸赛获得红牛数百万元赞助；

2016年，获得数千万元Pre-A轮融资，由联想之星、黑蝶资本、起源资本、原子创投四家合投，估值上亿元；

2017年，完成近亿元人民币的A轮融资，领投方为顺为资本和火山石资本，CBA天津荣钢队老板张荣华个人跟投。融资将用于品牌赛事的打造和更多线下分支场馆机构的布局。

**思考题：**

1. 体育产业是一个好的创业领域吗？为什么？

2. 城市传奇选择"篮球"作为创业项目的依据是什么？

3. 城市传奇的主要业务有哪些？为用户提供哪些价值？

4. 城市传奇成功的原因有哪些？

5. 文创产业还有哪些创业机会？

案例解析

# 第 2 章
# 文化创意产业的 IP 管理

**【本章导读】**

　　文学、影视、游戏、动漫、音乐、演出、衍生品等组成的多元文化创意产业中，IP 是打通文创产业生态链的核心。IP 使产业链中的不同参与者实现融合共生，通过改编衍生，文创 IP 能够产生持续性价值。随着 IP 价值逐渐受到认可，游戏、影视等中下游产品数量和市场规模持续增加，周边衍生品市场成新蓝海，优质 IP 持续变现。

　　本章将学习 IP 对文创项目有哪些价值？什么是优质 IP？如何培育一个优质 IP，文化创意创业项目如何制定自身的 IP 战略。

**【教学目标】**

- 学习 IP 的概念与内涵；
- 理解文创产业中 IP 的作用与价值；
- 掌握优质 IP 的评估方法；
- 学习 IP 战略与实施步骤；
- 了解国家 IP 管理政策；
- 发现 IP。

**【开篇案例】**

麦片网——让版权保护触手可及

　　2014 年，以知果果、权大师、快法务等为代表的十余家知识产权电商崭露头角，几乎每家起步都获得了千万元级的天使投资。麦片网创始人赵勇这时候正在系统地思考中国的版权环境、政策趋势和自己的创业机会。在他看来，过去20年互联网最大的红利是漠视版权，而未来20年互联网最大的红利将是正版化，版权将为网络文化产业提供产权制度的基础，所以这个领域一定有机会成功。

**1. 不断创新是中国互联网发展的必由之路**

没有知识产权保护的商业创新是非常脆弱的，在互联网信息技术不断更新、商业模式不断创新的时代背景下，版权保护问题越来越受到重视。

中国互联网企业在版权领域的发展经历了三个阶段：美国到中国、线下到线上和平台媒体转向自媒体阶段。一开始，主要模仿或借鉴国外的商业模式，如新浪、搜狐等新闻网站，优酷、爱奇艺等视频网站，以及酷我、虾米等音乐网站，以至于投资人看项目时都要问"这个模式美国有吗？"后来，开始有计划、有组织地将线下内容数字化，大量地搬到自己网站上，使得报社、出版社、唱片公司的生存空间被极大地挤压。在用户日益被同质内容分流的情况下，从2014年开始网站纷纷将平台媒体转向了自媒体，并以"补贴"的方式激励用户创作优质的原创内容。至此，内容变现的方式终于回归到版权的正确路径上来。

**2. IP保护是文化创意产业的制度基础**

一个产业的要素通常包括经济性要素、制度性要素和技术性要素三种类型。相对于传统产业企业，新兴的文化创意产业企业有一些突出特点：整体规模小、资产轻、以提供设计和服务为主；版权资产是企业的主要资产形式；版权产品是企业的主要贸易对象；围绕互联网等数字技术开展业务。

正是基于这些产业特点，IP保护对文化创意产业发挥了至关重要的作用。版权对于文创的保护，与专利对技术的保护一样，都是在保护创意、鼓励创新。文创企业的产品，通常是一种创意设计或是数字化产品。如果在IP开发阶段没有做好版权保护，创意很容易被盗，产品很容易被复制传播。而想要维权，可能连最基础的证据都很难提供。

IP保护还可以放大产品的价值。通过将作品进行版权保护，权利人可以放心地将作品授权他人使用。"先免费，再收费"，将IP孵化与运营更顺畅地结合起来。

**3. 版权产业链的构成**

从版权的角度来看，一个完整的版权保护链条至少应该包括登记、交易和监测三个核心基本业务，以及检索、鉴定、存证和维权等增值服务。从内容的层面来看，要考虑到从哪个具体的细分内容领域（如音乐、小说、短视频、摄影、美术等）

入手,以及相应受众人群的分布与特征、传播的渠道与方式、市场空间的大小和预期的竞争格局。在技术层面上,还要考虑开发的成本和时间、安全性、稳定性和可扩展性。

可想而知,要在最短的时间内建成并运营一个功能完备、简单易用的网站,对一个初创团队来说几乎是一件不可能完成的任务。这时候,抓住突出痛点,开发一个"最小业务单元"对初创企业显得尤为重要。针对传统版权登记费事、费力、费时的问题,赵勇一开始仅把产品定义为"最好用的图片版权登记网站"。需求很快讨论完了,但是技术合伙人和技术顾问在选择开发语言上产生了严重的分歧。赵勇最后选择把需求降低到最低,用 Java 语言自行开发。技术团队用一个月的时间完成了测试版的开发。2017 年 5 月 4 日,麦片网(www.mypian.com)的第一个正式版本上线。当天发出了第一张数字作品版权证书。随后 Java 语言的劣势开始显现,由于开源的模块没有 PHP 的多,几乎所有功能都需要自己的程序员开发。这意味着需要投入更多的人力和时间来改善用户体验。

**4. 主动融入产业链是版权类创业公司成功的关键**

创业企业通常都没有足够的资金去做推广。"酒香不怕巷子深",并不适用于需要爆发式发展的互联网项目。麦片网上线的第一个月,只有 11 笔业务。这让赵勇很心慌。要破局,必须主动出击。2016 年,VR 异常火爆,赵勇决定先从 VR 素材的版权保护入手。团队的每个成员都通过微信进入各种各样的 VR 群,介绍 VR 版权保护的重要性,并介绍麦片网的业务。功夫不负有心人,一家做了多年全景拍摄的公司正在为自己的作品频繁被盗用而苦恼,愿意将所有作品都委托给麦片网进行版权保护。

2017 年 5 月,麦片网上线一周年,版权作品量已经超过 10 万件,相当于 2016 年全国版权登记总量的 1/19。版权登记、版权交易、版权检索、版权监测和侵权维权等功能也相继上线,公司渡过了艰难的起步期。

思考题:

1. 赵勇为什么把"版权"作为他的创业方向?

2. 盗版和正版,哪种方式对文化创意产业有利?

3. 要实现"从零到一",初创项目应该怎样定义自己的第一个产品?

4. 用户为什么需要一个受到"版权保护"的产品?

# 2.1　IP 的定义与内涵

## 2.1.1　IP 的定义

IP(Internet Protocol)曾经是一个能够代表"互联网"的经典词语，它是网络之间互联的协议，代表着一整套的互联网通信规则。任何厂商生产的计算机设备、智能硬件和应用系统只有符合它的规则，才能实现在网络环境上的互联互通。

2011 年，腾讯副总裁首次提出了"以 IP 打造为核心的泛娱乐"的战略构思。腾讯游戏在 2012 年度的发布会上正式发布了"以 IP 授权为轴心，以网络游戏运营为基础的跨领域、多元化商业开发模式"的"泛娱乐"战略。自此，互联网行业开始使用 IP 一词。这里的 IP 是英文词组"Intellectual Property"的首字母缩写，直译为"知识产权"。

互联网时代，IP 涵盖了文学、影视、音乐、动漫、游戏、衍生品和网红等各个细分文娱领域。互联网从业者喜欢使用 IP 一词，是因为 IP 具有规范性、唯一性和连通性。

## 2.1.2　知识产权

知识产权是一个舶来词，学术界一直未给其一个公允的定义。WIPO(世界知识产权组织)将 IP 定义为"智力创造成果，即指发明，文学和艺术作品，外观设计以及商业中使用的符号、名称和图像等"。

(1)知识产权是一类权利的统称而非单个权利。知识产权可以分为两大类：工业产权和版权。其中，工业产权包括发明专利、商标、工业品外观设计和地理标志等方面的权利；版权包括文学作品(如小说、诗歌、戏剧等)、电影、音乐、艺术作品(如绘图、绘画、摄影作品、雕塑等)和建筑设计等方面的权利，以及与版权相关的权利。与版权相关的权利包括表演艺术者对其表演享有的权利、录音制品制作者对其录音制品享有的权利，以及广播组织对其广播和电视节目享有的权利。

(2)知识产权是一种受法律保护的权利。《世界人权宣言》第二十七条规定："人人有权自由参加社会的文化生活，享受艺术，并分享科学进步及其产生的福利。人人对由于他所创作的任何科学、文学或美术作品而产生的精神的和物质的利益，有享受保护的权利。"2017 年 3 月修订的《中华人民共和国民法总则》第一百二十三条规定，"民事主体依法享有知识产权，知识产权是权利人依法就下列客体享有的专有的权利：（一）作品；（二）发明、实用新型、外观设计；（三）商标；（四）地理标志；（五）商业秘密；（六）集成电路布图设计；（七）植物新品种；（八）法律规定的其他客体。"虽然我国尚无一部统一的知识产权法律，但已经先后颁布了《中华人民共和国专利法》（以下简称《专利法》）、《中华人民共和国商标法》（以下简称《商标法》）、《中华人民共和国著作权法》（以下简称《著作权法》）等知识产权类法律法规。创造者或权利人拥有依法自行实施、使用其知识产权和许可他人实施、使用其知识产权的权利，并从中获取收益。

（3）知识产权具有一定的独占性。比如在专利、商标的申请中，对同一智力成果，通常不允许有两个或两个以上同一属性的专利权、商标权的知识产权并存。

（4）知识产权也是一种资产形式。与股权、债权、期权、物权等一样，知识产权可以通过评估、抵押、转让、出售、投资、许可等方式参与经营，实现价值变现。

## 2.1.3　版权与著作权

"版权"与"著作权"也是外来语，最初由日本传入中国。现代著作权法律制度脱胎于对传统印刷商和书商的权利保护，因此大家对版权（出版的权利）的理解可能会更容易些。现在，"版权"多数用于著作权行政管理部门及其相关机构的名称，如国家版权局、中国版权保护中心。

著作权则强调对作者的权利保护。"著作权"多用于处理法律相关业务，如"著作权人""著作权归属""著作权集体管理""著作权协议"等。由于历史原因，一直以来"版权"与"著作权"长期混用。依据我国《著作权法》，著作权即版权，是指作者及其他权利人对其创作的文学、艺术和科学技术作品所享有的专有权利。

## 2.1.4　IP 与版权

第一，在法律关系上，IP 通常是以版权作品形式存在的，IP 变现的渠道也以版权交易为主。比如，2008 年，唐七公子开始在网上连载自己创作的长篇古风小说《三生三世十里桃花》，2009 年付梓，2015 年开始出现以"三生三世十里桃花"为主题的漫画、电视剧和电影。其中，电视剧首播 3 个月全网播放量就超过了 300 亿次。

第二，IP的开发过程涵盖了商标、专利、版权全要素的知识产权保护。比如，针对《熊出没》中熊大、熊二、光头强等漫画形象，深圳华强文化科技集团股份有限公司在2011年11月就获得了国家版权局颁发的《著作权登记证书》，同期还申请了商标。

第三，IP体现了"爆款"＋跨界的互联网思维。一个IP的起点，通常是一部文学作品或是一个漫画作品。比如，2011年诞生的熊本熊，最初只是日本熊本县的吉祥物，到2015年其周边产品的销售额已突破了1 000亿日元。

# 2.2 IP 发展现状

## 2.2.1 IP 产业链

IP产业链，是围绕IP要素的全部产业部门，包括了从初始作品创作，到版权交易，到影视内容的制作和发行，再到游戏、电商、实景娱乐、玩具等实体物品销售以及艺人经纪、粉丝经济等衍生产品开发。IP产业链已经覆盖了整个泛娱乐行业，包括游戏、音乐、文学、电影、动漫、体育，甚至跨界渗透到餐饮和电商行业。本质上，IP经济是粉丝经济的拓展和延伸，其核心是将粉丝转化成消费者，实现商业价值的变现。我国IP产业链呈现以下特点：

(1)整体起步晚，产业空间巨大。由于IP产业在中国市场也是近两年才开始兴起，企业更迭很快，多数企业处于初创和快速成长期，在细分市场上有足够的创业机会。

(2)市场规模呈现向下逐级增长的正金字塔结构。产业链最上游的网络文学已经跨入百亿元规模级别，中游的影视剧市场正由千亿元向数千亿元规模进发，下游的衍生品市场很快将达到万亿元级别。

(3)本土IP崛起，国外IP风险加大。2015年被称为"中国IP元年"，《大圣归来》让西游记这个传统IP再次大放异彩；《锦绣未央》《甄嬛传》《琅琊榜》《花千骨》为代表的网络小说得到了影视剧制作公司的追捧。同时，由于日韩、欧美版权产业发展相对成熟，IP引进价格相对较高。日本热门动漫IP的授权底价通常高达数百万元人民币，还要求业绩分成。依靠国产老电影版权起家的乐视，因为高价引入国外体育版权丧失了竞争优势。

**【案例 2-1】**

## 中国没有"深夜食堂"

2017 年 6 月 12 日，黄磊领衔主演的日漫改编电视剧《深夜食堂》迎来首播，但首播收视率太惨烈：北京卫视收视率为 0.5，浙江卫视收视率仅为 0.48；视频网站累计播放量 2 800 余万次。更重要的是，播出仅两集之后，该剧口碑遭遇断崖式下跌，在豆瓣上的评分仅为 2.4 分，88.4％的观众给出了一星差评，创造了中国电视剧豆瓣评分的新低。纵观之前的日剧改编，效果都不甚理想。如前一段时间热播的《求婚大作战》，虽有"小鲜肉"张艺兴加持，但是首播收视率仅为 0.5，豆瓣评分 4.5 分。又如《问题餐厅》，在腾讯收获 1.6 亿次播放量，豆瓣评分 6 分。再如《约会恋爱究竟是什么》，豆瓣评分为 5.1 分，并没有掀起太大的水花。

《深夜食堂》改编自日本漫画家安倍夜郎创作的治愈系漫画，曾在日本改编成电视剧，深受观众喜爱和好评。2009 年播出的《深夜食堂》原版电视剧，在豆瓣上拥有 9.8 万人评出的 9.2 分的高分，和在日本形成了收视奇观的黄金档电视剧《半泽直树》的评分人数几乎一样，分数甚至比《半泽直树》还高 0.1 分。

值得深思的是，网友的质疑其实归根结底都直指一个问题，就是日式改编剧的水土不服。国外 IP 如何本土化改编一直是业内人士面临的难题，显然《深夜食堂》不但没有规避这个问题，反而一脚踩进了雷区。该剧首播后，穿着和服的老板，泡饭和泡面简单粗暴的改编，以及部分细节上的处理不到位都遭到网友诟病，甚至有网友直言不讳地表示，"买版权要的是深夜、食物、情感这些内核，而不是硬生生架起来的仿佛存在于另一个中国大都市的摄影棚……"。也有网友自动自发地在微博上讲述自己理解和亲历的"中国版深夜食堂"。虽说一千个人心中有一千个哈姆雷特，但是《深夜食堂》这种广告遍布但忽视内容的设置遭到了大量网友的差评。

据说，《深夜食堂》版权的敲定就花了一年多时间，并且原作者要求一定要保留老板脸上的刀疤和无背景的人设。显然现在的剧情安排已经是中日双方不断沟通交涉后的结果。实际上，大部分中国观众无法对日剧中的那些小情绪感同身受，而换成我们期待的小龙虾、麻辣烫这样的中国夜宵摊美食，恐怕也很难表达出原著对于美食价值的理解。这种由两国经济发展和消费水平不同带来的心理差异问题，不是一个导演、一个编剧通过简单改编就能解决的。因此，日式 IP 在中国市场的水土不服可能还要存在不短的一段时间。

资料来源：改编自《〈深夜食堂〉翻拍悲剧》，36 氪，2017-06-14。

## 2.2.2 IP 发展趋势

**1. 内容付费将是 IP 的新型商业模式**

未来几年，整个文化行业的趋势之一便是为优质内容付费。根据艾瑞《2015 年中国在线视频用户付费市场研究报告》分析数据显示，2017 年中国视频付费用户规模将突破 7 400 万户，内容付费市场规模或将达到 140 亿元。未来几年内，内容付费作为 IP 的一种新型商业模式，将成为行业常态。

**2. 国漫品牌化渐成趋势，对优质国漫的争夺日趋激烈**

网络 IP 改编为电视剧，已经是常态。新一轮的 IP 争夺将聚焦于动漫领域。随着互联网新媒体的传播和优秀动漫原创作品的涌现，中国动漫"低龄化"的现象将有望向"全龄化"发展。国漫 IP 的用户和手游用户有很大的重叠性，青少年和成人中具有强烈动漫情结的人作为中坚消费力量，将成为中国动漫产业的主要用户。

**3. IP 正在重塑电商，低价促销将成历史**

随着设计师原创、创始人代言、网红直销等形式的出现，未来商品的人格化形象展现会构建出一种新的商业形态——IP 商品。虽然短期流量入口不大，但是会有非常强的黏性。就如罗振宇在节目里卖书一样，今天微博、微信上的一群大 V、小 V 也是如此，他们以社交平台作为内容运营平台，在各自的细分领域有着一批粉丝，备受信任，他们就是 IP。一方面他们传递知识，另一方面还带来乐趣。他们卖的东西就是好玩有趣，或是不被怀疑。

【案例 2-2】

**知识付费 IP 或成必然**

2016 年，被称为"知识付费元年"。在这一年，知乎、果壳（在行分答）、喜马拉雅 FM、得到及其他知识付费平台相继出现，知识付费的用户迅速增长，知识付费产品面临井喷。2016 年，有知识付费意愿的用户暴涨了 3 倍，知识付费用户达到近 5 000 万人（根据各大知识付费平台的运营状况及果壳网、企鹅智库、极光大数据等多项报告估算）。截至 2017 年 3 月，用户知识付费（不包括在线教育）可估算的总体经济规模为 100 亿～150 亿元。2017 年，随着用户需求提升、市场下沉及产业链拓展，这一数字将有望达到 300 亿～500 亿元，知识付费也因此成为一个新的"风口"。

值得注意的是，与其他技术驱动的风口不同，知识付费这一轮崛起与其说是技术上的演进，不如说是社会需求的爆发所致。具体而言，知识付费既借力于知识付费平台的演进、付费方式的便利，也得益于中国中产阶层及准中产阶层学历教育需求的爆发。但这并不意味着知识付费只是一种应对当下中产焦虑的"止痛剂"，也不仅仅是 IP 变现的另一种方式。

知识付费的本质是通过交易手段使得更多的人愿意共享自己的知识积累和认知盈余，是通过市场规律和便利的互联网传播达到信息的优化配置。未来的知识付费行业实际上并不是一个独立的行业，而是现有的信息服务业互联网化的一部分，是人类信息生产、获取方式由线下转为线上线下相结合、由一对多转为多对多的一个阶段。最终，知识付费不仅会作为一个独立的行业，还会直接改造和融合现有的教育业、出版业、广告业、咨询服务业，成为万亿元以上规模的巨大产业。

比如，知乎采用的就是社区型知识付费模式：知乎是一个真实的网络问答社区，社区氛围友好理性，连接各行各业的精英。用户分享着彼此的专业知识、经验和见解，为中文互联网源源不断地提供高质量的信息。2017 年 1 月 12 日，知乎宣布完成 D 轮 1 亿美元融资，投资方为今日资本，包括腾讯、搜狗、赛富、启明、创新工场等在内的原有董事股东跟投。知乎该轮融资完成后估值超过 10 亿美元，迈入独角兽行列。知乎的中文付费产品包括知乎 Live、值乎及知乎书店。

资料来源：《知识付费 IP 或成必然》，36 氪，2017。

# 2.3　IP 在文创产业中的作用与价值

## 2.3.1　文创 IP 的分类

商业化层面的 IP 可以分成以下四类，它们有一个共同的属性就是可以被消费。

**1. 故事型 IP(包括小说和剧本)**

一个好的故事，只要有足够的阅读量和曝光度，就有进入下一阶段 IP 运营的可能性。网络小说和网络动漫中有大量的变现机会。

**2. 产品型 IP(主要是消费型产品)**

这类产品虽然没有人类的价值观，但是很多人热爱后延伸出了很多情感以及相应的消费。最典型的就是苹果和小米。

**3. 人物 IP**

到了个性化消费的时代，消费者希望买到的产品跟他个人的价值观、个人的品位相吻合，而最能代表一个企业的产品品位和价值观的当然是创始人。大部分创始人 IP 是从语录开始的，也许是一句搞笑的话，也许是一句很深刻的话，然后开始参加论坛、参加发布会、写自传，这是创始人 IP 发展的模式。我们经常见到的明星、政客、网红、企业创始人就是这种类型。

**4. 知识型 IP**

这种人必须在某个领域拥有持续的原创内容的产出能力，通过持续经营，产生足够的影响力，如"罗辑思维"的罗振宇。

## 2.3.2 文创 IP 的属性

网络文学、网络影视剧、网络音乐、漫画、游戏等不同产业中的 IP 属性存在差异，需要准确识别。

**1. 网络文学**

文学 IP 已经成为泛娱乐产业的重要发源地和重点改编领域。通过以文学 IP 为核心，进行全产业链运作、全方位运营，打通产业链条以发挥协同效应，既能放大版权价值，也有助于构建一个开放的泛娱乐生态圈。相比漫画而言，网络小说具有创作成本投入低、容错率高、圈粉效率高、产出速度快、题材适用性更广等优势。但是受题材和市场所限，只有玄幻、武侠、仙侠、都市爱情等类型被改编成影视作品和手游的机会相对较多。在 2016 年网络文学改编的作品中，玄幻修仙类占比最高，达到了 37.1%。另外，目前网络小说情节雷同的情况较多。购买 IP 前，一定要注意规避版权风险。

**2. 网络影视剧**

影视剧是目前变现能力仅次于游戏的内容产业。极速发展的电影院线和持续严格的网络视频反盗版，为影视剧的付费市场发展提供了有力的保障。目前，以具有一定粉丝数量的国产原创网络小说、游戏、动漫为题材的创作改编而成的影视剧，是各大网络视频平台关注的焦点。IP 题材＋明星团队＝网络爆款，将 IP 改编和业内的幕后大腕捆绑的做法，以及网台联动的播映方式，正在成为行业共同的选择。

**3. 网络音乐**

近几年来，中国音乐产业继续保持中高速增长，新兴融合业态产生的经济动能不断涌现。2015 年，中国音乐产业市场总规模约为 3 018.19 亿元，较 2014 年增长了 5.85%，相比移动音乐，在线音乐 PC 端的未来增长空间有限，而移动音乐能够契合用户随时随地听音乐的消费行为，呈现出快速增长的态势。

在产业政策方面，2016 年 7 月，国家版权局发布了《关于责令网络音乐服务商停止未经授权传播作品的通知》。16 家直接提供内容的网络服务商主动下线未授权音乐作品 220 余万首。各音乐平台掀起了一场版权争夺战，战场也从内容延伸到歌手，纷纷抛出扶持原创音乐人计划。用户为正版内容付费的意愿也大幅提高。

音乐 IP 改编成电影初见端倪。高晓松亲自改编《同桌的你》并担任编剧，拍成了大电影，票房达到 4.56 亿元。何炅把自己的经典校园歌曲《栀子花开》搬上银幕，拿到 3.78 亿元的票房。目前，音乐 IP 改编的电影主要以校园文化和青春爱情为主题。

**4. 漫画 IP**

2014 年被称为漫画的 IP 元年，当时动漫圈掀起了一股"动漫 IP"的改编狂潮。这一年，手机游戏进入了"内容为王"的时代，游戏厂商开始购买日本优质的 IP 资源。比如，腾讯获得《火影忍者》授权，淘米手套游戏获得《忍者神龟》授权，搜狐畅游获得《秦时明月》授权，DeNA 中国已拥有《航海王》正版 IP。可惜的是，日本动漫 IP 在国内"水土不服"的情况频频出现，重金购置的 IP 却未能给购买企业带来相应的经济效应。以《航海王》为例，日方不同意独家买断，有时候会遇到多方授权问题。另外，日方对品牌价值非常严苛，会全程监修游戏细节甚至在角色语气、发型偏分方向等极致细节上进行把控，对开发商来说有很大的限制。

## 2.3.3　IP 对文创项目的作用

**1. 对创业的法律保护**

我国知识产权司法保护制度起步于改革开放。1985 年，人民法院受理了第一宗专利纠纷案件。1995 年，最高人民法院成立知识产权审判庭。2014 年，北京、上海、广州分别设立了专门的知识产权法院。2015 年 6 月，《国务院关于大力推进大众创业万众创新若干政策措施的意见》中，特别强调了加强创业知识产权保护。2017 年，中国首个互联网法院落地杭州。在知识产权司法保护领域，我国用 30 年走完了西方发达国家近 300 年的路。

在现实中，创业者要充分认识到知识产权保护的重要意义，及时办理各种知识产权权属证明。遇到侵权情况发生，要第一时间保留证据，积极利用司法手段维护自身权利。2017年7月5日，最高人民法院司法大数据研究院和司法案例研究院联合发布了《知识产权侵权专题司法大数据报告》。报告显示，2015年1月1日—2016年12月31日，仅有0.05％的知识产权侵权案件的原告诉讼请求没有得到法院支持，如图2-1所示。

图 2-1 知识产权侵权案件诉讼请求支持情况

（1）APP和网站的源代码可以申请软件著作权，不仅有利于提高项目估值，还可以作为创新成果申报高新技术企业认证、各类政府补贴和知识产权质押融资，也不用再担心员工会把代码外泄。

（2）企业和产品LOGO，在设计完成时，应该第一时间先向版权局申请"美术作品版权登记证书"，然后将图样向商标局申请商标保护。如果碰到有商标与自己的申报图形相似，应该对图形进行相应的修改，甚至重新设计，以免侵犯他人著作权，同时耽误商标申请的宝贵时间。

（3）文娱类创业企业，要重视对文化产品的版权保护。小说、剧本、诗词、歌词等申请"文字作品"版权，商品官方照片、风光照片、人物照片等申请"摄影作品"版权，动漫形象、游戏角色造型、表情、服装样式等申请"美术作品"版权，在线教育课件、娱乐短视频可以申请"录像制品"版权。

（4）在专利方面，2017年4月1日开始实施的新版《专利审查指南》已经把专利保护范围扩展至含有技术特征的商业模式、商业方法。如果通过符合新颖性、创造性和实用性要求的技术方案来实施该模式，比如开发者设计了某个服务系统等，该项发明作为一个整体包含了技术方案，则可能被授予专利权。

### 2. 促进商业转化

(1)设立公司时，担心注册资本高、现金实缴困难。虽然设立公司时可以采用注册资本认缴的方法，暂时不用缴很多现金，但是"出来混，早晚要还的"，融资时投资方很容易要求公司分红按照注册资本实缴比例进行分配。

知识产权是法律承认的产权存在方式，可以成为资产负债表中资产的构成部分。2014 年 3 月 1 日，新修订的《中华人民共和国公司法》（以下简称《公司法》）取消了单个股东的无形资产出资比例，也就意味着创始团队可以用无形资产出资。全体股东的货币出资金额不得低于有限责任公司注册资本的 30%，其余可以通过将实物、知识产权、土地使用权等进行货币估价后作价出资。

(2)提高项目估值，提高股权融资成功率，降低股权稀释比例。2014 年前后，在一切都要互联网化的感召下，大量资金进入互联网天使投资领域。一时间项目少、资金多，于是就出现了"一份 PPT 拿融资"的创业故事。2016 年下半年开始，资本开始回归理性，有团队、有产品、有技术、有收入的"四有"项目才有机会拿到天使投资。谈融资时，估值是一个非常重要的关键点。如果创业者希望早期不要稀释太多股权，又想拿到更多的融资，只有让投资人接受较高的估值。提高估值的办法之一就是把相应的技术进行知识产权确权登记，以做实团队的技术能力。

(3)IP 质押融资，解燃眉之急。如果创业项目的产品已经实现了销售收入，有了比较稳定的现金流，除了股权融资的方法，还可以尝试债权融资的方法。适当地使用财务杠杆可以在不损失股权的情况下，加速企业的发展。由于初创企业基本上没有实物资产作为抵押物进行贷款，因此，知识产权质押贷款几乎成了唯一的通道。2016 年 12 月 30 日，国务院发布了《"十三五"国家知识产权保护和运用规划》，规划披露 2015 年全国知识产权质押融资规模在 750 亿元，到 2020 年预计达到 1 800 亿元。根据中国版权保护中心著作权质权登记信息统计，2016 年全国共完成著作权质权登记 327 件，涉及作品 1 079 件，涉及合同 294 个，质押融资金额为 33.76 亿元，其中作品著作权质权金额为 5.16 亿元，计算机软件著作权质权金额为 29.2 亿元。

(4)IP 运营，作为产品进行分销。据国外安全公司 Imperva 2017 年发布的报告称，全球范围内约 52% 的互联网流量来自"机器人"(bots)，即自动化程序。国内一位影视公司 CEO 甚至指出网络视频点击率 90% 都有水分。这些都意味着网站的大部分访问者不是人类，而是机器人。作品一经上网，就会被盗用。

内容产业的贸易客体就是作品版权合同。尤其是泛文娱领域的创业企业，公司的产品很可能只是图文、音像等数字作品。如果没有做好作品的版权保护，以版权内容分发、分销或代销模式为主的创业公司，一定无法在竞争中获得优势。

**【案例 2-3】**

### 萌扎——卡通形象 IP 萌工厂

萌扎团队自 2016 年 11 月成立至今，只有将近一年的时间，其内容创作机制和设计方向已获得了广大用户的认可。萌扎的核心团队包括：创始人兼 CEO Zemia 兔扎，负责公司商业规划和整体内容规划。萌物控，擅长形象 IP 跨界玩法、搭建萌扎形象库和表情资料库。创始人兼首席内容官 Kim 猫扎，负责卡通形象设计、萌扎家族形象创造、创意内容。她对视觉内容感知力强，对网络生活内容能深刻洞察。首席动画师 Yuki 鼠扎，负责动态表情，以及形象衍生图库、插画。她是二次元资深宅女，对动漫、萌系形象及表情均有非常强的感知力。

目前，萌扎已成为国内唯一与腾讯微信签约付费表情的公司，萌扎微信表情数据显示，累计超过 5 800 万用户，累计发送量超过 13 亿次。萌扎基于 5 800 万用户分析，形成萌扎创作方法论。通过分析用户性格，定位形象以及设计形象打造萌扎形象库；研究用户情感需求，提取微信高频词，创作表情等打造萌扎表情库；运用专业化团队创作机制，捕捉用户情感需求使萌扎创意流程化。

随着海内外萌扎表情付费拓展，二次元付费用户逐渐增多，IP 付费将会爆发式增长。萌扎 IP 与可口可乐、萌岛娃娃机、恒安等实现跨界合作，未来 IP 将链接各种可能。萌扎借助王者荣耀的上亿流量，达成跨界授权衍生品的合作。OFO 联手萌扎，开启领激萌联名卡，免费骑行 100 天活动。萌扎通过做最萌、最好玩的微信社群，以增强用户黏性。

萌扎初心就是要做中国的 linefriend，旗下拥有"皮哟 piyo""小海抱 hibo""萌蛋鸡"等 10 多个新兴卡通形象。公司围绕 IP 的粉丝经济，进行全生态链布局，包括 IP 创作运营、IP 付费、IP 授权、IP 衍生品等，专注打造年轻人喜欢的萌系卡通虚拟明星，致力成长为中国原创 IP 开发的践行者和引领者。在 2017 年第三届全国"互联网＋"大学生创新创业大赛中，萌扎团队喜获全国银奖。

# 2.4　IP 评价模型

## 2.4.1　优质 IP

IP 从泛娱乐形态快速渗透新商业生态全维度，正深化为不同行业共同的战略方法，甚至是一种全新的商业生存方式，即 IP 化生存。优质 IP 的内核，是辨识度极高的、可认同的商业符号，它意味着一种对于打动人心的内容的身份认同，意味着自带势能和流量，自带压强，或者具有足够压强的一种社群商业标签。在这种全新的商业表达中，IP 俨然成为商业逻辑的基础设施。以 IP 为起点，产品、品牌、渠道、用户等商业元素与 IP 的连接形成场景化的解决方案，赋能商业，同时 IP 价值不断沉淀，并形成新的商业反哺。在 IP 的催化作用之下，流量、用户、产品天然整合一体，并形成了极具吸引力的售卖逻辑。

《罗辑思维》是一个优质 IP，于 2012 年年底创立，2015 年 10 月 20 日完成 B 轮融资，估值 13.2 亿元人民币。其创始人罗振宇认为，一个标准的 IP 有着独立的人格魅力，能够靠着有温度、有态度的优质内容吸引用户，并形成一个拥有相同兴趣或价值观的社群。社群会激活用户的参与感，并最终转化为消费。优质 IP 的核心要素如图 2-2 所示。

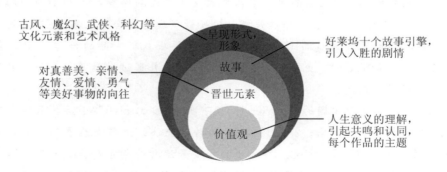

图 2-2　优质 IP 的核心要素

## 2.4.2 优质 IP 评价模型

我们可以从价值力、内容力、活跃力、变现力和竞争力五个方面构建优质 IP 五力评价模型。

**1. 价值力**

价值力包括内容所传递的人生观、价值观和世界观，是 IP 作品最为重要的元素。时代背景、故事情节、人物设定都围绕着价值，看它是否足够健康、积极向上且吸引人。

**2. 内容力**

内容力又称故事性，具备独特的内容能力、自带话题的势能价值、持续的人格化演绎和新技术的整合善用能力。可以从相关网站的排行情况来考察，如月票榜、推荐榜、打赏榜、点击榜和各个分类榜。进入榜单的 IP 可以算是获得了最核心读者的认可，相对来说更有开发潜力。

**3. 活跃力**

活跃力即 IP 的火热程度，可以参考粉丝活跃度，如点击量、收藏数、订阅数、微博与微信的评论数等。此外，每类 IP 内容又有其各自特性的参考指标。

（1）网络文学主要参考点击量和留存度。

（2）网络视频主要参考点击量、收视率和市场份额。

（3）电影参考票房。

（4）明星和网红主要参考粉丝数。

**4. 变现力**

变现力包括用户的付费意愿、潜在的变现形式和收益，以及持续的变现能力。要从 IP 的特征、关联度（人群一致性、情感共鸣）来考虑。比如，《琅琊榜》这种背景丰富、角色多、情节复杂、本身带有竞技性质的影视作品，转游戏就相对容易；《小时代》转游戏就相对较难，只能尝试换装类小游戏。

**5. 竞争力**

竞争力是指题材市场热度。考察竞争力主要需要考虑以下几个问题：是否有同类作品被改编为游戏、影视？是否已经出版？作者是否连续创作？改编是否具有市场潜力？

【案例2-4】

## 《校花的贴身高手》IP 集五力于一体

2016 年 8 月 22 日起，《校花的贴身高手》IP 从第二季无缝衔接播出第三季，创立了网剧的全新播出形式。《校花的贴身高手》IP 改编影视以来，总播放量累计破 17 亿次，这也是都市异能 IP 中的最强成绩。

更加值得一提的是，此番"校花3"不仅在剧情设置上较之前两部更加紧凑和饱满，而且在故事主线的价值观呈现上更坚持爱奇艺一贯倡导的正能量的平台内容调性。剧中通过男主角林逸的人物设定，摒弃了正统呆板的说教模式，以一种年轻人喜闻乐见的演绎形式，将"仁者无畏，义薄云天，以礼服人，智勇双全，言而有信"等中华传统美德赋予在主人公身上，完美展现出了当下中国正日渐缺失的"仁、义、礼、智、信"等普世价值观，同时也给年轻的观众族群带去了更深层次的思考意义。

《校花的贴身高手》第三季为用户呈现 12 集剧情，不仅在爱奇艺独播平台上轻松拿下了超过 2 000 万次的单集播放量，而且一直牢牢盘踞在各大网剧排行榜前十位，其中，在开播当日，更是一举荣登网剧排行榜首，艳压群雄。据骨朵网络剧、艺恩咨询等数据榜显示，《校花的贴身高手》日平均播放量均在 2 000 次以上。另外，此次爱奇艺在"校花"系列的运营上更是大胆创新，直接采用三季无缝衔接的排播模式，既最大程度地点燃了观众的追剧热情，又增强了平台与用户之间的黏性。"VIP全集上线"的新模式在经历了四部类型大剧的圈粉行动后，使得爱奇艺目前的月度付费会员数早已突破 500 万，并且还在快速扩大中。这种盈利模式显现出超强的吸金能力，全新的观剧模式已悄然在身边发生，其力量不容小觑。

《校花的贴身高手》可谓泛娱乐类别中典型的 IP。从 2011 年 4 月鱼人二代在起点中文网首发开始，到 2015 年 4 月的第一波网络正版授权手游，再到 2015 年 8 月的第一季网剧(在 2015 年 8 月同时出现了连载漫画)，再到 2016 年 3 月在风云互动网上出现的网游，最后到上文中所写的 2016 年 8 月 22 日开始播出的第二至第四季同名网剧和同年的网络大电影，可谓硕果累累，实现了同一个 IP 向不同的娱乐产业发展的模式，如图 2-3 所示。

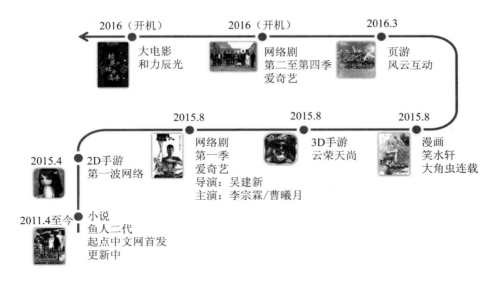

**图 2-3 《校花的贴身高手》的 IP 之路**

资料来源：《中国泛娱乐 IP 价值研究报告》，艾瑞咨询，2016。

# 2.5 文创项目中的 IP 战略

## 2.5.1 IP 战略定位

### 1. 从单一 IP 储备到重视 IP 内容运营

IP 的长期规划会越来越受到重视，固定受众和新生受众要同时考虑。比如，《十万个冷笑话》等曾经爆红作品的后继无力已经将这一问题暴露出来，因为其受众基本已经固定，崛起的新生代消费群体不一定是"过时"IP 的粉丝。

### 2. 影视和游戏 IP 聚集

影视和游戏依然是目前泛娱乐产业中极具成长活力和市场张力的两大领域。比如，阿里巴巴基于大文娱内容生态，三年内投入 500 亿元启动的视频 UPGC 战略，目的在于加强视频内容原生创作能力，激活阿里巴巴泛娱乐各环节；网易游戏除了着手阴阳师在日本和美国的本土化以外，还围绕阴阳师 IP 产出动画、番剧、舞台剧、动漫等作品。

### 3. IP 内容平台化

IP 内容平台化趋势明显。对于优秀 IP，要综合考虑其人物设置和场景复原能力、周边的游戏研发和衍生品设计等因素，这样才能充分挖掘 IP 的综合价值，进而达到通过内容产生引流的作用。比如，网易的粉丝和受众就是被网易持续不断产生的优质内容所吸引而不断累积起来的。优秀的内容能产生类似的平台作用。

### 4. IP 分工全球化

围绕泛娱乐 IP 各环节制作的全球化分工趋势明显。以完美世界公司的产品《无冬之夜 OL》为例，该游戏由美国的团队提供策划方案和技术支持，由成都的团队提供美术支持，中国企业通过调动全世界的资源，跟全球的企业一起合作。只有这样，才更有可能开发出更好的产品。作为 IP 运营不可缺少的衍生品制作环节，腾讯互动娱乐旗下的明星 IP《穿越火线》与 Zippo 进行深度的战略合作，分别对粉丝产品定制、品牌策划、渠道推广等多个方面进行了授权。

【案例 2-5】

## BAT 网络文学产业链

腾讯：腾讯依托其在 QQ 和微信上的用户连接先天条件，凭借阅文集团在 IP 库方面的强大的优势，目前已经形成了 IP＋影视（腾讯影业、企鹅影业、腾讯视频、腾讯电影＋）＋音频（QQ 音乐、企鹅 FM、懒人听）＋游戏（腾讯游戏、GAD）＋动漫的泛娱乐战略布局。

百度＋完美：幻想纵横的前身为纵横中文网，2013 年完美世界以 1.915 亿元将其卖给百度；2013 年 7 月，百度斥资 116 亿元收购 91 无线，91 熊猫看书归入百度旗下；2014 年，百度文学宣布成立，包括纵横中文网＋91 熊猫看书＋百度书城＋多酷书城。百度与完美进行资产重组后，形成了 IP＋影视（完美影视、爱奇艺影业、百度视频、PPS）＋音频（千千静听）＋游戏（完美世界）＋动漫（百度动漫）＋教育图书（洪恩教育）的泛娱乐生态。

阿里巴巴：阿里文学于 2015 年成立，阿里虽然占有渠道优势，但是几乎没有自己的 IP 版权内容，不过也形成了 IP 版权渠道（书旗小说、淘宝阅读、UC 浏览器、神马搜索）＋影视（阿里影业、合一影业）＋音频（天天动听、虾米音乐）＋游戏（UC 九游）等生态营。

截至 2015 年上半年，国内网络文学阅读用户已经达到 2.85 亿户，其中 2.49 亿户是通过手机阅读。网络作家的收入也跟着水涨船高，2007 年年收入超过百万元的网络作家仅有 10 个，如今年收入几百万元的都无法挤进前几名。2013 年，网络作家唐家三少的年收入达到 2 000 万元，2014 年更是达到了 5 000 万元。而 BAT 所称的"泛娱乐"也就是以 IP 粉丝经济为核心，以传统媒介、互联网和移动互联网为渠道，实现文学、动漫、音乐、影视和游戏、衍生品等多产业互动的生态战略。目前，"互联网＋"文化产业融合发展是当前市场的主流趋势之一。网络文学网站及 APP 主要通过"付费＋广告＋IP 版权运营增值"获取收入，并且 IP 版权运营增值具有巨大的想象空间，当然也有"硬件销售＋图书出版发行＋用户打赏"等周边收入。如今，以网络文学为代表的国内文化产业，已经迈出国门，吸引着越来越多的异国粉丝。而东亚的韩国影视剧、日本动漫、中国网络小说已经初具三足鼎立的态势。2014 年，国内网络文学的产值达到 50 亿元，2015 年预计会超过 70 亿元，一条完整的产业链正在形成。

## 2.5.2　IP 战略实施

近年来，IP 热度居高不下。数据显示，在世界前 20 大票房电影中，IP 电影有 16 部，占比达 80%，而在我国前 20 大票房电影中，IP 电影的占比也达到 70%。此外，2015 年 50 城收视率前 20 名中有 6 部 IP 剧，占比 1/3，而在 2015 年点击率 10 亿次以上的 9 部超级网剧中，IP 剧有 7 部。鉴于以上情况，IP 成为越来越多的文化公司布局的方向。

**1. 腾讯以 IP 授权为核心，以影游结合为变现手段布局泛娱乐板块**

腾讯于 2012 年提出了"泛娱乐"概念，即"基于互联网与移动互联网的多领域共生，打造明星 IP 的粉丝经济"，并在泛娱乐战略指导下，在游戏既有业务基础上推出了动漫业务，然后于 2013 年推出了文学业务，于 2014 年推出了影视业务。2014 年 4 月 16 日，腾讯公司举办了"UP2014 腾讯互动娱乐年度发布会"。腾讯互娱首次作为品牌主体，系统发布了全新的"泛娱乐"战略以及涵盖文学、动漫、游戏、影视等多个互动娱乐业务的重磅信息，宣布打造明星 IP 的粉丝经济，全面布局互动娱乐产业，致力打造全球领先的综合互动娱乐服务品牌。

## 2. 网易云阅读全版权生态战略

2012年6月11日，网易阅读正式更名网易云阅读。2015年8月开始，网易云阅读逐渐转型成为原创IP孵化平台。截至2016年4月，平台用户已突破300万，拥有超过5 000部优质漫画作品的在线版权，包括700多本来自美国、日本、韩国等国家和中国香港、中国台湾等地区的漫画以及200余位独家签约的国内外漫画家。

2016年4月28日，网易发布"源计划"，宣布以网易漫画作为未来改编IP的串联枢纽，构建网易ACG生态以及IP布局蓝图，持续培育并发掘优质的可视IP作品，并积极联合网易旗下的游戏、云阅读的原创小说、音乐、影视等各大战略部门的资源与优势，实现对同一部作品的全版权开发与价值延伸。至此，网易成为继腾讯之后在整体布局上构建了漫画、小说、影视再到游戏的"游戏公司"。

## 3. 阅文主推IP合伙人制

2014年，腾讯以7.3亿美元(约合人民币50亿元)收购盛大文学。2015年3月16日，腾讯文学和盛大文学联合成立的新公司"阅文集团"正式挂牌成立。截至2016年12月，阅文公司旗下拥有作家530万人，占中国全部网文作家的88.3%，已经垄断了中国网络文学创作源。

2016年，阅文集团提出"IP共营合伙人"制度，以IP为核心，链接起产业上下游，将作家、粉丝、影视游戏动漫开发方、资本方等串联起来，以"漫威"模式为参照，打造"泛娱乐"化的中国IP产业。以多种合伙人模式，在IP开发之初便规划未来衍生作品及运营，避免割裂的状态混乱IP形象。未来或将与下游厂商针对高端IP成立IP运营公司，甚至一起构建IP的世界观。

## 4. 中文在线超级IP孵化及合作模式

中文在线于2000年成立于清华大学，为中国数字出版的开创者之一，也是全球最大的中文数字出版机构之一，并于2015年1月21日在深交所创业板上市。

2016年7月20日，中文在线正式公布了"IP一体化"战略，并与王马影视、百盟传媒、北京幸福影视有限公司、品今(北京)网络科技、人民文学出版社等出版、影视、游戏领域的公司合作签约。中文在线"IP一体化"的运营模式可概括为"四优融合，三位一体"。其中，"四优融合"指中文在线成立16年来积累的拥有百万量级内容储备、每年新增数万种内容的海量内容生产能力；通过行业智囊与智能数据分析相结合的智能 IP 评估能力；渠道宣传推广能力；行业开放合作能力，联动产业链上下游，共同运营 IP。而"三位一体"则是指以 IP 为核心，整合作者、渠道、产业链为一体，共创多赢生态。在"作者一体化"方面，中文在线通过创新作家经纪人模式，已独家签约包括海岩、石钟山、人海中等在内的 23 位知名作家的 50 余部独家重磅 IP。此外，中文在线还拥有 100 余部点击量过亿的独家原创 IP，通过网红网文作家培养模式，与作者深度绑定，并通过成立影视工作室、拓展游戏发行业务、原创内容 IP 向有声市场衍生以及投资出品等布局，打造"产业链一体化"。

# 2.6　IP 保护与管理

## 2.6.1　主管机构和协调机构

### 1. 知识产权部际联席会

为贯彻落实《国家知识产权战略纲要》和《国务院关于新形势下加快知识产权强国建设的若干意见》（国发〔2015〕71 号），加强组织领导和统筹协调配合，深入实施国家知识产权战略，加快知识产权强国建设，2016 年 3 月 21 日，国务院发文建立国务院知识产权战略实施工作部际联席会议制度。联席会议由知识产权局等 31 个部门和单位组成，知识产权局为牵头单位。国务院分管知识产权工作的领导同志担任联席会议召集人，协助分管知识产权工作的国务院副秘书长和知识产权局主要负责同志担任副召集人。

### 2. 国家知识产权局（www.sipo.gov.cn）

国家知识产权局是国务院直属机构，负责组织协调全国保护知识产权工作，推动知识产权保护工作体系建设；承担规范专利管理基本秩序的责任；拟定知识产权涉外工作的政策；拟定全国专利工作发展规划，制定和审批专利工作计划；制订专利和集成电路布图设计专有权确权判断标准，指定管理确权的机构；组织开展专利的法律法规、政策的宣传普及工作。

### 3. 国家工商行政管理总局商标局（sbj.saic.gov.cn）

国家工商行政管理总局商标局承担商标注册与管理等行政职能，具体负责全国商标注册和管理工作，依法保护商标专用权和查处商标侵权行为，处理商标争议事宜，加强驰名商标的认定和保护工作，负责特殊标志、官方标志的登记、备案和保护，研究分析并依法发布商标注册信息，为政府决策和社会公众提供信息服务，实施商标战略等工作。

**4. 国家版权局（www. ncac. gov. cn）**

国家版权局拟定国家版权战略纲要和著作权保护管理使用的政策措施并组织实施，承担国家享有著作权作品的管理和使用工作，对作品的著作权登记和法定许可使用进行管理；承担著作权涉外条约有关事宜，处理涉外及我国港澳台地区的著作权关系；组织查处著作权领域重大及涉外违法违规行为；组织推进软件正版化工作。

## 2.6.2　法律法规

我国目前尚无一部统一的"知识产权法"，相关内容体现在《中华人民共和国刑法》（以下简称《刑法》）、《中华人民共和国民法总则》（以下简称《民法总则》）中。

在版权方面，有《著作权法》《中华人民共和国著作权法实施条例》《计算机软件保护条例》《著作权集体管理条例》《信息网络传播权保护条例》。在商标方面，有《商标法》《中华人民共和国商标法实施条例》。在专利方面，有《专利法》《中华人民共和国专利法实施细则》《专利代理条例》《国防专利条例》。

除此之外，还有《中华人民共和国反不正当竞争法》《中华人民共和国植物新品种保护条例》《中华人民共和国知识产权海关保护条例》《世界博览会标志保护条例》《特殊标志管理条例》《奥林匹克标志保护条例》等。

## 2.6.3　国家规划

**1.《保护知识产权行动纲要（2006—2007 年）》**

2006 年 3 月 27 日，国务院办公厅印发了《保护知识产权行动纲要（2006—2007年）》（以下简称《纲要》）。《纲要》强调，要把保护知识产权工作列入地方各级人民政府的重要议事日程，对在知识产权问题上搞地方保护，甚至包庇违法犯罪行为，特别是涉嫌徇私舞弊不移交刑事案件的，要依法严肃处理。《纲要》还要求，公安、司法机关要进一步加大打击力度，加强知识产权刑事司法保护。

**2.《国家知识产权战略纲要》**

2008 年 6 月 5 日，国务院印发《国家知识产权战略纲要》（以下简称《纲要》）。

《纲要》提出，到 2020 年，把我国建设成为知识产权创造、运用、保护和管理水平较高的国家。

**3.《国务院关于新形势下加快知识产权强国建设的若干意见》**

2015 年 12 月 22 日，国务院印发《国务院关于新形势下加快知识产权强国建设的若干意见》（以下简称《意见》）。《意见》提出，要实行严格的知识产权保护，到 2020 年，在知识产权重要领域和关键环节改革上取得决定性成果，知识产权授权确权和执法保护体系进一步完善，基本形成权界清晰、分工合理、责权一致、运转高效、法治保障的知识产权体制机制，知识产权创造、运用、保护、管理和服务能力大幅提升，创新创业环境进一步优化，逐步形成产业参与国际竞争的知识产权新优势，基本实现知识产权治理体系和治理能力现代化，建成一批知识产权强省、强市，知识产权大国地位得到全方位巩固，为建成中国特色、世界水平的知识产权强国奠定坚实的基础。

**4.《"十三五"国家知识产权保护和运用规划》**

2016 年 12 月 30 日，国务院印发《"十三五"国家知识产权保护和运用规划》。

## 2.6.4 专项规划

**1.《"十三五"国家战略性新兴产业发展规划》**

2016 年 12 月 19 日，国务院印发《"十三五"国家战略性新兴产业发展规划》。数字创意产业首次被纳入国家战略性新兴产业发展规划，成为与新一代信息技术、生物、高端制造、绿色低碳产业并列的五大新支柱。计划到 2020 年，数字创意产业等相关行业的产值规模达到 8 万亿元。

**2.《版权工作"十三五"规划》**

2017 年 1 月 25 日，国家版权局正式印发《版权工作"十三五"规划》（以下简称《规划》）。《规划》指出，"十三五"时期，版权工作要坚持实施版权严格保护、推动版权产业发展、健全版权工作体系三大基本原则，实现"加快版权强国建设，为建成中国特色、世界水平的版权强国奠定坚实的基础"这一战略目标。

【章尾案例】

### SIP《倚天屠龙记》字字千金

从 1961 年发表开始,《倚天屠龙记》和武侠小说家金庸的其他小说一同进入了"无限变现""无限盈利"和"建立不朽的品牌价值"的商业闭环模式,成为中国当今泛娱乐行业一大超级知识版权(SIP)。"飞雪连天射白鹿,笑书神侠倚碧鸳",金庸先生的十几部作品在华语圈传播了几十年,影响了中国几代人,以至于"凡有华人处,就有金庸小说"。自创作至今,被开发成游戏,翻拍成电视剧、电影,绘制成漫画的衍生作品都不计其数,而且热度不减。

毫无疑问,金庸的作品一定是拨动了我们这个文化集体的心弦,挑动了中国人的文化精神世界。有人曾粗略统计过,在金庸先生的众多作品中,所描写的主要人物不少于 1 420 人,他(她)们有着各种各样的文化性格。可以说,金庸先生描摹了整个中国文化社会。毫不夸张地说,每一个人,无论你是什么样的性情,都可以在金庸小说中找到自己的原型,都可以对号入座。金庸作品包罗万象,气象万千、各种文化、各种思想体系都在其中交锋,各种文化中好的东西和坏的东西都得到了淋漓尽致的演绎和展示。

因为有了这些价值力,所以《倚天屠龙记》才可以成为深入人心和一代又一代中国人的精神世界的知识产品。从 1994 年至今,《倚天屠龙记》被改编成游戏达 6 次,而最近的一次是完美世界开发的《倚天屠龙记》。这是一款 3D 武侠 MMOARPG 手游,采用完美自研第三代引擎 Era 打造,通过高拟真环境实时光影效果、全粒子真实特效渲染、实时演算物理碰撞等顶级技术,为玩家完美地展现了小说中的江湖世界。据官方透露,游戏运用高级光照系统结合引擎的环境探针功能,使游戏中的角色状态受环境的影响,力求打造更加逼真的游戏画面。从 2016 年 5 月 18 日的数据来看,《倚天屠龙记》游戏自 18 日上午 10:00 全平台上线 24 小时来,新增用户达到 69 万,全平台游戏收入达到 762 万元。事实上,在《倚天屠龙记》手游发布会当天,该游戏 iOS 版已经在 APP Store 上线,取得了畅销榜第 33 名的好成绩,并且次日留存连续三天高达 60%,三日留存达 42%,活跃付费转化率高达 27%。截至 5 月 20 日,《倚天屠龙记》手游在畅销榜上的自然排名已经进入前 20。5 月 18 日,《倚天屠龙记》手游正式登陆安卓各大平台,上线一小时后,流水已经突破百万元。

在 5 月 18 日全平台上线当日，《倚天屠龙记》手游还联手滴滴打车进行"《倚天屠龙记》上线赠送价值百元打车券"活动，在朋友圈引起大量转发，不仅给玩家和行业人士送来大量的优厚福利，同时也让《倚天屠龙记》手游持续得到大量曝光。而未来，胜利游戏还将和招商银行等企业展开多样化的异业合作，力争让《倚天屠龙记》手游这个产品从产品品牌上获得更广大玩家的认可。除此之外，《倚天屠龙记》手游还将围绕代言人张雨绮开展多样化的线上线下活动。在《倚天屠龙记》手游发布会上，小米直播曾对张雨绮进行了现场直播，而张雨绮也将在悟空 TV、花椒直播等平台与玩家互动，在线解答玩家和游戏问题。在泛娱乐行业的不同子领域同时宣传《倚天屠龙记》游戏，不仅巩固了《倚天屠龙记》的 SIP 地位，也为之后的 IP 变现做好了准备。《倚天屠龙记》衍生品汇总如图 2-4 所示。

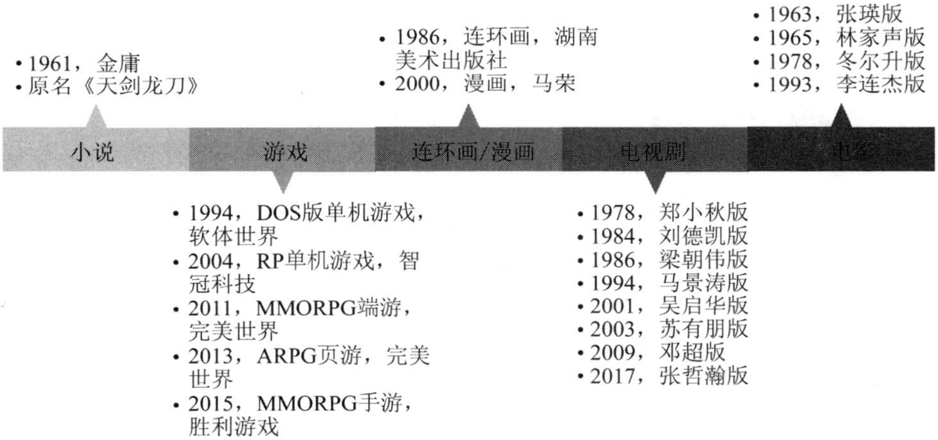

**图 2-4 《倚天屠龙记》衍生品汇总**

资料来源：《中国泛娱乐 IP 价值研究报告》，艾瑞咨询，2016。

而《倚天屠龙记》在其他方面的发展也不容小觑。在漫画领域，有不少 IP 的大头和想要成名的小公司在丛林中窥视，希望借助这一大 IP 做一笔大生意。凤凰娱乐成立于 2016 年年初，是凤凰集团的全资子公司。而在 2016 年公司开办之时，便已经拿到了金庸的 15 部小说的漫画改编权。翌年与腾讯动漫一起打造精品漫画，并于 10 月开始在腾讯动漫平台陆续上线。而之前便已有了 1986 年湖南美术出版社的连环画和 2000 年的马荣版漫画。在电视剧产业，《倚天屠龙记》的实力可谓数一数二。1978—2017 年，《倚天屠龙记》已被不同的导演改编达 8 次之多，电影也有 4 次。在《倚天屠龙记》影响力指数中可以看出，主要影响力在影视产业，因为它吸引了原版小说或其他变现产品粉丝。比如，2003 年苏有朋版《倚天屠龙记》电视剧到 2016 年共累计在线总点击量 20 亿次之多。《倚天屠龙记》衍生品受关注度如图 2-5 所示。

 **影响力指数**：IP受众影响范围　**1.4亿**　**影视**影响力大

 **消费力指数**：IP收入贡献情况　**5.2亿**　变现以**游戏**为主

 关注度

 倚天屠龙记 42 623　　金庸 413 816　　 赵敏 174 536　　 周芷若 83 874

**影视**
 电视剧（2003）在线总点击量超过**20亿**

**游戏**
  手游（2016）月流水破亿，登上iOS畅销榜 **Top 2**

**图 2-5　《倚天屠龙记》衍生品受关注度**

资料来源：《中国泛娱乐 IP 价值研究报告》，艾瑞咨询，2016。

从图 2-6 中可见，《倚天屠龙记》未来的前景仍然被 IP 买家所看好。在其影响潜力指数中，未来占据首位的仍然是影视，包括电视剧和电影。电影票房预估在 6.21 亿元左右。主要的观众仍然会是《倚天屠龙记》的粉丝，如果内容好，并结合明星的热度的话，电影将会改变整个《倚天屠龙记》IP 的影响力指数。另一方面，因为近年并没有同一 IP 的电影上映，所以未来如果拍《倚天屠龙记》题材电影的话，便会重新刷新 IP 的热度和大众心中的记忆。在未来，另外两个方面的发展会在网游和手游上。这两个领域的预估收入分别为 2.47 亿元和 6.03 亿元。使用《倚天屠龙记》IP 制作游戏的好处在于，武侠仙侠题材是中国游戏市场的核心题材之一。而之前的同 IP 游戏开发顺利且盈利也不错，所以使用《倚天屠龙记》这一 IP 制作游戏便可以影响同 IP 变现的其他泛娱乐产业产品，如电视剧、电影或原作书籍。

影响潜力指数
**1.51亿**
**影视仍为受众主力**

消费潜力指数
**16.04亿**
**电影+游戏将是吸金重点**

 电视剧 影响力预估：**8 894万**
- ✓ 已上线7个版本的电视剧，价值得到观众和影视开发商的共同认可
- ✓ 影响力最大的电视剧版本苏有朋版上映已经过去13年，于正执导新版电视剧将于2016年开机
- ✓ 结合明星的热度，IP影响力将进一步放大

 电影
票房预估：**6.21亿**
- ✓ 情怀是重要营销点
- ✓ 近年没有同IP电影上映

 页游
流水预估：**2.47亿**
- ✓ 武侠仙侠是页游改编的核心题材之一
- ✓ 影视为游戏贡献粉丝基础，推荐影游联动同期上线策略

 手游
流水预估：**6.03亿**
- ✓ 武侠题材适合中重度手游
- ✓ 16年胜利游戏发行新版手游表现良好，可考虑后续持续开发

**图 2-6　《倚天屠龙记》衍生品潜力巨大**

资料来源：《中国泛娱乐 IP 价值研究报告》，艾瑞咨询，2016。

　　《倚天屠龙记》这一 IP 经久不衰的另一个原因有可能是维权意识。比起其他 IP 持有者，金庸本人更有维护其产权作品的意识。2016 年 10 月 11 日，金庸将一纸诉状递交到广州天河区人民法院，被告人是原名为杨治的畅销书作家江南。金庸认为，江南的作品《此间的少年》对他的几部武侠小说构成侵权。因此，金庸要求江南方面：(1)停止复制、发行小说《此间的少年》，封存并销毁库存图书；(2)在《中国青年报》、新浪网刊登经法院审核的致歉声明；(3)赔偿经济损失人民币 500 万元；(4)支付金庸维权所支出的合理费用人民币 20 万元；(5)承担此案的诉讼费。

　　而在这一次维权活动后，《倚天屠龙记》IP 持有者的维权意识也深深地影响了业界，因为在这之前还没有一个游戏公司去为自己的 IP 维护权益。于是，百度盛大开始对一批涉嫌侵权旗下《热血传奇》IP 的移动游戏进行维权。2016 年 12 月，盛大对网龙计算机网络信息技术有限公司、苹果公司等提起诉讼，认为网龙旗下产品《怒斩轩辕》完全抄袭《热血传奇》，在多个方面构成实质相似，而苹果公司的 APP Store 为上述侵权行为提供帮助，亦构成共同侵权，要求它们共同赔偿经济损失 1 000 万元。如此可知，就是金庸的 IP 维权意识保持了正版渠道的 IP 交易，也保持了正版 IP 的质量。只有这些特点，《倚天屠龙记》才可谓是"字字千金"。

**思考题：**

1. 用优质 IP 评价五力模型对《倚天屠龙记》IP 进行分析。

2. 《倚天屠龙记》成为 SIP 的关键因素是什么？

3. 版权保护和 IP 之间是什么关系？

4. 《倚天屠龙记》的变现能力是如何实现的？

5. 如何培育一个成熟的优质 IP？《倚天屠龙记》是怎么做的？

案例解析

# 第 3 章
# 文化创意产业的金融服务

**【本章导读】**

随着我国文化市场日渐繁荣，文化体制改革不断深化，文化创意企业迎来了前所未有的发展机遇，经历着转型升级和快速成长。国家政府大力推进金融创新，鼓励金融市场逐渐向社会资本开放。与此同时，资本运作的意识已经渗透到社会经济生活的方方面面，文创企业逐渐善于使用各类金融工具实现资金融通，这些日益成熟的金融市场意识及其对文化市场的广泛影响，让文创企业可以参与到金融市场的业务当中。目前，文创企业获得金融业务从业资格的路径主要包括新设金融机构、并购或股权投资金融机构等方式。

本章将学习金融对文创产业的重要性，如何解决文创企业的融资难问题，如何通过创新模式获得资金支持，帮助文创企业走出金融困境。

**【教学目标】**

- 掌握金融对文化创意产业的作用；
- 理解文创企业的融资难点；
- 了解文创企业的融资渠道；
- 学习文创产业金融创新模式；
- 把握文创产业金融政策新趋势；
- 发现文创金融领域中的创业机会。

**【开篇案例】**

### HIHEY 的光荣与梦想

2011 年 4 月 18 日，HIHEY 从北京 798 艺术区开始创业起航，上线首日交易额就突破 10 万元。HIHEY 的创业团队试图构建一个基于互联网的全新艺术生态：将艺术品从局限的区域和少数人的手中辐射到更开阔的艺术群体和空间中去，致力于去除传统艺术世界中的权利化和中心化，打破审美垄断，解放艺术家。如今，HIHEY.COM 已经成为最大的艺术品电商，拥有遍布全世界 20 多个国家和地区、300 多个城市的会员收藏家群体，为 20 000 多位艺术家提供专业的作品交易、展览服务，承载着数十万件优秀艺术品的网络平台。截至 2016 年年底，HIHEY.COM 的交易额超过 2 亿元，画廊有 400 家，日访问量达 7 万，注册买家已达 20 万。

HIHEY 是由民生创新资本、中信证券、深圳创新投资集团联合投资的艺术电商，现估值达一亿美元。

HIHEY 是一家基于互联网提供全品类、全渠道、全客群的艺术品营销和交易（拍卖、金融）服务平台。在线艺术品交易有利于艺术市场价格透明、交易公平。HIHEY 的使命是让艺术家富起来，同时帮助新兴收藏家发现下一代艺术明星，倡导人人都是艺术家、人人都是收藏家的艺术消费时代。

北京 DMG 娱乐传媒艺术总监高波，是由 HIHEY 网发掘并培养的艺术家，曾获 MOBIUS AWARDS 美国莫比广告银奖等国际设计大赛奖项。2012 年，他开始以多年积攒的商业广告创作经验来尝试艺术观念摄影的创作。这一年他凭借公益类作品获得奥赛实验组金牌，之后又创作了一系列作品，但却一直没有找到合适的艺术推广机构。直到 2014 年 10 月的一天，他接到 HIHEY 艺术网的电话，正式签约 HIHEY，成为职业艺术家，并举办了第一次较大规模的作品个展。高波的作品在上线 3 个月后即实现了成交。这个案例说明：HIHEY 艺术网是线上线下结合的艺术平台，能够帮助艺术家实现从业余艺术创作到职业艺术家的跨越。

HIHEY.COM 倡导公开、公平交易的互联网理念，努力让艺术品得以从庙堂之高飞入寻常百姓家，让更多艺术家从苍茫云海间脱颖而出，也让更多徘徊在艺术品收藏和投资门槛之外的潜在收藏家入了门甚至成为资深收藏家。

HIHEY.COM 打破了传统的交易模式并建立起新的平台概念，与收藏家一起共享创新，建立新的艺术收藏文化价值理念，建立新的文化价值观，共创中国新文化繁荣的机会。

**1. 战略构想**

如图 3-1 所示，HIHEY 的战略是通过基于大数据的艺术电商＋金融＋IP 的产品和服务，以资本为杠杆搭建一个万亿元级的艺术消费生态系统。

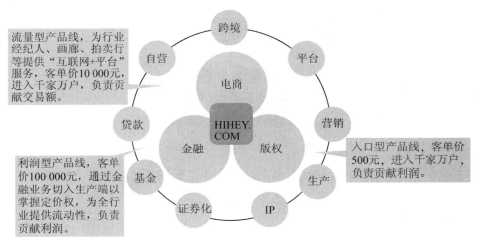

**图 3-1 HIHEY 战略图**

自营电商平台打造流量型产品线，为行业经纪人、画廊、拍卖行等提供"互联网＋平台"服务，客单价 10 000 元，实现跨境销售，负责贡献交易额。金融模式打造利润型产品线，客单价 100 000 元，通过金融业务切入生产端以掌握定价权，为全行业提供流动性，负责贡献利润。IP 版权打造入口型产品线，客单价 500 元，旨在进入千家万户，负责贡献利润。

**2. 核心业务模式**

如图 3-2 所示为 HIHEY 的业务路径。

艺术家通过在 HIHEY 注册成为内容提供商，在平台上出售自己的作品，同时平台为其提供相关服务，助力艺术家成为新兴的大艺术家，然后逐步成长，成为顶级艺术家。

平台为艺术品提供数字化处理等服务，并对其实施专业认证，利用平台或者其他渠道来联系展览、拍卖等活动，通过媒体进行造势和宣传。

买家或者收藏家通过注册成会员，可以在平台上购买作品，还可以参加众筹项目，孵化艺术家，为其创作过程提供资金支持。

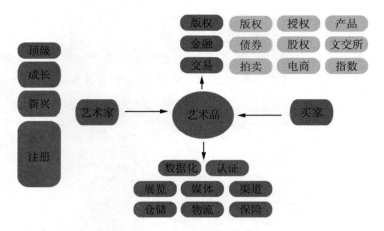

**图 3-2　HIHEY 业务路径图**

　　平台会为艺术家的作品提供版权、授权服务，最终将作品形成具有商业价值的产品。平台还会通过与证券公司、文化产权交易所合作来展开金融业务，将平台资金的价值最大化。

### 3. 艺术电商

　　HIHEY 认为，2017 年艺术电商的关键词是网络艺术经纪、直播、跨境艺术电商和全国招商渠道下沉。HIHEY 的营销渠道已经下沉到二、三、四线城市，并且与传统家纺企业和互联网家装公司合作。HIHEY 的营销方式多样：使用自媒体方式通过艺术的故事进行内容驱动的营销；和明星跨界互动进行新媒体事件营销；挑选爆款推送，占领装饰画品类，进行全网渠道营销。

　　HIHEY 将优秀作品进行艺术衍生品开发，形成装饰画品类，向个人或者企业进行销售，使用场景可涵盖家装、酒店、办公等众多地点。该业务的经营理念是：订单式生产、流水线装配，艺术也包邮，装点你的梦。

### 4. 艺术金融

　　HIHEY 认为，2017 年艺术金融的关键词是众筹平台和艺术家工作室基金。

　　HIHEY 提出了自己独特的方法论——"互联网+"文化创意产业的"四化""三基""两个一切"。"四化"指个人 IP 化、IP 公司化、公司资产化和资产证券化；"三基"指基地、基金和基业；"两个一切"指一切线上都是金融，一切线下都是地产。目标是让每个艺术家成为一家内容创业公司。

　　艺术众筹是 HIHEY 的模式之一。HIHEY 平台请专业人员对刚入行或经济状况不佳的艺术家进行鉴定和估值，并利用平台优势进行众筹融资，让投资人为艺术家的创作过程提供资金支持，待艺术家的作品创作出来并通过平台售出后，艺术家可以实现名利双收，众筹投资人也可分得7‰～35‰的年化利润。

艺术基金也是 HIHEY 的模式之一。HIHEY 投资具有高成长性的艺术家资产包和非物质文化遗产，通过原作和版权的运营增值带来投资回报。原作通过运营提高市场知名度，再通过美术馆展览、拍卖等形式打开原作市场，原作交易后即退出。版权运营即将代表作的版权限量发行成版画10万份，发行价100元，文化产权交易所平均涨幅为10倍，10‰作为原始股给予经纪会员单位申购，锁仓30‰，剩余60‰可在市场上自由报价交易，涨1倍即可回本，涨10倍的平均收益为500‰。

### 5. 艺术家 IP

HIHEY 对将要投资的艺术家 IP 有着非常严格的遴选标准：首先，艺术家要具有知名美术学院教育背景；其次，作品类型应为油画、水墨画、雕塑、摄影为主的当代艺术，有明确的个人风格并且有相当的存量；最后，艺术家应具有一定的市场知名度，有良好的展览和拍卖记录，愿意尝试新的艺术营销和推广模式。

HIHEY 自 2011 年 4 月 18 日成立以来，不断与各领域展开合作：2015 年 1 月，HIHEY.COM 开启移动战略与微信合作，为 7 亿用户提供超级艺术入口，并且启动"艺术达人"计划，将社交引入 HIHEY，让艺术行业的人群、作品与市场全面链接；2015 年 4 月，HIHEY 与民生易贷推出艺术品融资产品"艺贷"。HIHEY 一路走来战果颇丰，未来 HIHEY.COM 将不断以开创性产品和创新灵感为艺术和生活带来更多、更好的可能。同时，它还将致力于提供艺术家全品类、全渠道、全方位的推广与服务。HIHEY 希望在更多的实践中验证自己，也渴望为建设互联网艺术添砖加瓦，竭尽所能为那些对艺术抱有热情、充满理想的人们提供一个可以实现光荣与梦想的地方。

**思考题：**

1. 金融对艺术品行业有哪些作用与价值？

2. 金融工具在艺术品行业中有哪些应用场景？

3. HIHEY 为什么将金融纳入到业务板块中？

4. HIHEY 的金融业务将对公司的发展起到哪些作用？

5. 你认为 HIHEY 的金融业务能否成功？为什么？

# 3.1 金融对文化创意产业发展的作用

文化创意产业作为文化产业的高端形态，是文化产业的核心。因此，文化创意产业的发展与壮大离不开文化资源的开发与利用。文化创意产业大发展主要是对市场、人才和文化等资源的开发，对这些资源的开发和利用都离不开金融的支持，尤其是对市场的开发更需要金融资本的支持。由此可见，金融对文化创业产业的发展起到了相当重要的作用。主要有以下三个方面：

**1. 为文创产品研发提供资金保障**

文化创意产业在生产产品的过程中，是具有高知识型特征的，资金涌入对产品研发过程有保障作用。文化创意产业主要是源于个人或团队的创意和文化积累，依靠个人的灵感、智慧、天赋和创意，紧密联系市场和企业，从事生产和经营活动，并且该产业与信息化、高科技、智能化紧密相关。比如电影，不仅需要制片人、编剧、导演等人的天赋、灵感和创意，在拍摄过程中还需要借助高科技设备才能完成，在制作及剪片过程中还需要和光电技术、计算机仿真技术结合，这些都体现了高知识型的特征。这些创作过程和技术都是需要大量资金支持的，大量的资金可以购买更高精尖的设备和技术，同时也为文创产品的质量保驾护航。

【案例 3-1】

### 军装照——技术支撑爆款

2017 年"八一"建军节前后，朋友圈都被《人民日报》推出的"军装照"H5 刷屏了。但是你知道这款浏览次数累计近 10 亿次的 H5 背后是什么技术在支撑吗？这些普通人看起来很容易就实现的玩法背后蕴藏了哪些技术难题？技术又是如何支撑一个个爆款产品的传播的？

我们打开 APP 或 H5 网页之后，上传一张照片就能轻松地合成军装照。看似简单的操作背后，实际上少不了技术的支撑。人脸融合技术是实现变脸最重要的基础，其中重要的一步就是人脸关键点定位技术，即需要把用户的脸和模板人脸对应起来。简单地说就是五官等关键点要对在一起。为了实现这一功能，天天 P 图采用了腾讯优图的深度学习技术，利用神经网络对图片进行学习和分析，然后找到关键点。在提取关键点后，天天 P 图的技术团队又运用一些针对性的算法对用户的照片进行再次分析。比如，看看用户有没有被拍成阴阳脸，然后在肤色、光照等方面进行"修正"，以达到均匀的效果。整个过程都是以大量的数据为基础的，算法也起到了很大的作用。

AI技术是图片APP的底层技术支持，能够处理出更漂亮的、更真实的照片，同时也让图片APP的玩法更多。图片APP的增长速度是极快的，而且这类APP在应用商店的整体排名方面也很有竞争力。据统计，在2017年8月4日的APP Store免费应用前50的排行榜中，摄影与录像类应用占了6个，与娱乐、游戏等相同，可见其关注度。但激烈的竞争和技术的变化都让行业充满挑战。在这样一个竞争激烈的市场，对于图片APP来说，对技术创新和产品创新的能力要求是非常高的。

**2. 为文创产品提供了容错机会**

文创产业具有较高风险性，资金涌入对文创产品市场有容错的作用。在当今社会，文创产业的产品更多地体现为精神上的需求，而这种需求具有很大的不确定性。文创企业所带来的产品能否满足市场上的这种精神需求，受制于个体嗜好、时尚潮流、社会环境等多种不确定因素。也就是说，投入大量资本生产出来的文创产品不一定能够带来高收益，因此，足量的资金在对文创产品的高风险性容错和再创造过程中起到了重要的作用。

**【案例 3-2】**

### 《战狼 2》票房豪赌

截至2017年8月3日，由吴京自导自演的《战狼2》票房达到20.39亿元，打破多项华语票房纪录。

作为国产片的"爆款"，没有流量明星、也没有大IP的《战狼2》，正在改变电影行业的"潜规则"。首先，"流量明星＋大IP"的通行法则正在被改变，好的故事内容越来越被观众认可。其次，《战狼2》推升了电影行业保底发行的热度。保底发行，是发行方对片方的票房承诺，即通过早期的市场预估，制定双方接受的价格。发行方借此可获得优质影片的发行权，片方则可提前回本，保证投资方的出资安全，也让制作过程更加安心。

影片发行方北京文化对吴京新作《战狼2》进行8亿元票房的规格保底。受益于影片口碑和票房的良好表现，北京文化(00082)股价涨逾40％，总体市值飙升近30亿元。2014年，北京文化与中影股份北京发行分公司为《心花路放》保底5亿元，最终票房达11.7亿元，因此大赚一笔。对于周星驰导演的《美人鱼》，中影、联瑞、和和、光线等发行方与制片方签下近20亿元的天价票房保底协议，最终赢得近34亿元票房的《美人鱼》令保底发行参与方赚得盆满钵满。

但在成功的背面，不少参与豪赌的发行公司却颗粒无收。比如，微影时代4亿元保底《致青春2》、博纳影业10亿元保底《封神传奇》、恒业影业4亿元保底《夏有乔木雅望天堂》、和和影业联合联瑞影业等10亿元保底《绝地逃亡》都接连失败。

### 3. 为文化创意产业链的延长提供支撑

文化创意产业的产业链较长，资金涌入对产业链的延长有支撑作用。文化创意产品一旦被市场接受，文化创意产业的产业链就会被无限延长，多种形式的衍生品会被不断地开发、生产和销售，这些过程都需要大量的资金投入。在链条延长的同时，资金的作用也就更显著了，只有大量的资金才能支撑起不断延长的文创产业链条。

### 【案例 3-3】

#### 电竞行业的产业链

比尔·盖茨在互联网刚兴起时曾说"互联网是和电视竞争用户时间的"，这和罗振宇所说的"未来只有两种产品，即节省时间的产品和消磨时间的产品"是高度一致的。电子竞技帮你消磨时间，这也是竞技体育、娱乐的目标市场。电子竞技不仅是和互联网结合最深的体育细分行业，而且和足球、篮球等传统竞技项目相比，其游戏和社交的天然属性使得电竞行业更加容易变现。

如图3-3所示，电竞行业的产业链主要分为上、中、下游：上游是内容创意开发环节，主要是游戏厂商，包括CP和发行商，提供各种类型的电竞产品。中游是生产制作环节，以赛事运营和媒体渠道为代表，是整个电竞产业链的核心。和传统的体育赛事类似，电竞的赛事运营也包括赞助商、俱乐部、选手等众多参与方。下游是营销推广环节，包括直播、电商、游戏周边等，是电竞得以生存和发展的重要环节。

电竞是游戏的分支，但脱胎于游戏。普通游戏的产业链往往局限于厂商与用户之间，产业链条短，难以形成规模。而电竞类游戏可以形成包含俱乐部、赛事、直播平台等的产业链生态圈：大多数玩家形成了群众基础，随着玩家群体的不断扩大，会衍生一定的组织，组织间的赛事又会诞生一批明星玩家，而直播平台等媒体提升了游戏、组织、玩家的曝光度和关注度。生态圈商业价值吸引了投资与赞助，资金的推动进一步将以上环节形成正反馈效应，从而使产业链越来越完善和规范。

国内电竞产业的狂飙式发展，让处在资本投入期的电竞引发了一股投资热潮，包括BAT、万达、软银、红杉等在内的资本巨鳄早已在中国电竞体育产业领域进行了广泛布局。

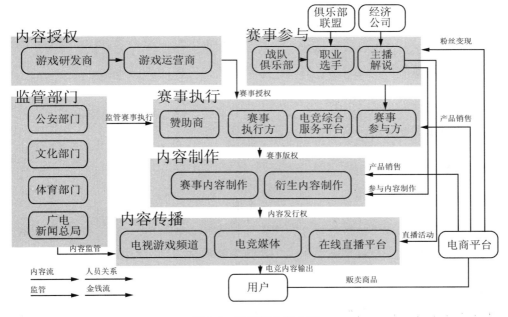

**图3-3 电竞行业产业链**

资料来源：《2016年中国电子竞技及游戏直播行业研究报告》，艾瑞咨询，2006。

文化创意产业的发展得益于金融的大力支持，金融效率的提高会促进文化创意产业的更高速发展，金融资源的敏感性也会促进文化创意产业的优胜劣汰，促进产业升级和优化。同时，文化创意产业的发展也会扩宽金融业的业务渠道，不断开拓金融服务的领域。所以二者相互作用，协同发展，今后将会融合共通，创新发展。

# 3.2　文化创意产业的融资困境

文化创意产业本身的特征决定了其融资的困难性。首先，文化创意产品附加值高，产品收益具有不确定性。文创企业提供的产品更多的是精神价值和信息价值，精神价值无法确定其真实价值，信息价值则取决于使用人群和使用方式，因此对于投资人而言投资风险很高。此外，在文创企业中，人是核心财富，但人力资本不可以进行担保和抵押，因此企业融资的自我担保能力较弱。

其次，文化创意产业重无形资产，企业中大多拥有很多版权、收益权、著作权等知识产权，而缺少银行信贷所要求的传统抵押物，如固定资产、不动产等。对于无形资产，由于其价值难以准确评估，因此，不易充当抵押物。在缺少抵押物的情况下，为了加强信贷风险管理，银行发放贷款比较谨慎。

最后，我国文化创意产业中绝大多数都是中小企业，而普通产业的中小企业由于实力弱小，经营能力和抵御市场风险的能力不强，缺乏抵押物和担保，一直都有融资难的困扰，更不用说中小文化创意企业了。

【案例3-4】

### 艺术无价？

贾蔼力是最先通过拍场的惊人高价获得市场关注的人。他2007年的作品《苍白的不只是你》在2012年的香港苏富比春季拍卖会中以662万元港币创下当时年轻艺术家的最新拍卖纪录，惊人的高价加上无画廊代理的个人经营模式也使他收获了大量的关注和非议。其后贾蔼力更是在2014年和2015年的香港苏富比拍场中两度突破千万元成交。在这位"先行者"的范例下，越来越多的年轻艺术家作品跨入百万级，并创造了越来越多的个人成交纪录。但在2016年后，贾蔼力的作品成交量和成交率均有所下滑，2017年春季拍卖会中更没有作品上拍。直到2017年6月高古轩宣布全球代理贾蔼力的作品这一消息时，才多少稳住了人们的信心。

对于充满着不确定性的青年艺术市场，行情和现象时刻都在发生着变化，但市场运作的规律却几乎是不变的，始终无外乎作品数量/质量、订价、藏家群铺垫与一、二级市场及经理人的推销手法这几个环节。青年艺术家在市场中的快速起伏部分源于年轻人身上所伴随的不确定性。其中，一方面来自艺术家创作，毕竟依然处在进行中的年轻艺术家会遭遇的未知风险很多；另一方面则来自市场，其中包含了艺术家与市场的融合程度以及一级市场和二级市场的平衡关系等博弈，需要每个个体自己把握。

对整个文化创意产业资本力的评估主要考虑以下五个方面的要素：

第一，创新融资力。创新融资力代表的是文化产业通过商业模式创新、制度创新和产品创新，面对以创新风险性投资为核心的天使投资、股权投资、风险投资的能力。

第二，资本运营力。资本运营力是指文化创意产业通过资本市场融资的能力。

第三，资产融资力，资产融资力指的是文化创意产业凭借资产，通过债券和信托产品的发行，在市场当中融资的能力。

第四，创意筹资力。近几年来众筹平台大规模出现，主要有两种：一种是创意性产品的众筹平台；另一种是股权性的众筹融资平台。创意类产品和众筹平台的大规模出现推动了文化创意的发展，个人、小微型企业可以把创意放到平台去获得粉丝的资金支持。因此，创意筹资力对于文化创意产业而言也是一个非常独特的融资工具。目前有很多专门做影视、出版、旅游、音乐等行业的文化企业创意筹资平台，创意筹资力代表着文化创意产业利用创意在众筹平台上进行融资的能力。

第五，产业整合力。产业整合力代表着文化创意产业跨地区、跨行业、跨所有制走到了集约化、规模化、专业化的发展道路上，是指并购活跃程度和并购的能力。

从上述五个方面可以看出，文化创意产业和资本之间发生了紧密的连接。在描述整个文化创意产业、文化金融发展的成果或文化产业资本体系的情况时，我们可以用这"五个力"来描述。

# 3.3 文化创意产业融资解困

我国文化创意产业融资困难的主要原因可以概括为三点：资产不易进行价值评估、融资渠道不通畅、政策支持不到位。想要从根本上解决现在的困境，一方面必须从政府层面加强具有针对性的扶持政策，彻底打通多元化的融资渠道；另一方面要从企业自身层面设计更合理的文创产品，以方便融资。

### 3.3.1 打通多元融资渠道

首先，银行设立将知识产权作为贷款抵押的政策，根据文化创意产业无形资产多的特点，大力发展知识产权抵押贷款，在某种程度上可以缓解文化创意产业融资难的问题。其次，银行应当成立针对文化创意产业的信贷部门，专门负责探究和分析文化创意企业的特点和发展过程，并在此基础上设立针对文化创意企业知识产权质押的评审流程，在确立某一项目时，由专门针对文化创意产业的专业评估机构对企业的知识产权进行评估。再次，政府应对知识产权评估给予支持，建立统一的知识产权评估平台，为借贷双方提供一个很好的知识产权价值评估依据。最后，贷款借出之后，银行应当加强贷后质押品的监控，密切关注借款企业的发展情况。另外，银行应当针对文化创意企业的特点以及知识产权的保护期限设计出一套灵活的贷款模式。

据《2016中国文化产业资本地图与省级资本力指数报告》显示，2015年流入文化产业的资金，除了来自商业银行的资金之外，总资金规模为3 178亿元。其中，来自天使投资、股权投资和风险投资的金额为1 079亿元，文化企业通过债券市场融资的金额为998亿元，文化企业的IPO融资和已上市公司的定向增发融资的金额为924亿元等。另外，行业内发生的并购交易规模是1 736亿元，这一数据没有包含在3 178亿元中，因为它是并购，不是流入资金。

截止到2017年上半年，我国已上市的文化创意企业积极通过资本市场进行投融资，取得的成果可观，如表3-1所示。其中，在融资方面，较多采用发行债券与定向增发两种方式，分别融资581.27亿元与880.76亿元；在投资方面，通常采用的方式为发起或参与并购、股权投资、投资基金、新设立子公司，其中成本最高的为并购，总计52起并购案例共涉及资金308.46亿元，而新设立子公司总计54家，涉及资金规模仅为35.72亿元。

**表 3-1　2017 年上半年我国上市文娱企业的资本动态**

| 项目 | 事件类型 | 涉及资金规模（亿元） | 案例数量（起） |
|---|---|---|---|
| 融资 | 发行债券 | 581.27 | 41 |
| | 定向增发 | 880.76 | 79 |
| | 信托 | 3.00 | 1 |
| | 总计 | 1465.03 | 121 |

续表

| 项目 | 事件类型 | 涉及资金规模(亿元) | 案例数量(起) |
|------|----------|------------------|--------------|
| | 并购 | 308.46 | 52 |
| | 股权投资 | 190.01 | 64 |
| 投资 | 投资基金 | 69.69 | 40 |
| | 新设立子公司 | 35.72 | 54 |
| | 总计 | 603.88 | 210 |

【案例3-5】

### 《集结号》吹响商业银行的集结号

2008年初,当电影大片《集结号》得到招商银行5 000万元的贷款支持时,中国的电影制片人和银行家们都瞪大了眼睛,因为该项目的贷款性质为无第三方公司担保。此前由冯小刚担任导演的另一部巨片《夜宴》也成功获得深圳发展银行的资金支持,但那一次有保险公司提供担保,也就是说,银行把贷款风险转嫁给了担保公司。

在贷款之初,经过反复研究,招商银行深圳分行考虑了《集结号》项目的种种贷款风险。首先是拍摄许可风险,即该影片是否符合国家新闻出版广电总局的规定,能否通过审核?从银行的角度来看,表现为公司产品是否被允许生产以及产品生产出来后是否被允许销售的问题。对此,招商银行审批人员阅读了剧本,经过研判后认为,该片会被允许拍摄上映。其次是拍摄完工风险,其中包括种种原因导致影片未能成功拍摄完成,比如拍摄场地不足、演员临时辞演、剧本临时更换等各种问题都会导致影片的拍摄失败。华谊兄弟公司提供的完工风险担保和主创团队的专业素质都保证了《集结号》的顺利拍摄。最后是影片销售风险。招商银行项目组认为以华谊兄弟公司的影响力,影片顺利销售和放映不成问题,但是需要以影片全球版权作为质押。

为了不影响影片的片花预售和公开放映,招商银行与华谊兄弟达成以下协议:在拍摄完工之前,招商银行行使版权质押权,而在拍摄完工之后,即使用全球放映的票房收益权进行更替。认清了这些风险后,招商银行最终同意以无第三方公司担保的形式,贷款给华谊兄弟公司5 000万元。这是一次典型的文化创意产业信贷融资。文化创意产业的典型特征就是企业拥有众多的无形资产，但缺乏银行通常所要求的抵押物，如固定资产、不动产等，而大多数的中小文化创意企业又无法找到合适的保险公司为他们的融资提供担保，因此在缺乏担保公司且抵押物不足的情况下，很难赢得银行的青睐。在此次《集结号》的融资中，华谊兄弟公司在没有第三方担保公司为其提供担保的情况下，利用无形资产，即影片的版权作为抵押，成功获得了银行贷款。《集结号》这种融资模式为众多文化创意企业吸引到投资增加了更多的可能性。

## 3.3.2　金融模式创新

金融行业的优势是多元化资金和有效资源，以及建立在此基础之上的价值发现、风险管理等功能，而且互联网金融的多种新型工具和模式也受到多方关注。随着国家在政策方面的倾斜，金融行业在支持文化产业大发展大繁荣方面大有可为。要发展文化产业，需要广泛吸收包括民营资本在内的各种资金进入，利用好互联网金融提供的多种新工具、新模式，以更好地实现大众创业、万众创新。

文创企业自身在加强自身制度建设、产品开发的同时，可以尝试与多种互联网金融手段相互融合，利用众筹、P2P网贷以及第三方支付平台等方式来进行融资。近年来，文创企业已经成为互联网金融市场的生力军。目前，在国内外的网络众筹、P2P、第三方支付、网络小贷等互联网金融市场上经常能看到我国文创企业的身影，异常火爆的互联网金融行业已经成了众多具有IT基因的文创企业抢滩的主战场。

### 1. 众筹

众筹是指向群众募资，以支持发起的个人或组织的行为，由发起人、跟投人、平台构成。众筹具有低门槛、多样性、依靠大众力量、注重创意的特征。一般而言，它是通过网络上的平台连结起赞助者与提案者的。群众募资被用来支持各种活动，包括灾害重建、民间集资、竞选活动、创业募资、艺术创作、自由软件开发、设计发明、科学研究以及公共专案等。

近年来在互联网平台上，众筹、股权投资等新的文化金融模式开始出现。各大互联网巨头也都开始大步跨进众筹行业，比如，阿里巴巴推出"娱乐宝"，进入文化影视众筹领域；百度金融推出"众筹"频道，正式进入影视作品众筹领域等。

"娱乐宝"是阿里巴巴数字娱乐事业群推出的新一代互联网保险理财产品，首批对接国华人寿,投资方向则是影视娱乐。网民出资100元即可投资热门影视剧作品,预期年收益率为7%。2014年3月26日,首批投资项目在娱乐宝平台上线接受预约。2014年3月31日,"娱乐宝"正式售卖,发售第一天超10万人购买,其中《小时代4》最受欢迎。2015年6月18日,向上影业成立,与娱乐宝、华谊兄弟影业达成全方位战略合作,联手打造悬疑探险题材电影《死亡循环》,并邀请徐峥担任监制。娱乐宝是由阿里巴巴数字娱乐事业群联合金融机构打造的增值服务平台,用户在该平台购买保险理财产品即有机会享有娱乐权益。所谓娱乐宝这种模式,是一种以保险产品作为产品包装方式,以达到投资无门槛,潜在回报率区间合理,并能够投资电影的目的的方式。实际上这背后是阿里巴巴的合作方国华人寿将用户购买理财产品的资金最终投向电影产业。如我们所知,电影行业的投资风险非常大,收不回成本的电影比比皆是,制片方并不能保证每部电影都能赚钱。而娱乐宝称它的投资回报是预期收益率7%,同时也表示不承诺保底、保本。娱乐宝希望提供一个大众化的投资平台,拉近普通网民和文化产业之间的距离。对电影制作方而言,娱乐宝不仅可以带来资金保障,还可以利用用户们"用钱投票"这种方式,评判对某个影视项目导演、演员、剧本的喜好程度,实现"大数据创作"。首批登陆娱乐宝的投资项目包括郭敬明导演的电影《小时代3》《小时代4》等。投资者有机会享受剧组探班、明星见面会等娱乐权益。除了电影、游戏外,娱乐宝后期还将增加电视剧、演唱会等多种项目形式。

**【案例3-6】**

### 从《大鱼海棠》看众筹电影如何突围

2016年7月8日首映的《大鱼海棠》,当日票房即达到7 460万元,一举创下国产动画电影首日票房最高纪录。截至2016年7月26日21:30,票房累计5.43亿元。一部制作12年之久的国产动画电影,除了票房成绩突出之外,片尾密密麻麻4 000人的众筹鸣谢名单也着实令人震撼。

《大鱼海棠》作为一部国产动画电影,融入了众多中国传统文化元素,其灵感来源于《庄子·逍遥游》,讲述的是一个掌管海棠花的少女通过天神湫的帮助复活人类男孩"鲲"的灵魂的奇幻故事。

在《大鱼海棠》幕后故事的纪录片中,我们得以了解到《大鱼海棠》这部动画电影的产生和制作过程。《大鱼海棠》的创意最初来自本片导演的一个梦——"我梦到自己和鱼在一起，人和鱼有很深的联系"。于是，2004年导演梁旋和张春把这个梦做成了短片参加比赛，获得了很多的奖励。2005年，两人成立公司，想把短片做成电影，然而缺少资金的支持。之后的几年，两人为了筹钱，做动画、游戏等，直到2007年年底，他们制作的短片《燕尾蝶》拿到第一笔做样片的资金，之后他们开始投入《大鱼海棠》的制作。2008年，他们获得了联创策源的数百万元风险投资后正式启动样片制作。当年6月样片制作完毕，并且获得了业界一致好评，甚至被法国蓬皮杜当代艺术中心收录并赞誉为"最杰出的艺术品之一"。然而影片随后因资金未到位而暂停。

2013年，时来运转。梁旋和张春通过网络众筹平台"点名时间"获得了4 000多人的支持，筹到158万元。这笔众筹资金中最少的10元，最多的50万元，创下了当时国内动漫产业在众筹平台上的筹资新纪录——这就是《大鱼海棠》片尾4 000多人名单的来历。也正是这一次众筹，《大鱼海棠》成功地吸引了实力雄厚的光线影业。光线影业于2013年11月正式投资这部电影及导演团队，解决了剩余2 000多万的资金缺口，使得影片制作从此走上正轨。一波三折的经历，让这部电影颇具传奇色彩。

从《大鱼海棠》上映后的情况来看，其众筹结果是令人满意的。众筹，并不只是筹资金，更重要的是它可以筹集到人气和关注。众筹的对象不只是普通大众，还有急于找到优秀电影IP的潜在投资人——《大鱼海棠》就因众筹而引来了重要投资方，从而填补了资金空缺。在资金之外筹集到的人气，意味着受众粘连度、互动性以及对影片的关注度，这些都将直接影响票房。尤其像《大鱼海棠》这类国产动画影片，在没有明星效应和商业大片气质的包装的情况下，众筹可能成为它生存下去的有效途径。不过，筹集关注只是被投资方迈出的第一步，更重要的还在于《大鱼海棠》这个项目本身的"功力"——它是不是一个值得被投资的IP。

而从目前多家媒体报道中，我们不难获悉，参与《大鱼海棠》众筹的4 000多名众筹者可能并不会获得实际投资收益，"他们更多的是以支持国产动画、支持新人导演的心情，来支持这部电影的。"

众筹分为四类：一是债权众筹，投资者投资后获得债权，未来获取本息收益；二是股权众筹，投资者投资后获得股权；三是回报众筹，投资者投资后获得产品或服务；四是捐赠众筹，投资者进行无偿捐赠。很显然，《大鱼海棠》属于第三种，即投资者投资后获得产品和服务。

众筹给了这些新人一个很好的渠道。众筹一方面能在项目开始前对项目进行宣传造势，另一方面也可以验证项目本身的优劣，有创意、包装精良的项目很容易完成众筹目标。所以，不光是小成本电影，一些大片商出品的影片也做部分众筹。可见，众筹不单纯是资金的筹集，已经发展成为一种新的营销方式。

但电影众筹并非一片坦途，也面临着风险。电影是文化产品，参与者不会拿到实在的产品。而且由于众筹门槛低、缺乏严格的审查机制，各种鱼龙混杂的项目都开展众筹，经常会有夸大宣传包装的项目甚至不乏虚假信息，再加上制作团队的专业性参差不齐，导致专门做电影投资的从业者都经常中招，更何况普通网民。而一旦参与到不靠谱的项目，便会打击网民的积极性，使其不愿意再次参与电影众筹。

Massolution 最近发布的一项报告显示，到 2016 年，众筹行业的发展正在逐步赶超风险投资，占据更多的市场份额。而 5 年前，在线众筹尚处在初期阶段，市场份额还相对较小，2010 年的筹资金额是 8.8 亿美元。此后增长迅猛，2014 年的众筹总额达到 160 亿美元，其中影视艺术类为 19.7 亿美元。

专注于互联网金融的研究和服务的平台"零壹财经"最新数据显示，截至 2016 年 5 月 31 日，全国共上线影视众筹项目约 1 400 个。其中，约 150 个众筹中，为剧本征集、演员招募、设备筹集众筹资金的项目约占 89%。产品型影视众筹累计成功筹资 3 400 万元左右，收益型影视众筹筹资约 3.6 亿元，泛众筹保守估计在 10 亿元以上。

以上数据显示，虽然目前的电影众筹模式仍处在试水阶段，多有磕绊、饱受非议，但是在互联网的全球发展环境下，它的发展势不可当，必将成为下一个投资风口。

资料来源：王晓芳：《从〈大鱼海棠〉看众筹电影如何突围》，载《北京文化创意》，2016。

### 2. P2P 网贷

P2P 即网络借贷，是指个体和个体之间通过互联网平台实现的直接借贷。现在的 P2P 网贷行业，经历了 2014 年的快速爆发，出现了 2015 年的行业乱象，"遭遇"了 2016 年的严肃整顿。尽管 P2P 网贷行业具有较大的不确定性，但从持续旺盛的市场需求和日渐完善的行业监管趋势来看，其发展空间依然巨大，一批具有互联网基因的文创企业挤进了这个风口。2015 年 2 月，财政部办公厅发文将巩固文化金融的扶持计划列为重点支持内容，鼓励银行、文化担保、文化融资租赁等机构为文化企业提供融资服务，引导金融资本投入文化产业。

在政策的推动下以及 P2P 网贷谋求差异化发展的驱动下，近年来，许多 P2P 网贷平台业务涉足文化创意产业。目前专注于文化创意产业垂直领域的 P2P 网贷平台有艺投金融、手投网等，许多其他方向的借贷平台也设置有文化产业的相关业务。涉及的文化创意产品主要有影视作品、邮币卡和艺术品等。其中，手投网 P2P 网贷平台于 2015 年 7 月正式上线，仅一个月时间成交额就破千万元；上线 98 天，成交额破 5 000 万元；上线三个月余，成交额成功突破一亿元。

**3. 第三方支付平台**

第三方支付是指具备一定实力和信誉保障的独立机构，采用与各大银行签约的方式，通过与银行支付结算系统接口对接而促成交易双方进行交易的网络支付模式。第三方支付安全、方便、快捷的支付特点大大降低了互联网文化创意产品的购买成本，在某种程度上打开了更广阔的消费渠道。

第三方支付经过十几年的发展已经成为互联网金融中较为成熟的行业。据《2016—2021 年中国第三方支付产业市场前瞻与投资战略规划分析报告》的数据显示，仅 2015 年，中国第三方支付市场的交易规模为 16.36 万亿元，同比增长 104.2%。

在与文化创意产业融合方面，第三方支付主要应用于影视和游戏领域。2014 年，我国电影票务市场规模已达 296 亿元左右，其中在线票务占比 42%，支付主力为第三方支付和银行卡支付。在游戏市场上，2015 年网游玩家占比已从 2014 年的 42% 降至 25%，手游玩家则由 2014 年的 33% 增至 64%，手游市场占比增长了 30%。在手游玩家中，94% 采取手机支付的方式为游戏付费。另外 2016 年《阴阳师》《王者荣耀》等热门手游的爆发式发展，为第三方支付打开了广阔的空间。

## 3.3.3 文创产品互联网化

"互联网+"是互联网创新 2.0 的新业态，利用信息技术和互联网平台极大地促进了生产要素的优化和集成，目前已与多个应用领域深度结合，创造了诸多新产业链和巨大的经济价值。而随着各发展条件的成熟，互联网在文化领域已向垂直领域渗透，呈现多样形态。

在 2017 年上半年我国文创产业 410 起股权投融资案例中，涉及行业依旧多样，其中互联网信息服务业始终保持着头名位置，上半年共发生 131 起案例，涉及资金金额为 170.51 亿元，相比去年同期的 489.62 亿元降幅高达 41.73%，而案例数量减少13起，平均单起案例的规模也大幅度减少。

2017年上半年，在文创产业IP概念的影响下，资金流向了多个领域，以传统统计类型来看，行业热点较以往大为分散。其中，融资规模排前四位的行业分别是互联网信息服务业、软件业、乐器、玩具及视听设备制造业和新闻业，规模占比分别为27.65％、17.13％、14.23％和12.46％；对比2016年上半年股权投融资规模排前四位的分别是互联网信息服务业489.62亿元（62.60％）、体育产业经营99.91亿元（12.7％）、移动互联网服务业37.18亿元（4.75％）、软件业31.33亿元（4.01％）。

**【案例3-7】**

### 2017年7月：文娱创业股权融资排行榜（A十榜）

文娱产业在2017年上半年的发展离不开IP泛娱乐的成熟和拓展。以IP为核心，自媒体、网络直播、网红经济、电影制作发行、动漫制作发行等多个传统文娱行业找到了融合发展的结合点。在社会资本的助推下，文娱产业与资本市场形成了良性的互助发展。

2017年7月31日，三千视界获4 000万元天使轮融资，投资方为光信资本。

这又是一个传统媒体人走向网络的案例。创始人孔令泉曾策划制作过天津卫视的两档王牌素人爆款综艺《非你莫属》和《爱情保卫战》，联合创始人铁佛曾经投资出品了《射雕英雄传》（李亚鹏版）、《神雕侠侣》（黄晓明版）和《小鱼儿与花无缺》（谢霆锋、张卫健版）等多部古装剧。资料显示，三千视界的主要业务为制作网台剧和网台节目。在麻辣娱投看来，文娱圈中真正的核心竞争力正是这些传媒精英们，互联网打破了以往电视台主导的市场局面，平台价值式微，人才价值在多渠道环境中无限放大。

三千视界获光信资本4 000万元天使轮投资

震撼指数：★★★★☆

价格指数：★★★★★

潜力指数：★★★★☆

企业估值：2亿～3亿元

融资金额：4 000万元

融资轮次：天使轮

2017 年 7 月，星糖 miniKTV 完成 A＋轮融资。据公开信息显示，星糖 miniK-TV 成立三个月以来，已完成天使、A 、A＋三轮融资，融资总金额为 1 500 万美元。投资方包括经纬创投、祥峰投资、金沙江创投、险峰长青、DCM、云启资本、IDG 和初心资本。

在共享单车的发展逻辑、投资逻辑的影响下，市场和资本都把眼光投向以往看来微不足道的碎片时间消费，不同于移动端游戏、阅读、社交的碎片化消费场景，miniKTV 把消费场景搬到了各大商超。再加上必不可少的娱乐内容平台化和消费用户社交化，一个简单有效的商业模式就搭建起来了。尽管融资规模不算出类拔萃，但就融资速度而言，星糖 miniKTV 可谓一时无两了。

星糖 miniKTV 获得数百万美元 A＋轮融资

震撼指数：★★★★☆

价格指数：★★★★☆

潜力指数：★★★★☆

企业估值：1 亿～2 亿元

融资金额：数百万美元

融资轮次：A＋轮

资料来源：《文娱创业方法论》，麻辣娱投，2017-08-04。

## 3.3.4 文创跨界金融

金融产业的发展使得人力资源匹配难度逐渐降低，随着社会保障机制的日益完善和个人对职业生涯规划的重视程度逐渐加深，传统供职思维定式已被打破，人才流动速度逐渐加快，因此，文创企业更容易找到具有金融从业经验的人才，来帮助文创与金融的融合。

文创企业背后的媒体传播资源及公众影响力也有利于文化产业的金融业务的开展。文创企业的优势主要体现在不但能给所投项目提供资金支持，还能在营销和品牌影响力上给所投项目提供更大的帮助。同时，其媒体传播资源及公众影响力同样有助于天使投资、PE/VC 股权投资、互联网金融等新兴领域的业务拓展与品牌推广，凤凰金融是很好的实例。

现今的互联网文创产业企业都具备了从事互联网金融业务的几个构成要件——网络维护、消费用户、风险防范，因此，这些具有互联网基因的传媒类文创企业具有跨界的先天优势。

总的来说，文创产业跨界金融业并涉足多个领域的现状十分乐观。同时，从长远来看，文创产业还将继续并更加深入地与金融业的联手。相信在未来，具有 IT 基因的优秀文创企业会有更好的发展。

**【案例 3-8】**

**"互联网＋金融＋文化"**

文交联合是由北京文交联合投资有限公司与全国多家文化艺术品产权交易中心及各金融机构通力合作而成立的。主要交易业务板块为泛娱乐衍生品、艺术品、非遗文化和传统文化。文交联合立足于文化艺术品产权交易，深度发掘影视衍生品的交易价值，开创出集艺术品现货、门店专柜、线上商城、影视剧场及文化推广为一体的综合性服务平台，成为影视衍生品金融化的开拓者。

文交联合顺应"互联网＋金融＋文化"的时代趋势，主推影视衍生品交易，创立了影视版权方、艺术品生产方、投资人/文民多方共赢的影视衍生品金融交易模式，成功挂牌了万达影业投资电影《鬼吹灯之寻龙诀》衍生品摸金符、欢瑞世纪投资电视剧《青云志》衍生品诛仙青云志纪念章、上海电影集团投资电影《盗墓笔记》衍生品九门铜钱、春秋时代影业投资电影《大话西游 3》衍生品白龙檀香木珠、光线影业投资电影《从你的全世界路过》衍生品自在之声卡坠、《大闹天竺》衍生品檀香猴头吊坠以及凯乐福德主办的怀柔百威风暴电音节衍生品风暴音眼吊坠等超级 IP 衍生品。

目前，文交联合以影视衍生品的交易交割为核心，上游打通艺术品供货方、IP 方，下游打通投资人/文民及粉丝，打造出影视产业链金融化的创新模式。在互联网方面，文交联合的网络商城、淘宝专卖店、京东专卖店已正式上线；在线下，文交联合正式与著名的珠宝连锁公司晶石灵合作，在全国打造高端连锁影视衍生品体验店 1 万家，并在每一家体验店实现线下现货交易与交割。自此，文交联合彻底打通线上线下现货模式，成为第一家实现 B2B2C 的文交所。文交联合以产融联动的方式将影视衍生品真正发展成国民文化消费产品，从而打造以交割为主、交易为辅的影视衍生品专业平台。

## 3.3.5 政府金融扶持

在政府层面，从英国所采取的"陪同资助"政策及美国政府对文创产业直接引入国际投资来看，我国政府对文创产业的投入仍然较小。目前我国文创产业尚处在成长初期阶段，对资金的需求量很大，因此，政府应当加大对文创产业的资金支持力度，加大并扩展资金的支持范围，使文创产业中符合条件的优秀企业享受到专项资金的扶持。在税收方面，政府还应继续加大对文创产业企业的政策优惠。同时，政府还应积极搭建信用体系，帮助文创企业更好地通过贷款评估。我国文化创意产业中绝大多数的中小企业没有银行信贷所要求的固定资产等抵押物，要想获得银行的资金支持，就需要第三方提供担保。如果有大批担保机构进入文创产业为他们提供担保，那么企业融资难题将不复存在。因此，政府还应当设立信用担保机构，由政府进行出资、管理，对文创企业向银行贷款提供担保。

新政策的推出也为文创产业跨界金融产业提供了驱动力。近几年，我国政府陆续出台了一系列金融政策，其中也包括支持民营资本进入金融业的若干政策，如"加快发展民营银行等中小金融机构、鼓励民间资本设立产业投资基金"等扶持政策。

政府在构建文创金融体系中应该做好以下工作：第一，资金需要转化工具，所以目前社会资本和大型企业通过产业投资基金的方式进入到文化产业当中是一个普遍的现象。大型的上市企业，包括互联网巨头纷纷设立自己的天使投资基金、风险投资基金，包括并购性的产业基金。第二，信息服务平台。在大量的中小微企业和资本之间需要专业化的信息服务，才能够打通资本和企业。第三，信用评价平台。运用数据模型，采用大数据的分析方式在商业银行和企业之间建立一个信用征信的机制。第四，风险补偿机制。无论是商业银行还是小额贷款，要用政府的风险补偿机制让其进入到市场当中。第五，创新扶持机制。目前文化产业主要是要大力培育新兴业态，使文化产业的结构进行转型升级，从而使文化产业中更多的企业在新技术和新商业模式的推动下实现快速成长，所以文化产业的创新机制这一方面至关重要，所以如何加快创新机制的建设，如何加强对创新企业的金融扶持力度是我们很多省市都需要考虑的问题。第六，多元化的金融工具，无论是担保、小额贷款还是融资租赁等。

【章尾案例】

### 复合资本：能力越大，责任越大

互联网巨头阿里巴巴、腾讯、百度全面布局或部分介入影视行业，各类互联网公司开始试图以各种形式颠覆和改造电影制宣发流程。随着基金、跨界投资热钱的进入，一时之间，电影行业成为下一个风口，钱像纸一样堆到各家电影公司的门口。

互联网时期的资本对一切行业的"颠覆"有一些非常类似的模式，大多都是通过免费、补贴等各种方式强制培育市场需求、升级服务体验，同时去破行业内原有的专业公司格局，砍掉中间商的渠道成本。这也使得一批经验尚浅的新型公司获得资金支持，突围进入第二代投资人的行列。

因为电影产品具备极其特殊的商业美学，是艺术、技术和商业的结合体，是非理性的消费产品，同时又被政府、从业者、影评人和观众全面盯防，牵涉多方力量，因此，每一个项目产品的消费体验都是特殊的，仰赖创作人员的水平，发行回收的窗口期非常短暂，不可能通过流程控制复制成功案例；电影票消费不是刚需，甚至都不是娱乐消费方式的首选，因此培育出来的市场随时都有可能消失；所谓的"渠道成本"没法轻易砍掉，电影行业的政策门槛一直在降低，但从业门槛已经越来越高。已占有市场的成熟投资人难以攻破，因为他们的组盘、操盘能力使其在电影行业体系内的身份绝不像民间传说的那样，是一个说砍就能砍的二道贩子或泡演员的色情狂。

成熟投资人的专业眼光、运作能力以及对制片人和导演的制衡作用，对一个项目能否成功有重要意义。因此，一些资本在完全没有判断基准的前提下，本着"为有牺牲多壮志，敢叫日月换新天"的艰苦创业精神，不计成本地拿钱砸IP，砸导演、制片人、明星等一线创作制作资源。在这样的资本裹挟之下，电影行业在现阶段出现了诸多弊病：版权价格虚高，总成本虚高。制片成本体量已经增加到大片为3亿元人民币左右，中等制作为8 000万～1亿元，几乎难得见到3 000万元以下成本的小片。宣发费起步1 000万元，高的时候可以到达1亿元。票房做得再高没有用，最后算账几乎不挣钱，所以投资回报风险极大。电影行业的票房非但没有迎来爆发式的增长，反倒面临了15年来第一次年增长率（除去影院增加带来的结构性增长）下降。

过度功利地重视票房造成大量的负面新闻，而过度宣传造成预期不符，这可能是目前国产电影评价低的重要原因。有些投资人因为对自身的宣发实力非常自信，豪言壮语地说："给我一坨屎，我都能给包装成冰激凌"。以这样的心态推出的产品可以骗观众一次、两次，长此以往怎能不遭到观众的反弹呢？虽然这一时期，无论从数量和质量上来看，国产电影都有长足发展，佳片数量也高于以往，但观众对国产片的评价却远远低于往年。

在带来纷扰烦乱的同时，资本爆发也带来了行业的细分化和专业化。有大量新型、小型影视公司在获得资金之后蓬勃发展，专业化分工趋势明显，如数据调研公司、内容公司、承制公司、宣传公司和植入公司等若各个公司都能够在现阶段潜心钻研自己的业务，而不是盲目扩大规模，向上下游蔓延，可能会对整个行业的发展有更大的帮助。目前来看，在2016年盲目扩张的中小公司，在2017年面对资本的冷静期后，若不能靠核心竞争力在行业中站稳脚跟、赚取收益，可能还会经历一轮残酷的洗牌，才能够进入一个稳定发展的状态。

经过几年的摸索和尝试，大部分资本在电影上可能都会积累很多的教训。阿里影业2016年的核心人员调整传递出前一阶段的布局包含着一定的问题；腾讯影业在自身IP转化上始终没有交出满意的答卷；百度旗下的爱奇艺在网剧方面虽然风生水起，但参投的几部电影无论在票房上还是影响力上都不能与其他互联网玩家比肩；2016年年底，BAT也开始了新一轮的策略调整；2009年年底就达成了影视第一股目标的华谊，却出人意料地"去电影化"发展，近些年重视泛娱乐产业而淡化了电影业务，2016年年底多次传递出将与腾讯进行深度电影业务合作的信号；博纳2010年年底在红杉资本和IDG的资助下在美国上市，2016年年底又在阿里、腾讯等一众公司的支持下私有化回国。

2015年上海电影节，于冬一句"将来我们都是给BAT打工"一石激起千层浪。继阿里影业挖走中影股份分管创作的副总经理张强之后，爱奇艺又将电影频道节目中心副主任亚宁挖到旗下专门负责电影业务。这标志着"买股份、挖人才"已经成为BAT对民资、国资投资人进行"互联网+"的双板斧。但如果BAT不能改换思路，意识到"电影就是电影，做电影需要回到电影本身"，即使和专业投资人公司、专业投资人才站得再近，终究在质量体系和管理体系上也是两层皮。

2016年年底，影视股成为今年A股下跌的重灾区。华谊、光线、新文化、华策等公司以及刚刚在上海成功敲锣的中影股份、上影股份，在股市上都是近半的跌幅。第二代投资人经过数年的野蛮发展，已经进入了淘汰升级的周期。能够掌控2017年以后电影市场的人，将是一批具有较强的专业能力和独特的投资眼光，围绕电影项目本身开展主业的投资人。

2016年年底，我们已经可以感受到热烈回归电影创作本身的行业氛围。回归电影创作，不单单只是导演和制片人的义务，最需要的是投资人站在更高的位置肩负起责任，承担起自己这个角色在行业中应该起到的引领作用。

(1)投资人对于电影的投资眼光应超越时代一大步，但在项目实践至多超越能力一小步。内容上可以认可故事创作规律始终如一，但形式上依据时代发展和观众口味的变化必须丰富多变。大片依然是商业的主旋律。五年内，我们就会有可与好莱坞匹敌的商业大片、系列大片，它们必定是来自最有想象力的创作者。

（2）投资人应该协同一致挤压制片成本的水分，坚定不移地从年化投资回报率角度出发投资电影项目。不是钱花"饱满"了就能换来好项目。投资人只有站在投资回报这个角度，才能促使创作者注重效率、注重观众的需求，不断挖掘自身的创作极限，在导演表达、技术呈现和观众接受度之间找到一个平衡点。只有压榨制片人花钱的权力，投资人才有盈利的可能性。

（3）分线分轮次的市场分离阶段必将到来，区域发行、长线发行、艺术院线等我们期待已久的名词也许都将变成可能。投资人格局将在下一个十五年内重新洗牌。行业内非常有可能会形成以发行渠道和放映终端市场份额为核心竞争力的"X大"公司。从目前的行业割据局势来看，这个名单中一定会包含国资投资人、数家具有互联网资金、地产资金和基金资金背景的专业电影投资人代表。他们通过发挥各自的渠道优势，争夺市场份额，挖掘培养人才，互相磨合出新的行业格局。

（4）投资人在坚持不懈地投资创新、求变、技术过硬、叫好又叫座的商业电影的同时，应该像好莱坞投资人一样持续不断地为行业积累资产。比如，支持数据公司对观众人群进行调研，观察中国电影观众的成长变化，持续为每一代观众提供符合其精神诉求的电影产品；协助学界、评论界建立起国产电影商业美学经验体系，形成一套既不同于好莱坞式商业美学，也不属于欧洲式艺术美学的评判机制，结合我们的审查机制、历史沿革、文化心理和情感需求来综合评价一部电影的成败得失。

前路坎坷，来日方长。

资料来源：《大梦十五年：中国电影江湖2002—2016（投资人篇）》，壹娱观察，2017-01-11。

**思考题：**

1. 为什么互联网巨头阿里巴巴、腾讯、百度全面布局或部分介入影视行业？
2. 传统的电影投资人如何面对互联网带来的冲击？有什么应对策略？
3. 如何评价并投资一部有商业价值的电影？
4. 电影产业可以尝试哪些方面的金融创新？

案例解析

# 第 4 章
# 商业模式

## 【本章导读】

在中国，文创产业有一个很有趣的现象，那就是每一家涉足文化娱乐产业的中大型公司几乎都有一个"迪士尼梦"，他们都想方设法地要成为中国的迪士尼。这些企业之所以会将迪士尼作为其精神殿堂，最主要的原因还是迪士尼的商业模式早已成为内容产业的印钞机。① 在互联网时代，中国的文创企业能否特立独行，创造出全新的商业模式？

本章主要介绍互联网背景下文化创意产业商业模式的概念、内涵和文化创意产业的盈利模式，揭示 IP 模式与平台模式这两种文化创意产业的典型商业模式的概念、核心及发展。

## 【教学目标】

- 理解商业模式的概念与内涵；
- 辨析商业模式与盈利模式两个概念；
- 掌握文化创意产业商业模式的特征；
- 学习文化创意产业的典型商业模式；
- 理解文化创意产业商业模式的关键要素；
- 学会设计商业模式。

---

① 引自：《那些曾提出要做"中国版迪士尼"的公司们，他们现在过的怎么样？》http://baiji-ahao. baidu. com/s? id=15530567439160952016-12-07，2017-05-10。

【开篇案例】

## SG 音乐——中国公播音乐的"精灵"

戚渊在上海音乐学院的西洋音乐和音乐心理专业学习期间，培养了对广播领域的兴趣。在毕业之后，戚渊先后进入上海人民广播电台和国际广播电台英语中心（轻松调频 Easy FM）担任总监，并在中国国际广播电台担任副总裁。在上海人民广播电台期间，他开办了音乐台第一档晨间大板块直播节目"城市晨曲"，并引入了时段广播模式，创新了广告形式，使用音乐心理学从年龄、时段、职业等方面出发播放相应广播，提高了广播电台的收听率。

1996 年，戚渊创办的尚至音文化发展（上海）有限公司（英文名 Sound-Genie，简称 SG，意为"声音的精灵"，音译成中文为"尚至音"）是中国第一家广播领域先进公司，致力于促进音乐创作作品版权合法而快捷地产出利益，从而改善原创环境。同时，SG 公司专注于从事媒体及其数字化运作平台的建立与运营，在中国乃至全球建立音乐商务平台，提供适合的音乐作品服务，增加各受众群体的体验感。

SG 的发展轨迹清晰：1996—2015 年将精力投入在电台音乐、广播广告、音乐版权、播放系统等方面；从 2015 年至今，它在版权管理、公播平台、场景应用、乐曲画像等方面也小有所成；2017 年之后，它将发展重点放在智能家居、车载娱乐、音乐聚合等方面，打造商业空间环境音乐的愿景更加突出。

近年来商业空间环境音乐在国际音乐市场上逐渐引起人们的重视，这是因为在不同的场所选择合适的音乐会起到意想不到的效果：在营业场所播放恰当的音乐，可提升 38.2％的营业额。这充分说明环境音乐可以带来无限的商机和无尽的想象。然而环境音乐在中国还只处于起步阶段，大众对其还不太了解，所以中国的环境音乐存在着很多问题与不足。虽然目前商场等消费购物场所的音乐无处不在，但专业性缺失的现象十分严重，如品牌与音乐的贴合度与定位不明晰、音质及播放效果不理想、促销或节日音乐更新困难、音乐风格混乱且播放内容随意、音乐内容无版权保障等。SG 正是瞄准了环境音乐这一行业空白，抓住了时机，坚持致力于促进音乐创作作品版权合法而快捷地产出利益，从而改善原创环境。

客户价值：SG 主要为酒店、购物中心、餐厅等消费场所提供专业的环境音乐定制服务，同时还会根据不同的节日提供相应的专业的音乐服务。合适的音乐可以创造特色各异的节日气氛，不同风格的音乐会给听众独特的感受，为听众带来别样的心灵体验。目前，SG 已经服务到网鱼网咖、李宁运动品品牌等商家。

关键资源：SG 具有丰富的正版音乐资源，已具备 All-in 完整版权数字音乐曲库，库存 10 万首，常用作品 15 000 首。SG 具有国内最完整的公播音乐版权库资源、先进的作品筛选系统以及国内最优秀的音乐著作权律师。

关键流程：SG 入驻商家，首先做的是音乐环境改造。为了可以让 SG 环境音乐"软装潢"达到更佳的效果，SG 提供商业空间内喇叭的选择及线路布局设计，这些设备与数字中控、功放等器材的呼应尤为重要。依托互联网上的音乐库和操作后台将音乐送至用户从 SG 公司购买的硬件和软件两种终端：专业设计的 SG 牌音响和在智能手机上的 SG 应用。前者适用于大商场等大型公共场所，而后者适用于个人商户等小型公共场所。其次，SG 还为企业提供自主研发的软件系统。SG 已建立网络广播类型化分众平台和远程控制流媒体播放平台，并提供语音条定制服务，可实现专业广播人员录制、专业语音后期制作、定时播放语音内容、100％全自动化更新等。再次，SG 会根据客户品牌和产品理念设计音乐 Logo。最后，SG 会依据不同客户的业态特质，包括其品牌文化及诉求、环境布局、消费人群、逗留时间等因素，制定出相关标准频率的节目方案，满足客户在全天营业时间内对播出音乐的风格需求，并通过互联网自由选配。

盈利方式：SG 基于近 30 年的广播媒体经营经验及深厚的渠道关系网络，与国内外优秀唱片公司及专业音乐版权管理机构合作，代理音乐版权，通过数字化加工与营销，将音乐版权出售给银行门店、通信营业厅、快捷酒店、服饰店、餐饮店、超市和便利店等实现盈利。

SG 提供的环境音乐服务有两个考核标准。首先是综合考量。SG 是以商业目的为前提的，所以会在考虑价格、成本等问题的基础上，根据不同的价格定位选择版权费不同的音乐作品。SG 提供环境音乐时还会考虑顾客类型及消费水平、店面装修的风格、音响设备的条件、店员的素质以及企业的文化氛围等。通过综合考虑这些因素，SG 帮助商家确定恰当的音乐作为背景音乐。

其次是加减考量。SG 强调改善消费环境，创造愉悦氛围；注重音乐心理的应用，从而提升销售盈利；努力提升品牌感知，来传递企业的文化。SG 在这些方面竭力做加法的同时，在成本管理方面积极地做着减法，它通过统一网络管理，有效地降低了企业的相关成本。

SG 的宗旨就是在对的时间，面向对的受众，播放对的音乐！图 4-1 显示的就是 SG 自主研发的软件系统界面，其中包括营业全天不同时段对音乐风格的需求。

上班准备　开门迎客　午餐时分　午后休闲　晚餐时刻　浪漫晚间　晚安

**图 4-1　SG 自主研发的软件系统界面**

不同的时间，不同的受众，对应着不同的场景音乐。上班准备时间，可以放一些简单轻快的音乐；开门迎客，可以放一些欢快的音乐；午餐时间，若时间较短，适合放节奏较快的音乐；午后休闲，适合放一些轻音乐舒缓心情；晚间时刻，可以放一些适合二人世界的浪漫音乐，等等。在不同的时间，面对不同的受众，播放恰当的音乐，这就是 SG 的最大宗旨。

音乐产业之所以是一大市场，其原因总结起来就是"无处不在"。在大街小巷都能听到不同类型的音乐。也许，你在某日也可以在某家商场或餐厅内听到 SG 的音乐呢。

**思考题：**

1. SG 的主要业务有哪些？它可以为用户提供哪些价值？

2. SG 是如何开发音乐产品和服务的？核心要素是什么？

3. SG 的产品在市场上有竞争力吗？是否形成了行业壁垒？

4. SG 的盈利模式是什么？SG 的商业模式是什么？

5. 你认为 SG 的尚之音平台可以促使更多人创作原创音乐吗？为什么？

6. 音乐产业是一个好的创业领域吗？音乐产业还有没有其他的创业想法？

# 4.1 商业模式的概念与内涵

## 4.1.1 商业模式的概念

哈佛商学院教授克莱顿·克里斯滕森认为，商业模式就是创造和传递客户价值以及公司价值的系统。它包括四个环节：客户价值主张、盈利模式、关键资源和关键流程。通俗地讲就是，第一，你能给客户带来什么价值？第二，给客户带来价值之后你怎么赚钱？第三，你有什么资源和能力实现前两点？第四，你如何实现前两点？所以简单来说，商业模式就是企业赚钱、盈利的方式或途径。

## 4.1.2 互联网商业模式的核心

PC 互联网的商业模式是通过入口级产品获取用户，把控网络流量，最后通过流量变现来获取盈利。移动互联网的商业模式是在碎片化的时间里，通过极致的产品和服务来快速吸引、获取用户，并随时随地满足用户个性化的需求，互动性更强，使企业获得更大的优势。

互联网商业模式的核心是流量。传统的商业模式强调实体流量，互联网商业模式强调的是线上流量。互联网商业模式发展之初，商家通过地推、赠送优惠券等营销方式吸引用户使用其产品，虽然营销费用巨大，但是效果十分明显，这使得腾讯、阿里巴巴、百度等互联网巨头几乎掌握了所有用户流量。随着近几年互联网突飞猛进的发展，用户对于互联网产品的消费观念已经逐渐成熟，对于互联网产品的选择更加理性，而且流量入口几乎被 BAT 等大公司占据，新晋的互联网企业很难再通过简单的营销手段获取大量的用户流量，于是获得流量入口就成为决定互联网企业生存的关键因素。因此，互联网商业模式的核心正在发生转变：内容成为互联网商业模式的另一大核心要素。新晋的互联网企业可以通过精良的内容吸引用户，开辟流量入口，增强用户黏性。

## 4.1.3 互联网商业模式的分类

互联网商业模式典型的有六种，分别是 O2O 商业模式、平台商业模式、"工具＋社区＋变现"模式、免费商业模式、长尾型商业模式和跨界商业模式。

**1. O2O 商业模式**

O2O 即 Online To Offline(在线离线/线上到线下)，是指将线下实体店与互联网结合，通过 O2O 平台进行下单付款，然后线下进店消费。通过这种方式，可以将店铺信息和口碑在消费者(特别是年轻消费者)中更快、更远地扩散，可以量化消费数据、追踪交易，同时还能较容易地传递面对面的实体服务品牌价值。O2O 是互联网与传统商业模式结合的一个非常好的突破口，对很多传统产业来说，是向互联网行业跨界以实现产业互联网的切入点。

**2. 平台商业模式**

平台是指将供应商和消费者联系起来，成为连接供给和需求的市场。平台商业模式最核心的功能就是作为市场的中介，将市场中的各方资源整合起来，吸附大量市场信息，快速高效地沟通买卖双方的关系，从而促进交易的达成。

**3. "工具＋社区＋变现"模式**

"工具＋社区＋电商"的三位一体化模式是移动互联网时代催生的新模式。工具、社区和变现三者是"入—留—付"的关系：工具可以作为入口，通过其工具属性、社交属性、价值内容等核心功能来满足用户的痛点需求，从而过滤得到大批目标用户，但它无法有效沉淀粉丝用户，需要通过社交属性培养出自己的社群，然后通过点赞、评论等互动交互手段，保证用户活跃度，形成社区以沉淀、留存用户，最后逐步开始变现业务，如话费充值、购买电影票和火车票等，实现盈利。

**4. 免费商业模式**

免费商业模式指的是通过向用户提供免费的服务或者产品功能来积累流量，再以流量为基础来构建自己的盈利模式，从而创造价值的商业模式。当三大运营商还指望靠用户打电话、发短信赚钱时，微信通过图片、语音、视频等多种免费模式实现了用户之间的关系交互。也就是说，微信利用免费的方式带走了传统通信企业的客户，继而转化成流量，然后再利用其他渠道实现了盈利。

**5. 长尾型商业模式**

长尾是由克里斯·安德森提出的，这个概念描述了媒体行业从面向大量用户销售少数"拳头"产品向销售庞大数量的利基产品的转变。长尾型商业模式就是为利基市场(Niche Market)提供大量产品，每种产品相对而言卖得都很少，但销售总额能与传统的面向大量用户销售少数拳头产品的销售模式相当的一种商业模式。

**6. 跨界商业模式**

互联网模糊了所有行业的界限，使跨界成为一种新常态。跨界思维的核心就是颠覆性创新，而且一般都是源于行业之外的边缘性创新，于是很多互联网企业纷纷在传统行业领域内大展拳脚，跨界模式也就应运而生。

# 4.1.4　文化创意产业的商业模式

在文化创意产业的经营活动中，文化是根，创意是本，商业模式是价值实现的保障。在互联网时代的背景下，互联网成为中国文化创意产业发展的温床。在这个平台上，属于文化创意产业的不同领域正发生交融，因此，文化创意产业的商业模式可以理解为：在碎片化的时间里，通过文化创意产品快速吸引、获取用户，把控网络流量，并随时随地满足用户的个性化需求，增强与用户的互动性，最后通过流量变现来获取盈利。

文化创意产业的商业模式具有开放性，文化创意产业的开放商业模式要积极采用外部（用户及合作伙伴）的创意，同时允许更多的创意为他人所用。在这种开放商业模式下，企业要集中在如何能从包含你的创新的知识产权中获取价值。文化创意产业作为凝结一定程度的知识产权的创造性产品和服务的生产、扩散、聚合体系，其核心内容是创新活动，本质特征体现在对创新产权的收益上。知识产权的重要性在于能够保障创意主体持续的创新原动力，从而保证文化创意产业的持续稳定发展。

文化创意产业多以内容为核心，商业模式设计要素在于 IP 贯穿。整个设计环节重点考虑以下几个方面：

（1）生产。通常是分为创作和加工两个过程。创作为创意型工作，加工为技术型工作。好的创意与相应的技术合理结合，才能构造出吸引用户的产品。

（2）传播。从最初的发行开始，就要选择好对应的渠道，考虑产品的目标用户群的偏好，进行精准投放。

（3）消费。商家最核心的目的在于盈利，所以消费渠道是重中之重。因此，要设计出合理的流量变现渠道。

在每个设计环节，都应该考虑到变现的问题，即引入流量，对流量价值进行变现。

# 4.2 文化创意产业的盈利方式

目前看来，文化创意产业利用互联网的创业项目主要有以下几种盈利方式。

**1. 内容付费**

内容包括专业知识、音乐作品、视频等，用户只有在付费之后才能看到或听到内容提供者创作的精美内容。

(1)知识分享的功能。像之前很火的分答、在行等付费问答平台，它们让知识分享在争议不断中逐渐走红，开展得风生水起。同时，利用互联网的便捷，很多技能分享者把自己的某种长处或技能当作一种特殊的内容，在互联网上为自己盈利。比如时间财富网，是一个来自中国的任务众包平台，你可以将任务发到任务众包平台上，请其他人帮你完成，然后付给对方相应的报酬。如今该平台已经吸引了超过900万名技能分享者。

(2)目前音乐作品、视频付费已经成为趋势。为文化创意作者的创作内容付费，可以起到保护知识产权的作用。虽然我国目前在这方面还很欠缺，但是产权保护在文化创意领域正在逐渐被大家重视。

【案例 4-1】

### 此"分答"非彼"芬达"

2016年，果壳网旗下一款名为分答的知识问答类产品席卷社交网络。自发布后的42天时间内，分答融资上亿元，创造了50万次的问答和19万次付费。罗辑思维、映客等一些售卖内容的平台海绵一般地吸收着流量与人们的视线，最终在资本的推动下占据大众视野。

媒体以夸张的标题声称，知识付费时代已经来临。而分答、罗辑思维等看上去似乎抢占了这波浪潮的先机。

分答创始人姬十三认为，"分答突然火起来，是有一定的巧合的，但其实价值的分享、知识的分享从2016年在行开始就有很多人跟，说明大家看好这样的模式，看到了这样的趋势。从2016年开始就暗流涌动，准备了一年，突然到了一个点就火了。大家在各自领域看到了可能性，至少是看到了需求，至于用什么产品去解决，会有不同的解决方案。"

对于接受普思投资与罗辑思维跟投，姬十三表示，"首先是认同总体的价值，认可对这件事情的判断，这个东西我是非常在意的。从在行到分答，我们公司做的事情都是以人为核心，做交易，做知识服务。如果对方和我们想的不一样，我也是不认的。其次，跟投的这两家应该是能对分答有帮助的。"

姬十三觉得知识服务这个领域在 2016 年 6 月集中出现也许是巧合，但下半年一定会出现更多、更有意思的产品。

资料来源：http://www.geekpark.net/topics/215974，2016-06-30；http://36kr.com/p/5049218.html，2016-07-07。

### 2. 电商销售

电商是最先出现的变现形式，是衍生盈利点的有效方式，也是最经典的、最常用的方式。通过社群聚集一群有商业产品需求的用户，然后将流量转换为产品或者服务，实现流量变现。

通过生产丰富有趣的内容吸引消费者购买自己的产品。很多内容创业者也想卖东西，比如罗辑思维卖书、卖课程就很火。书是电子商务领域最早售卖的一种产品，比如当当已成立多年，因为书是标准件，没有那么复杂；课程是没有仓储，没有库存，没有物流的，成本小很多。① 很多做内容的人从来不会碰到物流、仓储、客服等问题，因为当初选择用内容进行创业就是想选择比较轻的模式，一旦涉及供应链等较重的模式后，就需要非常谨慎。

【案例 4-2】

#### 卖辣酱的爱情鸟

在互联网时代，明星或网红都在消费升级中寻找机会。唱《爱情鸟》火了的的歌星林依轮，2005 年开始做电视饮食栏目主持人。后来，原本懂厨艺的他被朋友逼着创业，于是 2014 年林依轮创立了"饭爷"，最初的定位是快餐＋快消的模式，以盒饭和辣酱双线作战。

摸索一两年后，2016 年林依轮决定舍弃快餐路线，专注做快消品辣酱。2016 年 5 月 11 日，"饭爷"辣酱上线，2 小时售出 3 万瓶。之前林依轮曾在网上做过一个

---

① 《内容创业有四个大坑：广告、电商、IP 和估值！》，http://www.yixieshi.com/44248.html，2016-07-13。

直播,直播他们一家人吃饭。该直播最多时有20多万人同时在线观看,累计观看600万人次,官方宣传口径是创下了午间直播的收看纪录。而他在优酷上热播的美食节目《创食计》,也给"饭爷"辣酱产品的购买链接留足了曝光位。

区别于老干妈等品牌,"饭爷"辣酱每瓶定价39元,是老干妈价格的四五倍。但依然有很多人愿意买单,"饭爷"官方透露上线仅半年销售额就超过了3 000万元。由于敢于在年销售40亿元的老干妈的嘴边上抢食,"饭爷"辣酱被当做在消费升级中寻找创业机会的经典案例反复演说。2016年8月,林依轮创立的快消品牌"饭爷"宣布正式完成新一轮8 300万元的融资。此前,"饭爷"在三个月内两轮融资过亿元,公司估值已接近4亿元。

资料来源:《"饭爷"辣酱的走红,仅仅就因为林依轮这个大IP吗?》,http://www.jiemian.com/article/839793.html,2016-09-07。

### 3."流量主""打赏"

"流量主"是指公众号运营者将公众号内的指定位置自动交给微信平台作为广告展示的渠道,按月获得广告收入。这种方式的优点是收入稳定、可靠;缺点是微信广告设置的门槛是关注用户需达两万人,而且"流量主"的收入也有限。

"打赏"是指关注用户认可所发布的原创内容,即可通过赏钱的模式来表达赞赏。"打赏"一般集中在个人特征鲜明的公众号。

不论是开通"流量主"还是"打赏",都必须建立在内容具有深度的吸引力的基础之上。目前"打赏"的方式,在网络直播中非常盛行。

"流量主""打赏"的背后都有强大的社群作为支撑,而社群是一个极为重要的流量入口。因此,社群越来越受到创业者的重视,互联网内容创业的自媒体们也不会放过这一重要入口。当公众号发展到一定规模后,用户可能会从关注你这个公众号或者自媒体的发展到认同你这个公众号或者自媒体,此时,你就相当于有了一个自己的小社群,这个社群的基础就是你这个公众号或自媒体。基于此,可以通过维护社群并提供附加服务获得变现机会,也可以在社群内开展活动或利用其他营销手段实现变现。

【案例4-3】

#### "新世相"90分钟入账40万元

公众号大号"新世相"被外界称为"文艺教主",创始人张伟深谙城市年轻人对生活的欲望和焦虑，在 2016 年玩了几次刷爆朋友圈的活动，如"逃离北上广""中秋为什么不回家""当 1 小时偶像剧女主角""丢书大作战"等。

和其他公众号依靠做广告植入、电商来变现不同的是，"新世相"赚钱的方式相对来说更隐蔽和文艺，它通过建立自己的读者社群，然后开展一系列活动来维护该社群，并在这一过程中盈利。比如 2016 年 5 月，"新世相"推出线上虚拟图书馆"新世相·图书馆第一期"，在推送后不到半个小时 1 000 份便售罄，此后增加的 2 000 份也在一个小时内售罄。按照每份 129 元的售价计算，"新世相"在 90 分钟内入账近 40 万元。据官方透露，转化率达到 10%。

"新世相"的虚拟图书馆的特别之处在于：首先用户收到的书是随机的。"新世相"列出一份书单，参与者每读完一本书寄回给新世相，将会收到下一本书，每月最多四本，而书是从书单中随意抽取的一本；其次有社交。每本书寄出时都会附上"新世相"漂流包，参与者可以在其中的漂流纸上写下任何跟阅读这本书有关的故事，漂流纸会随着这本书从上一个读者漂流到下一个读者手中；最后四本书全部读完，用户可获得"新世相"全额退款 129 元。

退款给用户后，新世相怎么赚钱呢？原来"新世相"并不是通过卖书赚钱，前三期"新世相·图书馆"均是与兰蔻香水联合发布的。通过流动的图书馆，新世相不仅获得了影响力，还把赞助商的钱给赚了。

资料来源：《内容创业捞金有多厉害？看这 10 个数据！》，http://tech.163.com/17/0129/09/CBUIE4OE00097U7V.html，2017-01-29。

### 4. 广告

广告是最直接的变现方式。凭借用户数和点击率，就能吸引企业投放广告。广告分为以下几种：

(1)软文广告。软文广告是相对于硬性广告而言的，是由企业的市场策划人员或广告公司的文案人员来负责撰写的"文字广告"，它将宣传内容和文章内容完美地结合在一起，既让客户得到了他需要的内容，也达到了宣传的效果。软文是目前公众号变现最主要的方式。比如，Keep、孤独美食家等公众号都很擅长软文营销，能让用户顺其自然地接受广告，从而起到良好的宣传效果。

(2)情景广告。通过让明星在影视节目或生活中穿着自己品牌的服装饰品或使用自己品牌的产品，以达到宣传品牌的目的，这类广告属于情境广告。比如《小时代》系列电影，网友调侃其是加长版 MV，之所以这样说，是因为剧情并没有讨好部分观众，反而是男女主角身着的高端服装品牌让大家印象深刻，可以说情景广告的植入几乎撑起了整部电影。

(3)原生广告。原生广告通过"和谐"的内容呈现品牌信息，不破坏用户的体验，为用户提供有价值的信息，让用户自然地接受信息。原生广告是目前视频类内容的变现方式，比如韩剧《两个世界》、都市剧《北上广依然相信爱情》、偶像剧《放弃我抓紧我》等各种类型的影视剧中，百草味均密集出现，尤其是在韩剧中的植入效果显著，百草味代表产品"抱抱果"在韩国一战成名，成功掀起海淘浪潮。

**【案例 4-4】**

### 软文也能挣大钱

咪蒙，一名著名的情感类专栏作者，创建了同名情感问答公众号，每天在恋爱、择偶、日常生活等方面为用户答疑解惑。咪蒙 2015 年 9 月才开通公众号，短短数月，咪蒙的粉丝就破了百万，一年之后粉丝突破 600 万。开通公众号一年时间内，咪蒙共发文 300 篇，几乎篇篇斩获 10 万多阅读量。据从事广告投放的行业人士透露，咪蒙的粉丝大多是掌握消费权的家庭主妇，其转化能力被广告商看重。2016 年下半年，咪蒙头条广告报价约为 50 万元。对于广告报价数目，以及公司运营状况，咪蒙未对外透露过。在近期的一篇推文中，咪蒙称 2017 年 1 月会把视频广告投放在飞机上，届时国航任何国内航班都会播放咪蒙给自己做的视频广告。

可见，在互联网内容创业中，软文广告的吸金能力不容小觑。如何合理地植入广告，不影响自身内容的意境和质量才是互联网内容创业者应该考虑的问题。

资料来源：《不知内容创业 2016 捞金有多凶？看这 10 个数据》，http://pe.hexun.com/2017-01-27/187957750.html，2017-01-27。

### 5. 金融

金融变现的方式主要结合平台来进行。通过平台、通过账期将买家的付款冻结，从而把众多资金汇集到一起发挥其金融价值。金融变现的前提是平台足够大，资金足够多，而且具有资金运作的能力，拥有良好的信用口碑。

**【案例 4-5】**

### 游戏界的"支付宝"

玩游戏一直被认为是费时、费事、费钱的活动，很多人都在做着一个看似不能实现的白日梦：要是玩游戏能赚钱就好了。现在这个白日梦有人帮你实现了！那就是欢乐人游戏平台。

欢乐人游戏用其平台币——欢乐币进行金融模式尝试。玩家可以使用欢乐币直接充值进入游戏，兑换游戏中的金币或元宝，进而兑换虚拟道具。因此，欢乐币具备"从一款指定游戏中分离出来"的属性，并能流通于各个游戏中。而欢乐人游戏平台利用玩家充值的本金与金融小产品合作，互利共赢。

对于那些真正喜爱游戏的玩家，这一模式又针对其中四种不同特质的人群做出了四种场景。

第一类用户消费能力较低但时间充沛。针对这部分用户，平台提供每日活动，包括签到、游戏攻略、比赛，甚至抽奖，让他们通过努力去赚取欢乐币。

第二类用户尚没有形成消费习惯但有消费能力。针对这类用户，平台上会提供一周甚至一天的短线理财产品，玩家投入本金之后，获得的利息很快即可换成游戏中消费的欢乐币，但欢乐币不可提现，以此来培养用户的消费习惯。

第三类用户有消费习惯，同时有固定的消费比例。年化率高的金融产品是欢乐人游戏针对这一人群提出的，包括每日型、7日型、30日型和暴增型等四种金融方案，最低18%的年化率吸引了用户留存。

第四类用户希望可以参与到游戏制作中，包括一些游戏众筹方面的事情。让这类用户参与其中，一方面可以吸引核心玩家，预售游戏道具货币；另一方面可以为游戏制作方提供开发资金。

截至2016年3月，欢乐人游戏已经对接了二十个左右的手游平台，H5游戏等其他类型也正在商谈中。从2015年11月上线以来，已经拥有20万用户，日活跃用户达3万人。

在选择金融产品方面，除了高收益，风险也是问题。创始人田文军选择了之前有过良好合作的金融产品提供商进行人民币理财的方案定制，而欢乐币金融方案则由团队制定。依靠SEO带来的低成本和联运的高毛利，欢乐人游戏会让出自己的部分盈利对用户进行补贴，其核心目的在于培养用户习惯，从而使资金得以在平台上留存。

当然，游戏平台只是田文军现阶段的选择，游戏届的"支付宝"更符合他对未来的定位。游戏本身完整的线上操作是欢乐游戏人的一大优点。欢乐游戏人已在2015年获得了数百万元人民币的天使融资，目前正在寻求A轮融资。

资料来源：http://www.lieyunwang.com/archives/159718,2016-03-12.

# 4.3 文化创意产业的典型商业模式

典型的商业模式有两类：IP 模式和平台模式。

## 4.3.1 IP 模式

### 1. IP 模式的概念

IP 模式以打造 IP 为核心，将具有潜力的内容进行加工，最终形成独特且生命力持久的优质内容。这一类型是以内容为主，意在打造一个独特的富有吸引力的 IP，围绕该 IP 进行商业活动，打通众多领域之间的壁垒，实现不断跨界交融、衍生 IP 相关产品的模式。IP 作为泛娱乐生态链的串联者，促进各参与产业的融合共生。通过改编衍生，泛娱乐 IP 能够产生持续性价值。

### 2. IP 模式的核心

(1)客户价值主张。客户价值主张的基本内涵是：为谁，即业务的目标客户，包括消费者、组织客户以及参与该业务价值创造的合作者；客户需要解决的某个重要问题或者某项重要需求是什么，以及问题情境和客户解决该问题后希望达到的状态；企业的提供物，即它创造了何种具有强大吸引力的利益，使目标客户愿意购买。

在 IP 模式下，目标客户就是粉丝，该商业模式依托的就是粉丝经济，因为 IP 造就了一大批粉丝，粉丝通过 IP 获得了情感的共鸣，从而形成共振化的粉丝社区，而内容提供商通过为社区提供品牌化的服务，打造独创化的形象或者情节，吸引粉丝使其最终为 IP 衍生品埋单。

(2)盈利模式。内容付费、电商、打赏、广告、金融这五种盈利方式 IP 模式都有所涉及。由于 IP 模式是对优质内容进行发掘，围绕该 IP 进行商业活动，打通众多领域之间的壁垒，实现不断跨界交融、衍生 IP 相关产品的模式，而且 IP 在不同阶段、不同领域都可能产生不同的变现模式，所以 IP 模式下的变现方式的组合多种多样，任何一个优质 IP 都对应着若干种不同的变现方式，而不同 IP 根据其自身特点对应的变现方式也有所不同。例如，知名主持人马东通过喜马拉雅付费节目探索内容付费方式，在爱奇艺《奇葩说》上则采用广告付费盈利。又如，王思聪在分答上进行知识分享，32 个问题赚了超过 20 万元。版权保护是 IP 得以持续盈利的基础，所以内容付费正在成为最主要的盈利方式。

（3）关键资源。IP模式下的核心资源就是一个可持续开发的好的IP，因为好的IP既拥有影响力又具有消费力。通过与粉丝接触，IP及其衍生产品影响用户群体从而扩大影响力；通过粉丝效应，用户为IP及其衍生品贡献的付费值创造付费力。IP价值一旦受到大众认可，其游戏、影视等中下游产品的数量和市场规模会持续增加，而周边衍生品市场就会成新蓝海，从而能够提供充足的IP内容供给。IP作为最核心、最关键的资源，其内涵价值需要经过长时间的考验：优质IP能持续变现，历久弥新；顶级IP处于价值链顶端；潜力IP的价值需被进一步发掘，市场化的加工、营销使其达到持续盈利的目的；劣质内容最终一定会被淘汰。

（4）关键流程。在大创意时代，一个好的IP固然重要，但是也需要对各种媒体进行接口，满足各种类型的媒体和人群的需要，其中包括平面、电视等传统媒体，微博、微信等社会媒体，以及自媒体等方面的需求。而且，所有创意都需要进行整合式营销，将活动、广告、公关等连接在一起，并且吸引用户积极地分享、转发和参与进来。这样的IP创意才是这个市场真正需要的。因此，IP模式的关键流程有三个步骤：第一，上游以内容作为支撑，利用优质内容源，吸引原始核心粉丝，所以需具备低成本、多样化的内容生成能力，与核心粉丝加强互动，参与企业主要是文学、动漫、影视开发类；第二，中游具有放大作用，使IP的影响力倍增，吸引新的粉丝人群，强化对核心粉丝的影响，所以需要拥有低成本、大覆盖的传播能力，并具备一定的变现能力，主要参与企业是影视、动漫、游戏等企业；第三，下游具有变现作用，下游企业可实现IP价值多渠道再变现，且变现能力强，可快速在标准化产品上代入IP概念，此时参与企业主要是游戏、主题公园、玩具、图书、其他衍生品等类的企业。

### 3. IP模式的发展与演变

无论网络文学、影视作品、音乐、游戏还是动漫IP，以及在此基础上的跨界，最终都会形成生态产业链。美国、日本等成熟娱乐市场都为我们提供了一些成功的范例。例如，以IP授权为连接点、开拓泛娱乐疆土的迪士尼模式，由IP"价值运作"替代IP"挖掘变现"的漫威模式，以及以漫画为起点而发散到影视、游戏、玩具等领域的日漫产业模式，都是可供参考的模型。对于泛娱乐公司而言，与收购优质IP、多元化推广IP和制定IP授权开放策略同样重要的是进行IP的底层设计，顺应泛娱乐的生命周期，从起点接入产业链，布局整个IP闭环生态系统，以价值观和哲学观塑造 IP，以慢动作培育 IP，而不是采用完全的"拿来主义"。只有这样，才能在泛娱乐退朝后依然屹立不倒。①

近年来我国文创产业打造 IP 产业链受到广泛关注，通俗类文学作品是最大的 IP 源泉。目前泛娱乐 IP 产业有六大热点：一是网络文学 IP 改编热度不减，文漫影游联动频繁，例如游戏《我欲封天》《遮天3D》，动漫《女娲成长日记》《从前有座灵剑山》《择天记》，电视剧《微微一笑很倾城》《亲爱的翻译官》；二是超级文学 IP 吸睛，如《鬼吹灯》《三体》《幻城》等优秀小说改编成电影、电视剧后受到广泛好评；三是 IP 网络剧盛行，如《老九门》；四是经典日漫改编手游成常态，如《火影忍者》；五是游戏改编大电影引领新的 IP 潮流，如《愤怒的小鸟》；六是粉丝经济发力周边衍生品，例如阿里鱼开拓 IP 周边衍生品市场、上海迪士尼开馆以来全方位开发 IP 经济。

**4. 典型领域的特征**

(1)在影视领域，文化创意公司可以将粉丝经济与 O2O 商业模式融合起来，变现为"互联网 IP＋粉丝经济＋影院社交＋O2O 营销"这一营销模式，而共振化的粉丝社群则是决定一个作品成败的关键。此外，借助于弹幕、短信平台等形式，粉丝可以与社区内的其他粉丝一起发表观点，实现线上线下的互动。

(2)在音乐行业，粉丝社群的共振效应也使其发展产生了变革。演唱会可以采用"现场演出＋付费直播"这种 O2O 演唱会模式，在线售出电子门票，在极大地拓展了观众数量的同时也满足处于低端消费水平的粉丝的追星愿望。

(3)在其他文化创意领域，也需要与粉丝形成稳定的连接结构，以保持其持续的情感忠诚度，以粉丝的情绪资本为核心，影响用户情绪，实现用户主动参与，最终使其主动营销，从而使得企业盈利。

优质的 IP 是吸引用户的前提条件，而粉丝经济、社群模式等运作方式的使用是流量变现的重要手段，所以说"内容为王，渠道为后"，只有两者有机地结合、高效地运作，才能实现创意元素或者创意作品的商业价值。

【案例 4-6】

**奔跑吧，兄弟！**

《奔跑吧兄弟》是浙江卫视引进韩国 SBS 电视台综艺节目 *Running Man* 而推出

---

① 引自：韩布伟：《泛娱乐战略》，北京，北方妇女儿童出版社，2016。

的大型户外竞技真人秀节目，第一季由浙江卫视和韩国 SBS 联合制作，第二季、第三季、第四季、第五季由浙江卫视节目中心制作。该节目于 2014 年 8 月 28 日正式开机，第一季于 10 月 10 日登陆浙江卫视周五 21：10 黄金档时间段。该档节目一经推出，便俘获了大批粉丝，可以说是好评如潮，同时也引发了中国影视娱乐行业真人秀的黄金时代。目前，《奔跑吧兄弟》(正式更名为《奔跑吧》)第五季正在拍摄之中，粉丝们的关注热度始终未减，足见明星 IP 创造的"综艺 IP"的空前成功。

首先，浙江卫视作为内容提供商，得到了大家的认可，使得《奔跑吧兄弟》一经播出就大受关注；其次，节目组在经过磨合和探索之后，分工有序，指挥得当，使得《奔跑吧兄弟》拍摄十分精良；最后，在演员方面，制片方选择的是明星 IP，使得《奔跑吧兄弟》更具吸引力，等等。这些因素共同作用，产生了令人意想不到的化学反应：《奔跑吧兄弟》广受追捧且一直热度不减，使得《奔跑吧兄弟》成为一个"超级IP"！

如何让这个"超级 IP"持续盈利，并让粉丝为其埋单呢？浙江卫视奉行"用户体验至上"原则，以节目内容为依托，联合蓝巨星国际传媒、大业传媒、360 手游共同开发出同名手游，让用户参与到节目品牌的传播之中。

从节目的第一个游戏环节开始，用户就可以参与到朋友圈的直播竞猜中，还可以拿起手机使用微信"摇一摇"，票选出心中的"奔跑之星"，并有机会获得手机大奖；此外，用户还可以参与新浪微博的实时话题讨论，也可以登录百度搜索，为心中的人气队伍投票，还可以登录"奔跑吧兄弟"微社区，参与到话题抢答活动中，有机会获得竞猜奖品。《奔跑吧兄弟》以 4 亿元的广告招商价与电商品牌苏宁易购进行合作，推出了节目游戏同款装备售卖服务，实现了项目盈利。

由《奔跑吧兄弟》可见，打造一款精良的 IP 十分重要，而采用正确的商业模式和合适的渠道推广 IP，让粉丝为 IP 的衍生品埋单同样重要，这就是《奔跑吧兄弟》经久不衰、屹立不倒的原因！

资料来源：韩布伟：《泛娱乐战略》，北京，北方妇女儿童出版社，2016。

## 4.3.2　平台模式

新媒体时代是一个信息大爆炸的时代，不可避免地会出现信息量过载。如果不能让自己的内容做到绝对的吸睛和可持续开发，则不可采取 IP 主导的"内容为王"的策略，而应该采用平台化策略。

**1. 平台模式的概念**

平台模式主要是为内容产出者提供服务，为内容提供优质的传播途径及渠道，达到共赢的效果。平台是指将内容提供商和消费者大众联系起来，成为连接供给和需求的市场。平台模式的最核心的功能就是作为内容传播的中介，将市场中的各方资源整合起来，吸附大量的优质内容，快速高效地沟通内容提供商与消费者的关系，从而促进交易的达成。也就是说，平台模式就是将众多经典 IP、流行 IP 收于一处，使之成为中心化的内容聚集平台，为这些创意达人、内容制造商提供一个优质的面向大众的渠道，提高文化创意作品的曝光率。

**2. 平台模式的核心**

（1）客户价值主张。平台模式的目标客户包括供给方（内容提供者、广告商）和需求方（消费者）。消费者和内容提供者一起构成平台的主要利润来源：平台向广告商或者内容提供者收取费用，包括广告费、服务技术费、交易抽佣、资源收费、数据方面的客户管理费和促销管理费等，还可以通过巨额的流动资金进行金融变现。在平台上，内容提供者提供优质作品，通过打赏、广告、内容付费等方式实现盈利，而消费者是产品和服务的最终买单者。因此，只有迎合了消费者喜好的平台商业模式才能留住用户，实现平台的持续发展。

（2）盈利模式。平台模式的盈利方式主要是广告、会员费和单品内容付费。广告是视频、游戏、文学等平台网站的主要收入来源，用户的点击量是广告商投放广告的最主要的标准，平台的用户容量大、吸引的点击率高，广告费就相应地提高。最著名的选秀节目之一《中国好声音》，第四季的巅峰之夜创造了史上最贵广告费纪录：优信二手车以 3 000 万元天价拿下直播中的 1 分钟硬广。

会员费也是平台的收入来源之一。通过支付会员费，用户可以享受到独家内容、抢先看、下载等优惠活动，同时可以免看片头、片中等各种形式的广告。另外，有些用户会为了追求极致体验而支付会员费，因为只有成为会员才能享受超清、超音质等服务。

内容付费正逐渐被大众所接受，也是目前各平台努力的方向，尤其是知识分享平台。在互联网发展初期，知识共享时代催生出了知乎 live、分答等共享知识平台。海量信息虽然解决了原有信息不对称的问题，但也导致了信息泛滥现象。内容付费作为知识价值的体现形式，为全民提供甄别信息真伪的平台和专业信息指导，可以加快互联网知识经济的发展。知识付费作为新型消费升级模式，在用户兴趣捕捉、内容消费观洞察能力上已经完成了一定的经验积累。信息在收费—免费—收费这一循环过程中走向价值化。在互联网各大垂直领域中，专业知识将是内容付费的主要动力之一。

（3）关键资源。关键资源指让商业模式运转所需要的相对重要的资源和能力。企业内的各种资源的地位并不是均等的，不同商业模式能够顺利运行所需要的资源也各不相同。在新媒体时代，平台模式最重要的资源就是传播渠道以及整合内容的能力。媒体的传播不再仅仅是承载内容的一段话，而是全方位、多介质的整合传播，最终需要达到一个综合性的传播效果。因此，优质内容必须依靠优秀的平台和渠道进行传播运营，否则，优质资源能够发挥的价值就相当有限，而要获得影响力和知名度也相当困难，其商业价值也不会太高。

（4）关键流程。平台模式的发展流程包括两个阶段：计划阶段、衍生阶段。在计划阶段，平台需要吸引并积累用户。也就是说，选择平台战略的企业首先需要有能力积累巨大规模的用户。其次，需要提供给用户具有黏性的服务，形成行业壁垒。平台模式最大的缺点就是容易复制，只有形成自己企业的核心价值，才能避免用户大量流失到竞争对手那里去。

当有了一定数量的稳定用户并形成行业壁垒后，围绕这个产品进行平台演化：从寄生到共生、再到衍生，就会形成一个庞大而稳定的生态系统。平台发展到衍生阶段，产品更为多元化和多样化，对消费者的吸引力更大，消费者活跃度也会提升，不仅可以提高各商家的收益，包括平台提供商、广告商和内容提供商，还能吸引更多的创意达人入驻，进而丰富平台上的内容或作品。

**3. 平台模式的发展与演变**

平台模式的发展演变体现在自媒体时代的兴起。平台模式初期是以平台为基础，宣传平台上的内容为核心，用户及流量成为盈利点。当各平台层出不穷，导致内容重复度大、版权问题频发时，平台的重心从内容输送者转移到内容创作者，从而让用户关注平台自身。

美国是最先进入自媒体时代的，平台捧红的不是明星，而是闯入美国电视圈的三家视频网站：Netflix、Amazon Prime Video 和 Hulu。用原创自制内容吸引用户、形成更清晰的品牌形象，这个方法已经让平台尝到了甜头。人们因为《纸牌屋》记住了 Netflix，通过《透明家庭》知晓了 Amazon Prime Video。如今，差点从人们视线中消失的 Hulu 也在用《随性所欲》这部自制剧证明了自身的改变。2015 年是美国视频网站自制剧生产和推广最为凶猛的一年。在这个"自制剧为王"的探索之路上，三大视频网站完成的转变和经验积累暗藏着新内容消费习惯和商业模式的建立。①

我国自 2015 年进入自媒体时代，其中直播视频领域发展蓬勃，该类平台迅速崛起。流量是自媒体商业变现的基础，大部分自媒体依旧会高度依赖流量较高的平台。拿到融资的自媒体商业模式更加清晰，且以垂直细分领域的优质内容为主。这部分自媒体正在逐渐形成不依赖于广告的非媒体特征的商业模式，如开发内容 IP、内容付费、内容电商、精准化社群运营甚至生态平台化发展。除此之外，自媒体对平台流量管理的要求更高，而且希望平台可以提供更详细的关注者数据。相比单纯的流量信息，关注者或者粉丝的忠诚度对于自媒体而言可控性更高。

**4. 典型领域的特征**

（1）在视频领域，视频付费成为常态。视频网站爱奇艺带头进入视频付费领域，探索月度、季度和年度收费模式，2015 年年底会员突破千万。2016 年，腾讯视频、搜狐视频、优酷视频快速跟进。统计数据显示，截至 2016 年年底，国内视频有效付费用户规模已突破 7 500 万，预计 2017 年将突破 1 亿大关。

（2）在音乐行业，音乐付费习惯渐成。2016 年，中国手机音乐客户端用户规模达到 4.72 亿人，近六成用户愿意在网络音乐服务上消费，月平均消费金额主要在10～30 元，比 10 元以下区间高出不小比例。用户对于网络音乐消费的金额比以往稍微提高，是用户付费听音乐习惯养成的良好表现，也是国家政策有效以及公民版权观念加强的体现。

（3）在知识分享领域，知识付费成新风尚。近年来，移动互联网的快速发展让垂直化服务和个性化需求成为可能，知识付费在知识共享、网生内容、社群电商以及移动音频、移动直播等风口产业交织的环境下应运而生。在此背景下，喜马拉雅FM、得到、知乎、分答纷纷涉足知识付费领域。它们在短时间内聚拢了大量用户，并且实现了知识的变现。

**【案例 4-7】**

### 独立音乐人盛行的背后

近两年，国内各大音乐平台兴起了扶持独立音乐人的风潮：2014 年阿里音乐

---

① 韩布伟：《泛娱乐战略》，北京，北方妇女儿童出版社，2016。

旗下虾米音乐启动"寻光计划",寻找独立音乐人;2015年QQ音乐开放音乐人专区,吸引独立音乐人入驻;2016年网易云音乐启动"石头计划",投资2亿元扶持独立音乐人……

资本纷纷聚焦独立音乐,主要是由于音乐平台希望缓解两大痛点:版权问题和变现。从短期来看,独立音乐人的原创歌曲对平台的正版曲库是一个很好的补充,它能丰富曲库中音乐的数目和多样性,且不需要花费巨额的版权费用。从远期来看,签约后的独立音乐人若能孵化成功,形成明星IP,便能反过来为平台带来流量,还可能通过出唱片、涉足泛娱乐等方式带来更多的收入分成。

尽管近来的独立音乐人扶持风潮有着资本的动因,但事实上一直以文艺和理想主义为标签的豆瓣音乐,才是国内平台中最早关注独立音乐者。

从2011年开始,豆瓣就举办了"阿比鹿音乐奖",以豆瓣收听数据和专业音乐评审意见为根基评选优秀的独立音乐。当时的豆瓣是独立音乐人的聚集地,最早商业化的一批独立音乐人,如2012年与摩登天空签约的宋冬野,最初也是在豆瓣平台被发掘的。"阿比鹿音乐奖"见证了好妹妹、陈粒、阿肆等一批当下热门音乐人的成长与成功。

2014年,豆瓣推出了帮助独立音乐人商业化的"金羊毛计划",它是国内第一个为独立音乐人提供"作品在线播放即收入"的项目。

从2015年开始,豆瓣为独立音乐人提供了全球发行服务,并成立了以孵化独立音乐为主的大福唱片。目前,豆瓣音乐已经有4万名音乐人,50万首独立音乐曲库,15组签约音乐人,12张独立发行的唱片。

尽管关注独立音乐已久,但由于几大平台纷纷上马独立音乐扶持项目,豆瓣音乐如今也面临和其他音乐平台争夺优质独立音乐人资源的问题。2016年年底,豆瓣对此给出了应对之法:在12月21日的更新之中,它将豆瓣音乐人的独立音乐作品加入了豆瓣FM的推荐列表。

豆瓣认为这次更新"实现了用户和音乐人的双赢"。对豆瓣用户来说,豆瓣FM自此能够提供更丰富多元的音乐资源,同时部分弥补豆瓣在版权曲库购买量上不及竞品的缺陷;而对豆瓣音乐人来说,豆瓣FM这个平台成了他们宣传和推广的新渠道,他们能借助FM的精准推荐功能将自己的音乐推送到潜在听众群体中。

从发展的眼光看,独立音乐未来可能通过签约发行、出售衍生品或售卖版权给其他平台的方式盈利,但目前来说,豆瓣内部在音乐方面并没有硬性的营收指标。

对于过去在豆瓣孵化出的独立音乐人——如陈粒、好妹妹乐队的出走，豆瓣也持较为开放的态度。

不论理想主义还是资本所需，独立音乐的确和以情怀著称的豆瓣有着很高的契合度。发展独立音乐也就几乎成了豆瓣音乐必然的选择。

资料来源：《发掘出陈粒、好妹妹的豆瓣音乐，在独立音乐上又进了一步》，36氪，2017-06-15。

**【章尾案例】**

## 音频行业的弄潮儿

每天从清晨开始，数百万的用户便通过 APP、网站收听各种各样的音频节目。上下班路上、散步健身时或是临睡前，都是音频得以最佳伴随的碎片时间和应用场景。在苹果 APP Store 里，在线电台的用户评论说："早晨，喜马拉雅叫我起床真爽！""洗漱的时候，习惯把手机放在边上听新闻""上下班路上，听好玩的段子不无聊了""夜深了，有主播甜美的声音伴我入眠"……

这一切，都是在线电台带给大家的全新体验，那么究竟是什么催生了在线电台的出现及发展呢？原因不外乎两点：首先，在"互联网＋"时代，社会各行各业面临着改革，电台作为社会传播信息最基本的媒介自然要跟进时代的步伐；其次，传统电台存在的很多诟病限制了其发展和创新，比如，传统电台的受众相对年龄层偏高，其核心用户大多是车载用户，而且传统电台的内容较为深刻、严肃，严重不符合现代人对娱乐的要求。在这样的大环境下，在线电台这种新兴电台应运而生，并且蓬勃发展。

自 2010 年起，移动电台应用加入者众多，主流产品形态基本形成，且不同应用功能定位也不同。如果按照形式划分，目前主流移动电台应用大致可以分为三类：直播类、点播类、推荐类。如果按照内容划分，目前电台类产品包括纯 PGC 和 PGC＋UGC 两大阵营。现在较为流行的移动电台主要有喜马拉雅 FM、蜻蜓 FM、考拉 FM、荔枝 FM、豆瓣 FM 等。如图 4-2 所示，根据《2015 中国移动电台市场年度综合报告》，整个移动电台行业多层次格局已经形成，其中综合实力最强的玩家就是喜马拉雅 FM（活跃用户占比为 23.6％），随后是蜻蜓 FM（活跃用户占比 22.7％），考拉 FM（活跃用户占比 14.8％）和荔枝 FM（活跃用户占比 11.2％）次之，其余 FM 平台则已经和前面的梯队拉开了较大的差距。一系列的数据证明，移动电台行业已经稳定为寡头格局。喜马拉雅 FM 依靠资本和用户优势，通过版权购买和 PGC 内容自制率先突围，成为获得相对领先优势的玩家。

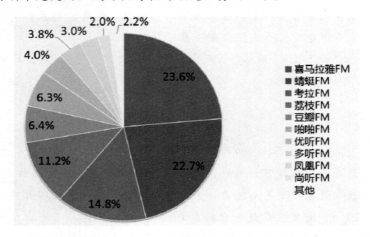

图 4-2　2015 年中国移动电台活跃用户分布

喜马拉雅 FM 能够成为行业领跑者绝非偶然。喜马拉雅 FM 组建于 2012 年 8 月，致力于在线音频分享平台的建设与运营，成为音频领域的"优酷网"。旗下移动客户端"喜马拉雅 APP"于 2013 年 3 月上线，原计划首年实现 1 000 万的用户规模，但实际上仅半年即达成了千万用户目标。2014 年 5 月初，喜马拉雅 FM 激活用户突破 5 000 万大关。2015 年 9 月，喜马拉雅 FM 官方表示，其用户群体已经达到 2 亿。2015 年 11 月 16 日，中国最大的音频分享平台喜马拉雅 FM 作为唯一一家音频应用独家入驻"Vision 远界"。

喜马拉雅 FM 的用户定位为年轻的"80 后""90 后"。它提供给年轻人喜欢的形式多样、包罗万象、十分丰富的内容，并且可以实现个性化的服务及推送，交互性极强。

喜马拉雅 FM 采用"PGC＋UGC"模式，PGC 和 UGC 是相辅相成的，喜马拉雅 FM 的内容亦是两者相结合的。由于喜马拉雅 FM 鼓励用户发出自己的声音，创建专属个人的电台，由此吸引了不少优质 UGC 内容，其中不乏来自央视、央广等媒体的知名主持人，以及一些原创知名品牌栏目，如《财经郎眼》《罗辑思维》等。同时，在 UGC 模式下打造的"草根主播"也是其吸引观众眼球的特色之处，UGC 模式是互联网平台初期实现内容生产的普遍方法，自下而上的内容生产让草根主播拥有了发展空间，不仅丰富了平台内容，并且实现了与传统电台的内容差异化。随着用户对于音频内容质量的要求越来越高，更为精品化的 PGC 内容成为行业潮流，因此，它设立了喜马拉雅大学对潜力主播进行专业培养。定位为"PGC＋UGC"模式的喜马拉雅 FM 除了拥有海量的专业性很强的节目音频之外，现已成为音频创作者最集中、最活跃的平台。截至 2014 年 5 月，喜马拉雅 FM 通过认证的音频节目创作者已有 6 000 多名；创建栏目 24 万个；音频总量近 300 万条；日均新增上传音频超过 1 万条。此外，公开数据表明，2016 年喜马拉雅 FM 的活跃用户的日均收听时长已达到 103 分钟，即平均一天听 1 小时 43 分钟。喜马拉雅 FM 的主播数量已经超过 400 万，每天有 40 万条声音在上传。这一数据足够惊人，甚至要高于如火如荼的视频行业。用户使用时长的飞跃，正是用户黏性大幅增强的表现。

喜马拉雅 FM 自成立以来，除了采用 UGC 的模式外，还选择有声读物作为起步内容。2013 年，荔枝 FM、多听 FM、考拉 FM 相继成立，移动电台正式形成市场规模。荔枝坚定地推行 UGC 内容模式和"小而美"的产品模式；考拉 FM 与车联网联系紧密，在内容布局上成立节目制作团队，注重 PGC 内容的制作。2014 年，蜻蜓 FM 开始增加有声读物和财经、历史以及脱口秀内容。移动电台开始定位为面向大众需求的全方位音频平台，进入到包含音乐、脱口秀、有声读物在内的多元内容时代。可以总结的是，越早拥有优质的版权内容优势和活跃的内容生产体系，越能在这个行业立足和发展。与广播内容迁徙不同，有声读物和 UGC 模式成为喜马拉雅 FM 崛起的重要支撑。到目前为止，听书用户占到喜马拉雅 FM 总用户的 45％，较早布局有声读物为喜马拉雅 FM 积累了大量用户。喜马拉雅 FM 与阅文集团达成排他性合作，与 9 家一线图书公司签订独家协议，已经拥有超过 1 000 万册小说的声音改编权。虽然蜻蜓 FM 的听书用户也占到总用户的 30％，但是其在有声读物方面的布局从 2014 年并购央广之声以及与鸿达以太合作才开始的。

赚钱是个永恒的话题，喜马拉雅 FM 主要的盈利模式是优秀内容付费和精准广告。但所有移动电台创业者目前都面临一个尴尬现状，那就是广告依然是目前的主要收入来源，并且仍以展示类、音频类广告为主。这样的收入来源相对比较单一，无法让移动电台实现收支平衡。当下，各家平台都在进行多元化变现途径的探索，大数据精准投递音频广告、精品内容收费、会员付费制、衍生硬件消费和粉丝经济等被各平台视为未来的盈利方向。喜马拉雅 FM 已着手于此，2016 年 6 月 6 日，马东的付费音频节目《好好说话》在喜马拉雅平台上线，首日销售额突破 500 万元。同时，喜马拉雅FM宣布上线精品付费专区，吴晓波、葛剑雄、袁腾飞等一众大咖都会入驻喜马拉雅FM。此外，优质内容版权分销也成为喜马拉雅FM的营收方式之一。但是需要指出的是，不论哪一种商业模式，对于这些创业者而言都需要一段不短的摸索期。

易观的中国移动电台市场AMC模型预测，到2019年国内移动电台商业模式才将正式成熟。然而，在当前市场环境下，资本的耐心已经开始受到挑战，对处于亏损的移动电台来说这无疑是个坏消息。目前喜马拉雅FM和蜻蜓FM是综合实力最强的两个玩家，考拉FM和荔枝FM次之，其余FM平台则已经和前两梯队拉开了较大的差距。未来移动电台行业的竞争将主要是前两个梯队之间的竞争，目标便是探索成熟的商业模式。这意味着，未来移动电台行业的盈利变现之路是一场消耗战，在变现模式上谁能最先探索出有效的途径，谁就可能在未来的市场上胜出。

资料来源：羊小宝：《UGC音频分享平台喜马拉雅获1 150万美元风投》，创业邦，2014-05-22；Butter：《喜马拉雅FM产品分析》，人人都是产品经理，2015-06-01；《大数据如何改变"耳朵经济"，看喜马拉雅FM怎么做的？》，科技讯，2016-03-16。

**思考题：**

1. 相比其他移动电台，喜马拉雅FM的优势有哪些？
2. 喜马拉雅FM的盈利模式是什么？
3. 喜马拉雅FM的商业模式是什么？
4. 目前移动电台商业模式的困境是什么？你认为应该怎样解决？

案例解析

# 第 5 章
# 文化创意产业链

## 【本章导读】

在文化创意产业领域，互联网不仅可以发挥文化、创意等要素的潜力，促进文化产业的跨界融合，丰富文化创意产业链，还能催生出新的文化产业模式和业态。文化创意产业具有创新能力强、需求量大、产业融合性高等优势，在市场中发挥着重要作用。近几年来，人们对于文创产品的消费也日益增加，因而了解文化创意产业链构成及特性具有重要意义。

本章将介绍"互联网＋"文化创意产业链以及基础活动，"互联网＋"对文化创意产业的影响以及如何在文化创意产业中寻找创业机会。

## 【教学目标】

- 学习文化创意产业链的构成；
- 掌握文化创意产业链的核心要素；
- 了解文化创意产业链的基本活动；
- 理解"互联网＋"对文化创意产业的影响；
- 从文化创意产业链中发现创业机会。

## 【开篇案例】

### 生来优秀的音乐，将从"果酱"走向世界

"果酱音乐"源于一句美语口语，当你听到一段非常棒的音乐时，会情不自禁地喊出"That's my Jam"。Jam 即果酱的意思，象征着新奇的好音乐。果酱音乐（南京果酱文化发展有限公司）创办于 2015 年 12 月，深耕音乐新媒体领域，经过近两年

的发展，已成长为国内规模最大的音乐新媒体，依托于微信、微博、今日头条等各大媒体平台，构建了拥有千万级粉丝的媒体矩阵。

随着 2003 年苹果推出 iTunes，音乐产业形态在服务提供商环节出现了重大变革。四大唱片公司对唱片产业链的把持被打破。随着移动互联网的发展，流媒体代到来，音乐产业三条子链中份额最大的唱片产业链的垂直整合形态解体，原来以CD 为媒介的线下销售渠道逐渐式微，而以 iTunes、流媒体为媒介的线上渠道逐渐成为主流。传统的线下音乐分发渠道被颠覆，以苹果、spotlfy，Pandora 等为代表的 IT 公司、互联网公司正在崛起成为服务提供商新贵。

2010 年，邹扬就在一直找互联网音乐创业机会。到 2013 年，国内音乐节开始兴起，邹扬在音乐产业的火热中敏锐地意识到整个音乐行业的宣发渠道和好的艺人之间有着严重的信息不对称，但当时并没有太好的机会来做这件事。直到 2015 年，邹扬发现，好多没有签唱片公司的独立音乐人只靠微博、微信的运营，就把自己变成了网红。邹扬认为，音乐的传播路径变了，但整个行业还是面临传播渠道和音乐人高度分散的问题。邹扬说："当时想去做一件事情，想做音乐行业在新媒体上的音乐传媒。我要做的就是帮助那些没有上过《中国好声音》《中国好歌曲》的有才华的音乐人走出来。"于是，2015 年果酱音乐诞生了，定位为：以新媒体联通全产业链，打通音乐人和粉丝，如图 5-1 所示。

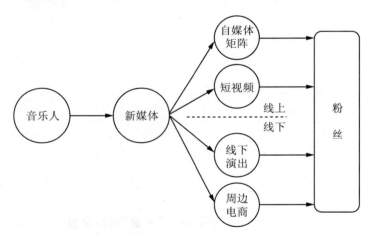

图 5-1　果酱音乐的业务定位

媒体平台"摇滚客"是果酱音乐最早的一块业务，主要为国内独立厂牌与独立音乐人提供曝光渠道。基于媒体属性，公司也陆续搭建了自己的内容分发渠道。目前，果酱音乐在微博、微信、今日头条等平台共有20个自建账号，订阅量80万，DAU 10万左右。另外，果酱音乐也会以内容换流量的方式与第三方渠道合作。渠道的影响力是依靠优质内容来扩大的。除图文形式以外，果酱音乐在内容上还拥有一档音频节目"海盗电台"（半年播放量超过1 000万次），以及一部刚推出的脱口秀"头文字B"（用泛娱乐的态度来讲音乐圈，首期全网播放量25万次）。

从2016年2月开始，果酱音乐正式把业务内容铺开来，不再局限于独立音乐，而是面向整个音乐行业。转变方向之后，原来的用户没有因为这种转变而表达不满。邹扬评价说："我发现中国的粉丝其实并没有那么小众，并没有画地为牢，因为整个音乐行业的痛点都是一样的。"这次转变是果酱音乐的一个重要节点。2017年5月，果酱音乐完成了由汪峰领投、梅花天使创投与娱乐工场跟投的1 500万元人民币A轮融资。果酱音乐对于未来的着力点主要在两个方面：视频内容＋全网发行。简单地说，果酱音乐的全网发行业务也可以理解为音乐新媒体的MCN业务。果酱音乐的MCN业务并不局限于仅为自身孵化的音乐人提供服务，而是以一种更开放的姿态利用自己线上的巨大流量与线下的资源帮助经纪公司、唱片公司、音乐人、音乐节目等合作伙伴做好宣发。

目前，果酱音乐由音乐自媒体、音乐短视频、线下演出、艺人经纪四大业务板块构成。通过上述业务，可以为中国的年轻音乐人提供全方位的综合服务，从宣传曝光、作品发行、演出落地到直接投资、创办工作室。果酱音乐志在成为中国原创音乐通往大众市场的另一座桥梁，为年轻音乐人乃至唱片公司提供全行业最优质的服务。如图5-2所示，果酱音乐的终盘目标是：成为音乐人生态服务入口，构建果酱音乐的内容和服务矩阵，从而构建出获取早期优秀音乐人的核心竞争壁垒。

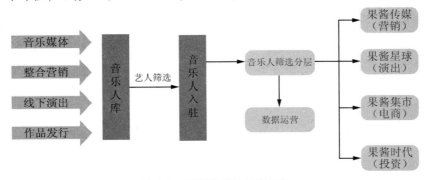

**图5-2　果酱音乐的终盘目标**

**创业之路：**

2015 年 1 月，摇滚客网上线，随后公众号上线，主要为国内独立厂牌与独立音乐人提供曝光渠道；

2015 年 10 月，改名为果酱音乐，拿到多牛资本数百万元人民币的天使投资；

2016 年 4 月，果酱音乐在微博、微信、今日头条等平台上拥有 20 个自建账号，总订阅量已经达到 80 万，主流使用人群为 18～35 岁的年轻人，DAU 在 10 万左右；

2016 年 6 月，再次完成由银杏谷资本、齐一资本领投的千万元人民币级 Pre-A 轮融资；

2017 年 5 月，获得 1 500 万元人民币 A 轮融资，由汪峰领投、梅花天使和娱乐工场跟投；

2017 年 9 月，获得全国"互联网＋"大学生创新创业大赛金奖。

**思考题：**

1. 互联网对音乐产业链产生哪些影响？

2. 音乐产业链中有哪些发展机会？判断依据是什么？

3. 果酱音乐的创业路径是什么？业务之间的逻辑是什么？

4. 果酱音乐在未来发展中可能面临哪些挑战？应如何应对？

# 5.1　概念与内涵

产业链的本质是用于描述一个具有某种内在联系的企业群结构。产业链中大量存在着上下游关系和相互价值的交换，上游环节向下游环节输送产品或服务，下游环节向上游环节反馈信息。

文化创意产业链是以创意为灵魂，以文化为基础，通过经济链条中各个环节的分工协作、整合运用，将文化产品从创意开发、生产制作到营销分发开发成一系列的经济模式。构建完整的文化创意产业链，能够使文化创意产业更加具有创新性、规模性和连贯性，从而产生更大的经济效应。

文化创意产业链的构建大体可分为三个环节：产业链上游、产业链中游和产业链下游。产业链上游是内容创意开发环节，它是文化创意产业的概念设计环节。产业链中游是生产设计制作环节，完成文化创意产品的生成。而位于产业链下游的则

是营销推广管理环节，三个环节环环相扣，共同构建了文化创意产业链，如图 5-3
所示。

如电竞产业的产业链上游主要是游戏厂商，包括 CP 和发行商，提供各种类型
的电竞产品。中游是生产制作环节，以赛事运营和媒体渠道为代表，是整个电竞产
业链的核心。下游是营销推广环节，包括直播、电商、游戏周边等，是电竞得以生
存和发展的重要环节。[1]

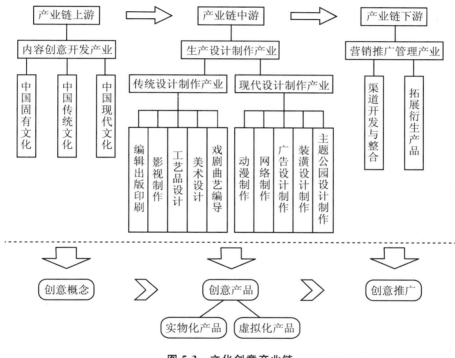

图 5-3　文化创意产业链

【案例 5-1】

### 迪士尼价值王国

动漫产业，是指以"创意"为核心，以动画、漫画为表现形式，包含动漫图书、

---

[1]　《2016 年中国电子竞技及游戏直播行业研究报告》，艾瑞咨询，2016。

报刊、电影、电视、音像制品、舞台剧和基于现代信息传播技术手段的动漫新品种等动漫直接产品的开发、生产、出版、播出、演出和销售，以及与动漫形象有关的服装、玩具、电子游戏等衍生产品的生产和经营的产业。因为有着广泛的发展前景，动漫产业被称为"新兴的朝阳产业"。动漫产业链上游是最核心的环节，主要包括文学和漫画创作两个方面；产业链中游包括电影、电视剧、动画等作品；产业链下游主要是游戏制作、周边、衍生品等方面，如图 5-4 所示。

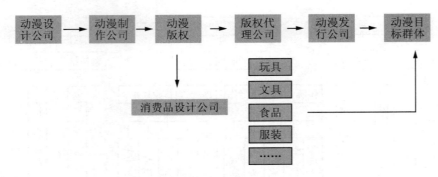

**图 5-4　动漫产业产业链**

迪士尼公司是美国动漫产业中最具有代表性的公司，而其之所以成长为全球文化娱乐巨鳄，源于公司拥有世界顶级 IP：迄今为止，已经创作了诸如米奇老鼠、小熊维尼、花木兰、灰姑娘、睡公主、美人鱼、白雪公主等令全世界印象深刻的卡通人物形象。2016 年，上海迪士尼乐园的开园，标志着迪士尼乐园和度假村业务正式进军中国内地市场。迪士尼是以动漫品牌为核心竞争力，通过产业链衍生扩张逐步构建起娱乐传媒巨头的典型代表。其经营业务包括了电影制作、媒体网络、主题公园、消费产品和互动媒体五大方面，覆盖了动漫产业链中的动画制作、传播、衍生品授权和开发等各个环节。目前迪斯尼旗下拥有十多家影视制作发行公司、5 个大型主题公园，以及包括 ABC、ESPN 在内的庞大媒体网络。围绕着核心动画形象进行品牌价值的多轮次开发和利用，迪士尼逐渐形成了以迪士尼品牌为基础，通过多种方式的品牌经营、创新和扩张对利润的累次迭代相乘，从而实现品牌价值最大化的"利润乘数"模式。

迪士尼基于其全产业链的布局，构建了独特的轮次收入盈利模式。影视作品的制作是迪士尼轮次模型的第一个环节也是核心环节。开发出优秀的动画产品并将其中的动画主角品牌化，塑造出一批"动画好莱坞明星"，这是随后衍生产业开发的基础。迪士尼已经成功塑造了包括"米老鼠"系列、"睡美人"系列在内的一大批成功的动画形象。第二轮，在影视作品广受欢迎的基础上，迪士尼通过光盘、图书等出版物的发行进一步扩大了品牌影响，并延长了影视作品的生命周期。第三轮，通过主题公园对动画明星进行体验式推广，将动画中的浪漫神奇世界成功搬到现实生活中来，不仅为公司提供了稳定的收益，也进一步增强了动画品牌的影响力。第四轮是利润率最高的一个环节，即通过形象授权和衍生品开发，充分发掘动画明星们的品牌价值。

# 5.2 文化创意产业链的基础活动

文化创意产业链的基础活动主要有产业链上游的策划创作、产业链中游的产品生产，以及产业链下游的分发销售、衍生品开发和消费者体验。

## 5.2.1 策划创作

要想吸引消费者的眼球，让消费者为文化创意产业的产品买单，最重要的就是要有创意性的内容。借助于文化创意人才的智慧、能力和知识，运用创意方法和技术，对历史素材以及社会现实进行挖掘和创新，构成了文化创意产业的策划创作活动。策划创作环节位于产业链的顶端，控制着整条产业链的高效运作，是文化创意产业的基础。

文化创意产业链的有效发展要以内容为本，如果没有优秀的内容，设计生产链下游的衍生品更无从谈起。例如，故宫淘宝店设计师们设计的各种脑洞大开的产品，比如金榜题名笔、康熙赐福笔筒、官银存钱罐、明清帝后金属书签等，这些产品之所以深受消费者的青睐和好评，收获了众多粉丝，主要在于其创意新颖。可见，策划创作环节是基础环节也是最难的环节，创意在这环节显得尤为重要。

【案例 5-2】

### 宫崎骏幕后创作的艰辛之路

影片《风之谷》改编于宫崎骏的同名漫画，宫崎骏担任该影片的导演，岛本须美、纳谷悟朗和松田洋治联袂献声。该影片于 1984 年 3 月 11 日在日本上映。影片讲述了千年前世界的产业文明达到巅峰后，经历了一场称为"火之七日"的战争而毁于一旦，世界被一种由菌类构成名叫腐海的新生态体系所掩盖，只有巨型昆虫能够适应其中，而人类生活在仅存的小面积土地上，在巨型昆虫和会释放瘴气的腐海森林包围威胁下积极求存的故事。

### 1. 创作起源

宫崎骏在电影导演处女作《鲁邦三世：卡里奥斯特罗之城》经历票房惨败后，被贴上了"策划陈腐"的标签，之后宫崎骏进入了作品空白期。直到动漫情报志 Anim-age 副主编铃木敏夫出现，铃木敏夫因《鲁邦三世：卡里奥斯特罗之城》相关的一次采访看出了宫崎骏的才能，于是提议宫崎骏创作连载漫画。1982 年 2 月，宫崎骏就创作了漫画版的《风之谷》。1984 年，宫崎骏开始着手创作《风之谷》的电影版。

### 2. 灵感启发

发表于 1971 年的美国漫画《拉乌夫》($Rowlf$)中的"背负着小国命运的公主"成为《风之谷》的创作启示。娜乌西卡的形象来源于日本古典文学《堤中纳·言物语》中的"爱虫姬君"，其名字则取自希腊叙事诗《奥德赛》中的公主"$N\alpha\nu\sigma\iota\kappa$"。腐海与人类的关系，则是受日本植物学家中尾佐助的《照叶树林文化论》(从喜马拉雅山脉南麓到日本本州南部地区的农耕文化学说著作)的影响。

宫崎骏认为，"风之谷"在现实世界中是"中亚干燥地带"，"腐海"的现实原型来源于克里米亚半岛的锡瓦什海(又称腐臭之海、腐海、懒海)。但与"风之谷"最相似的现实场景则是澳大利亚的奥尔加山。

### 3. 改编困境

由于漫画版内容复杂庞大，很难塞进一部两小时的电影里，影片的改编剧本迟迟未定。由于时间紧迫，宫崎骏只好决定先行进入作画阶段。在没有剧本的情况下，直接通过故事板(或分镜头)完成影片构建。最终电影版《风之谷》的故事取自漫画版的第一卷及第二卷前半本。漫画中的重要角色"土鬼"因篇幅限制，没有出现在电影版中。因此，电影中的反面角色由多鲁美奇亚国的库夏娜替代，而漫画中的库夏娜却非反派，而且娜乌西卡所在的风之谷与多鲁美奇亚国是古老的同盟国。

### 4. 人文哲思

宫崎骏在少年时代曾因《麦克白》中的一句台词"森林在移动"引发了极为深远的想象，并诞生了"操控植物"的想法，后来就演变成为《风之谷》中的"腐海"。故事的开篇就提出了自然与科技对立的构想，而后半部分转变为世界净化。这种转变来自南斯拉夫内战对宫崎骏的影响："所谓战争，看似是正义的行为，可一旦开始了，无论怎样的战争都会变得糜烂"。这也是在《风之谷》故事结尾所反映的内容。

**5. 收尾成难题**

在影片创作进入尾声时，故事如何收尾成为一个大难题，因为当时的漫画版并没有结束，而且连宫崎骏自己也不知如何收尾。考虑到《风之谷》是一部商业电影，其结尾应充斥着整部影片的高潮，铃木敏夫和高畑勋设计出了以下三个方案。

方案 A：王虫进攻，娜乌西卡降落在队伍前面，影片结束。

方案 B：王虫进攻，娜乌西卡被王虫队伍淹没，风之谷毁灭。

方案 C：王虫进攻，娜乌西卡被王虫淹没，然后重生。

最终，铃木敏夫和高畑勋选定了方案 C，导演宫崎骏也应许同意。

**6. 黄金组合诞生**

《风之谷》也促成了宫崎骏与久石让的初遇。久石让在德间集团旗下的唱片公司的推荐下，为影片制作了一张印象专辑。当时《风之谷》的电影原声已经预定由细野晴臣负责，细野晴臣也已经写好了主题曲，由安田成美演唱。但宫崎骏与高畑勋都非常喜欢久石让的印象专辑，于是直接运用到电影正片中，只保留了细野晴臣的主题曲。片中《遥远的日子》出现的女声，来自久石让的女儿麻衣（当时只有四岁）。久石让因《风之谷》的成功而一夜成名，之后一直负责宫崎骏所有作品的配乐。

资料来源：《风之谷电影剧照曝光，揭秘宫崎骏幕后创作的艰辛之路》，天津在线，2015-09-15。

## 5.2.2 产品生产

文创产品的生产不但是对上游立意新颖的原创内容的承接，同时也是将创意转化为文化创意产品或服务，并最终创造价值的中间纽带。创意内容只有生产出来，才能为企业带来经济效益，并为下游的分发营销做好准备。产品生产环节在文化创意产业链中起到了承上启下的关键作用。

创意产品可以分为虚拟化产品和实物化产品两大类。实物化产品指实物形式的创意产品（如玩具、文具和时装等）和服务形式的创意产品（如广告、设计服务、休闲娱乐、艺术品交易等）。虚拟化产品主要包括传统形式的创意产品（如广播影视及文化艺术等）和数字形式的创意产品（如网络游戏及手机增值服务等）。创意内容可以通过图书、电影、DVD 光盘和 MP4 等不同载体表达。

【案例 5-3】

### 创意无限，蜕变成长

朱甄和宋姣这两位中央音乐学院的学生，在本科阶段就创建了甄玺传媒工作室，当年的甄玺主要解决学校师生举办音乐会的难题。朱甄和宋姣看到无论是自己的老师还是同学在举办音乐会的时候都会手忙脚乱，顾头不顾尾，最后总是匆匆上场。于是她们决定成立甄玺传媒工作室，致力于提供音乐会的一体化服务，一站式帮助师生们解决痛点。在一段时间后，甄玺在校内已颇有名气，有需求的同学和老师都找上门来。但好景不长，因为门槛不高，学校出现了众多类似业务，价格战就不可避免了。

朱甄和宋姣开始思考如何进行业务转型，最后选择了创意策划领域。近年来甄玺已经承办了"青春中国"大型系列活动、北京现代音乐节、"太阳少年"全国校园原创歌曲系列活动、北京青年艺术节、CCTV"校园赞歌"大型电视文艺晚会、CCTV"中俄友好年暨俄罗斯汉语年开幕式"（习近平主席出席并致辞）、CCTV"星光灿烂"大型电视文艺晚会、中央党校蒋大为独唱音乐会中等大型活动，并在业界取得了很高的评价。

今天的甄玺传媒旗下共分三个板块：甄玺创意策划、甄玺视觉、甄玺制作。

甄玺创意策划负责国际大型活动策划及执行、CCTV 大型电视文艺晚会策划及执行、音乐学院等各大艺术院校大型演出、音乐会策划制作及执行以及艺术类考级及比赛（含体育赛事和马拉松赛事等）；甄玺视觉承接国际时尚公关活动、商业摄影宣传片和电影电视剧拍摄等；甄玺制作从事音乐创作、配乐、编曲、录音、出版、发行以及电视真人秀、综艺节目等大型活动。

甄玺传媒已经从一个低壁垒的业务公司成功蜕变为高资源壁垒的创意公司。她们走过的创业路是文创项目必经之路：低门槛、小规模、模仿竞争……成就一个公司的核心在于创意、创新！

## 5.2.3 分发销售

畅通的渠道链和资金链是文创产品分发销售的关键。文化创意产品只有推广出去，才能赢得消费者的关注，从而达到盈利的目的。渠道是产业链发展过程中的关键，文创产品的脱颖而出和渠道密不可分。在文创产品传播推广的过程中，传统的渠道推广方式已远远不能满足互联网文创产品推广的需求，新兴的渠道分发方式已成为主流，整合渠道和建立新渠道的能力越来越重要。在分发销售中首先要明确营销目标，选择合适的推广渠道并维护渠道运营，制定合理的营销策略来进行推广营销。

【案例5-4】

### "王者荣耀"＋"天天P图"跨界玩COS

游戏厂商更喜欢邀请玩家广为熟知的公众人物甚至是一线影视明星为游戏代言，这种"简单粗暴"的方式在游戏首发冲量阶段往往有不错的用户引流作用，在ChinaJoy等游戏行业大展上，厂商更是不惜血本的排出明星阵容；而随着二次元文化在国内蓬勃发展，一些新晋的知名Coser也以现场变装、视频直播等方式参与到各类线上、线下游戏营销活动中。值得注意的是，无论是影视歌明星代言还是Coser变装，请他们"出演游戏中的角色，化身游戏人物形象"几乎是厂商通用的推广模式，明星COS变装成游戏中的角色，也是颇为常见的游戏硬广素材。

不过，这类"直接有效"的营销手段往往只有短暂的生命周期，当竞品效仿、玩家用户对明星COS的兴趣渐渐消失，甚至对专业Coser的形象也感到乏味之时，一些优秀的厂商不得不为旗下走精品化路线的游戏谋求新的"形象视觉系"营销手段。在以用户为中心的次营销时代，"游戏形象"与"用户形象"的深度融合，为UGC模式提供素材，或许更能一击命中营销新爆点。在其他厂商悉心琢磨之时，"王者荣耀"和"天天P图"两大看似不搭界的IP巨擘已经开始了更加成熟的实践。

### 1. "全民COS变装"将玩家UGC热情推向巅峰

近来火爆朋友圈和众多游戏自媒体的"全民COS变装"功能，正是王者荣耀和天天P图合作的一场"用户变装秀"。

腾讯出品的MOBA类手游大作"王者荣耀"在2016年10月就创下了日活跃用户4 000万、注册用户破两亿的骄人成绩，一举成为手游圈儿的"英雄联盟"，如今"王者荣耀"已成为MOBA手游第一大IP，锋芒锐不可当；而"天天P图"则是另一个软件应用领域里的翘楚，在中国大陆APP Store应用排行榜上，"天天P图"曾数次名列总榜前十，并两次登上榜冠。玩法更多，P图功能更具象是该软件的制胜法宝之一。用户上传自己的照片，软件可以简单快捷地让用户变装，即变成某位明星、政界大腕或者小时候的自己等，也可以自由将明星脸P进用户设计好的素材模板中，妙趣横生。

基于玩家变装需求和 P 图功能的契合点，"全民 COS 变装"功能玩法上线并迅速掀起用户参与的狂潮。王者荣耀的玩家可以通过手机自拍，将自己的头像照上传，再通过天天 P 图的美图处理功能，与 13 款人气游戏角色合二为一，并制作成独一无二的专属"游戏皮肤"供玩家在游戏内实装。从实际体验来看，这一玩法操作简单、模式新奇、带入感超强，给予了玩家广阔的自创作自产出空间，将玩家 UGC 热情推向业内前所未见的巅峰——总共已有超过 1 亿张 COS 图片从玩家手中生成，其中也有不少快男苏醒、网红雪梨这样的明星玩家。玩家制作出自己的游戏形象之后，通过社交媒体、游戏社区进行分享、传播和扩散的欲望也空前高涨，"全民 COS 变装"几乎一夜之间就成了一款现象级的游戏附产品。

### 2."阴阳相和"，大 IP 跨界催生超能量

玩家厌倦了游戏厂商烧钱换来的"明星脸"，想要自己做主角，王者荣耀和天天 P 图看到了这样的潜在营销痛点，并成功完成跨界合作，研发推出了"全民 COS 变装"。本已无可限量的"王者荣耀"游戏 IP 借助"游戏形象用户化"大肆扩散，也成为这次跨界合作的最大亮点。然而行业观察者也清醒地认识到，并非所有游戏 IP 和相关领域产品的跨界合作都能取得如此惊人的成功，一些同样以"用户形象结合游戏形象"做文章的游戏产品并没有取得目标付费和黏性。这是为何？

把玩家"P"进游戏的模式"自古有之"，最让人记忆犹新的当属足球游戏 FIFA 早年版本，它可以将玩家自己的照片上传到游戏服务器，并在"创建球员"时使用。然而直至 FIFA17，还有很多玩家不知道这个功能，逐渐沦为"鸡肋"。相比之下，王者荣耀和天天 P 图的"全民 COS 变装"究竟有何过人之处？

其一，王者荣耀是当下最火爆的 MOBA 类手游，天天 P 图是被称为"全能美图神器"的爆款应用，两款高 DAU 产品跨界合作本身就有着用户合流作用，两大热门 IP 所释放的品牌能量成几何叠加态势。"全民 COS 变装"成为游戏之外的延伸玩法，搅动了王者荣耀和天天 P 图的用户池，进一步推升了粉丝热度。

其二，王者荣耀玩家"化身游戏角色""制作独一无二的角色皮肤"的需求可以通过天天 P 图的动效自拍、妆容美化功能和底层技术予以实现。天天 P 图智能捕捉用户脸部特征，扫描人脸关键点轮廓并无缝融入游戏形象，再结合游戏设计团队制作的全新的动态特效，其实现的效果远超 FIFA 将玩家照片贴在 3D 建模上这种"恶作剧"般的体验。比如，王者荣耀热门变脸角色"李白"，凤求凰皮肤套装原画精美，

动效酷炫，满足了玩家追求俊朗飘逸气质、化身英雄形象的心理，自然备受青睐。

此前王者荣耀并未轻易选择在"游戏皮肤"这块价值处女地上做文章，而天天P图虽不乏一些游戏合作方，但是IP能量不足、小规模的技术尝试、功能平台的不匹配等因素让这种次时代的营销模式并没有风生水起。而此次人气盛极有"阳刚之势"的王者荣耀，与以女性用户为主、蕴含"阴柔之美"的天天P图联合，终成大器。

资料来源：《现象级营销案例"王者荣耀"＋"天天P图"跨界玩COS》，新浪游戏，2017-01-26。

## 5.2.4 衍生品开发

文化创意产业链的最大特点是具有衍生性，通过文化创意产业链的延伸，衍生出新的产品市场。衍生品开发已成大势，衍生品要符合消费者的消费追求和个性需要，将不同领域的内容联系在一起实现衍生品生产甚至多次衍生品生产，让文化创意产业在行业间全方位发展，使衍生品的种类越来越多样化。

以《冰雪奇缘》为例，迪士尼当时为这部动画片开发了几乎包罗万象的衍生周边，其中甚至包括酸奶、果汁、新鲜水果等食品。最为热卖的"两姐妹同款裙子"，一年之内仅在美国就卖出了300万条，最终获益超过4.5亿美元。又如，《星球大战》的票房收入为18亿美元，而电影衍生品收入高达45亿美元。再如《港囧》月饼仅上线一分钟，销售额就达到了二百多万元。

【案例5-5】

### "一条狗"如何完成票房黑马的"使命"？

对于阿里影业内部而言，《一条狗的使命》是阿里影业成立大文娱体系后协同作战宣发业务，到达全新拐点的首个实践作品。在具体操作中，阿里影业通过互联网营销模式对电影进行线上＋线下的整合式营销。良好的口碑效应形成一股"自来水"的力量，在观众之间相互传播，从而带动了票房的提升。然而，这只是其中的一个因素，《一条狗的使命》票房成功的真正关键的因素其实与此片的幕后操盘手阿里影业密不可分。

**1. 收购AmblinPartners后的首秀**

2016年10月，阿里影业宣布与Amblin Partners进行战略合作。阿里影业承诺将会充分利用其全产业链的各项业务包括电子营销、在线售票、院线服务和影院运营及娱乐电商系统，成为Amblin Partners在中国地区电影项目的营销、发行及衍生品伙伴。基于其与阿里巴巴集团的紧密关系，阿里影业亦会为 Amblin Part-ners 打通接触阿里巴巴集团庞大的 4.34 亿活跃用户，以及在线流媒体（优酷土豆）的生态圈、电视机顶盒供应商（天猫机顶盒）和领先的电子商务交易市场（淘宝商城和天猫）等平台的机会。这是阿里影业再次牵手好莱坞的又一行动，而由阿里影业收购的 Amblin Partners 主投的电影《一条狗的使命》，自然成为 2017 年开年阿里影业的试水之作。

《一条狗的使命》在上映前三天的排片量、票房成绩均超过同类型影片，排片占比分别是 16.2%、17.23% 和 19.11%，三天累计票房 11 822 万元，并接近北美地区首周末票房 1 822 万美元，首周票房破亿，并大幅领先其他国家和地区。Amblin Partners 的 CEO 迈克尔·赖特（Michael Wright）对《一条狗的使命》在中国的首周票房感到振奋："阿里影业发挥其体系资源优势，为影片做了很棒的推广。我们对能拥有阿里影业这样的业务伙伴感到非常自豪。"

《一条狗的使命》交出的成绩单显示出了阿里影业在宣发、营销、线上＋线下整合能力上的优势，令双方坚定了未来合作的大方向。

### 2. 阿里巴巴大文娱系统带来业务新拐点

3 月 14 日，阿里影业集团董事局主席兼 CEO 俞永福通过内部邮件宣布，阿里影业与阿里巴巴大文娱达成共赢联动的多项战略合作，同时，基于业务协同原优酷土豆旗下的合一影业团队将整合加入阿里影业。其中值得注意的是，合一影业曾参与制作或投资过《捉妖记》《万万没想到》《火锅英雄》等影片，在电影行业具备相当的资源、人脉以及实操经验。加上合一影业还曾做过宣发，因此合一影业团队整合加入阿里影业势必带来强大的助力。阿里巴巴大文娱板块的成立，会对阿里影业起到全方位支援的作用。

在《一条狗的使命》的具体操作中，阿里影业通过互联网营销模式对电影进行线上＋线下的整合式营销。线上，阿里影业通过大数据分析，精准定位了该片的目标观众，将营销和推广的重点放在"爱宠人士""年轻女性""亲子用户"三类人群，将影片相关信息准确推送给目标观众，锁定了最早的一批"种子观众"。线下，针对《一条狗的使命》影片的类型和内容，阿里影业以"陪伴"为主题，在多个城市的影院、商场策划"狗狗领养"活动，同时还推出了"爱宠陪伴观影会"，组织观众带上宠物来观影，这些活动为《一条狗的使命》带来了大量自发式传播。

种子人群在进入电影院后二次发酵出口碑效应，并在社交媒体上形成一轮新的自发式的宣传，带动了更多的观众走进电影院。在豆瓣、淘票票、猫眼等平台上，《一条狗的使命》的评分都是今年电影前两位的名次。而票房接近五亿元的成绩，更是让传统电影公司也不敢小觑这个"半路出家"的互联网影业。

只是，票房成功并非阿里影业与大文娱集团配合作战的唯一目标。此片公映前阿里巴巴就曾进行衍生品授权的招商活动，打开手机淘宝，可以看到《一条狗的使命》的衍生品专题，其中销售的都是电影"同款"，包括定制狗粮、浴液、狗项圈、狗玩具等。在电影获得瞩目后，将市场导入电影"后市场"中，对电影进行商业价值的再次开发用自身互联网基因携带的优势，打通全产业链才是阿里影业不断尝试和创新的最终目标。而这条在电影里叫贝利的狗狗，也通过阿里影业"非传统"电影运作的模式，在中国的电影市场上变身成了一匹矫健的"黑马"。

资料来源：《阿里影业如何让"一条狗"完成票房黑马的"使命"？》，微信公众号综艺报，2017-03-18。

## 5.2.5 消费者体验

以"互联网＋"为引领的新型消费模式蓬勃发展。消费者对流行、环保、品牌、智能、高品质商品越来越重视，人们对个性化、多样化商品的需求不断增加，随着消费升级的加快，消费者更愿意为提升生活质量和品位的产品或服务付费。

随着居民生活水平不断提高，居民消费从物质型消费走向服务型消费的趋势日益明显。越来越多的人们会倾向新的消费方式、购买新的消费商品、尝试新的消费体验，采用新的支付方式。以"90后""00后"为主的年轻人追求自我价值、标新立异、重视参与和体验的乐趣、敢于接受新鲜事物等特征明显。消费的个性化和多样化催生了诸如电影周边、网红直播、电子竞技等高速增长的细分市场。这些细分市场的市场份额正逐步加大。

【案例5-6】

### 在线音乐用户画像

2016年中国在线音乐用户的基本特征表现为以下几点：一是对高品质音乐的追求逐渐成为主流、高品质的音乐内容是用户最看重的因素，优质的听觉享受成为用户心中对于在线音乐产品的主要期待。二是用户对音乐付费的接受度高涨，能够理性地对待音乐版权内容。超过半数的用户选择或愿意选择为音乐付费，对音乐版权的认识更加理性，更愿意通过一定的付费来满足自己更好的音乐体验需求，从而促进音乐行业的良性发展。三是对音乐的外延服务具有较高的使用兴趣。近半数的用户体验过在线演唱会，近六成用户使用过在线音乐产品的K歌功能。用户对于音乐的参与热情较高，愿意体验在线音乐拓展的更多功能。四是从收听音乐转变为更愿意享受音乐。近六成用户近一年使用过专业设备听歌，超六成用户愿意尝试在线音乐网站推出的专业设备。用户更加注重音乐对于精神层面的影响，从收听音乐向更愿意享受高品质的音乐发展。

2015年，中国在线音乐市场规模为40.2亿元，增长67.2%，如图5-5所示。随着版权市场逐渐规范，特别是2015年7月以来国家对在线音乐版权市场的监管力度逐渐加大，在线音乐市场发展将更为正规有序。在音乐市场收入结构中，广告、游戏联运等模式比较成熟，增长稳定；直播、用户付费等增长快速，是企业重要的收入来源，预计未来仍将保持较快的增长；另外，O2O演出、衍生商品售卖等虽然目前在市场中占比较小，但未来会有较大的成长空间。在市场商业模式多元化的作用下，用户付费、广告、直播、音乐周边产品销售等收入模式将共同促进市场继续平稳快速地增长。

2010—2018年中国在线音乐市场收入规模及增长率

**图5-5 中国在线音乐市场收入规模**

资料来源：《2016年中国在线音乐行业研究报告》，艾瑞咨询，2016。

# 5.3 互联网对文化创意产业的影响

## 5.3.1 产业链解构与重构

随着互联网和信息技术的不断发展，催生出了很多新兴文化创意产业。这些产业不仅为投资者和创业者带来了新的机遇，也为传统文化产业带来了不小的冲击与挑战。互联网不仅对文化产品的商业模式产生了强烈的冲击，而且也影响着传统文化产业的营销渠道。随着网络技术的发展，人们对互联网的依赖性在不断增强。

早年腾讯公司就提出了"泛娱乐"战略融合发展模式，以网络平台为基础，抓住市场需求展开电影、音乐、动漫等多领域、跨平台的商业拓展。从产业链上下游纵向看，它们贯通了资金筹集、内容制作、演艺明星、宣传推广、发行销售、衍生产品等各个环节。企业只有与时俱进，找到适合自己的道路，迎接挑战，才能在互联网时代下生存和发展。

**【案例 5-7】**

### 《纽约时报》突围

《纽约时报》是美国高级报纸、严肃刊物的代表，在全世界发行，有很大的影响力，长期以来拥有良好的公信力和权威性。《纽约时报》创办于1856年，发展至今已有160余年的历史，曾获得过百余次普利策奖荣誉。2016年4月18日，《纽约时报》获得"2016年普利策奖国际报道奖"。面对互联网数字化媒体的发展趋势，《纽约时报》再次审时度势，顺势而为。

**1. 重度垂直整合，实现良性融合**

纽约时报集团放弃大而全的融合战略，将全部的精力投入到核心业务——《纽约时报》中，以避免陷入融而不合、融而不得的困境。事实上，跨界改革、多业务的产业布局并不一定能够创造附加价值，如果不能在业务群组间建立明晰的经营层面的互动或关联，那么多元业务的拓展将仅仅意味着业务的加和，而不会产生增值。及时调整业务架构才能够实现良性融合。

**2. 强化管理联动，激发报业竞争力**

纽约时报集团不断调整组织架构，强化管理联动，推动传统报业人才向全能型报业人才的转型，激发报业竞争力。1999年，纽约时报集团将所有的互联网部门合并成一个新的独立的公司，《数字纽约时报》网络版的运作与印刷分开，报纸的网站独立运作。2005年，纽约时报集团再次进行组织重组，将报纸编辑部和网络编辑部重新组合，在新闻采集、内容生产、多平台建设方面建立紧密的协同机制。发展至今，纽约时报集团已经基本实现了统一运营、统一采编以及统一管理，实现了多部门之间的优化整合。

首先，纽约时报集团加大了从互联网公司引进先进人才的力度，招聘了很多信息科技、网络技术及编程人员。其次，该报组建了一个120人的产品团队，并成立了商业智囊团，专门负责《纽时时报》及报业集团的科技信息化转轨，并利用数据挖掘直接指导公司的商业决策。再次，纽约时报集团形成了一套具备国际水准的支持系统以培训传统记者，保证并激活传统采编人员向全能化、复合型人才转型。

### 3. 传统新闻产品化、资产化、融合化

在传统的纸媒时代，报纸是产品，单篇的新闻只能算是内容却称不上产品。到了融合时代，一方面，报业集团在聚合稿件、图片、视频等新闻元素方面的能力不断增强；另一方面，单条新闻产品化成为可能，甚至不仅是单篇新闻，每一张图片、每一条视频都可以成为产品，都有被单独销售的可能性。现阶段的纽约时报集团出版的报纸不再是单一的 Paper，而是多元化的 Product。

优质内容是报业的灵魂。在不断融合发展的过程中，纽约时报集团始终手握内容这张王牌，其客观的报道手法以及全面翔实的报道内容为其融合发展提供了重要的支撑与保障。《纽约时报》不仅通过运用新技术守住了自己的传统报业的阵地，还通过数据存储、数据传输以及数据挖掘等新技术实现了传统内容产品化、资产化，让内容信息可以再利用、再增值，从而形成了新的商业价值。《纽约时报》不断创新报道方式，将传统媒体丰富的信息资源与新颖的方式融合起来，形成多元且有影响力的新闻产品。纽约时报集团还建立了互动新闻技术部、数据新闻团队等，以期不断创新新闻报道方式，形成更为多样的新闻产品。

### 4. 构建全媒体矩阵，实现融合发展

发展至今，纽约时报集团已经形成了由《纽约时报》纸质版、《纽约时报》网站以及移动客户端等多种传播形式组成的媒体矩阵，力争实现全媒体覆盖。为了能够打破以往媒体之间的阻隔，实现资源利用最大化以及传播效应最优化，《纽约时报》开发了一个定制化的内容管理系统。除了建立统一的内容平台，《纽约时报》也会根据

不同平台的特性和需要调整内容的丰富程度，以及内容的呈现方式，实现定向生产，最终形成全媒体式立体传播。《纽约时报》尝试以更有效的方式组织、包装新闻产品，创建范围更为广泛、更加细分的全媒体矩阵，以覆盖数量更为庞大的新闻读者。

**5.《纽约时报》在移动端的策略**

重组首页＋"此时此刻"的头条，兼顾纸媒严肃性与电子媒介休闲性。改版后，移动端将严肃新闻放在醒目位置，以彰显自己的特色与追求，在重要的文章中用评论画龙点睛，同时在应用可视化手段（地图、图表、照片等）时特别注意适应智能手机的大小，以方便用户在移动端浏览图片。新闻信息浓缩但不沉闷、移动端富有趣味性和所提供的新闻即时性很强，使得用户能够对新闻事件本身拥有更强烈的感知。

《纽约时报》的产品技术副总监 Kinsey Wilson 称，读者之所以订阅《纽约时报》，不仅仅是因为其报道的深度和报道的权威性，更是因为其报道的广度与宽度。通过满足移动用户的需求来提高订阅量，是移动端盈利的有效途径。

《纽约时报》发现只有1/8的用户在为其贡献收入。用户互动在这一情景下显得尤为重要。积极的用户互动意味着用户在媒体上花费更多的时间。《纽约时报》现在已经拥有了丰富的用户习惯数据，并将互动性作为移动端产品的重要标准。用户注意力是媒体业务的焦点，要想使得用户点击某篇文章，媒体必须尽可能呈现出用户不能错失的信息，将最重要的元素（头条、照片、引言等）第一时间展现出来。

面对纸媒寒冬的困境，传统报业的数字化转型已是迫在眉睫。《纽约时报》在转型升级过程中，放弃了大而全的融合战略，抓住了自己的核心优势，坚持了"内容收费"，并在此基础上开展了全面有序的全媒体战略，为我国传统报业转型提供了宝贵经验。

资料来源：《洞见〈纽约时报〉转型突围策略》，数字出版在线，2016-07-08。

## 5.3.2 技术与艺术融合加速

社会发展水平越高，艺术与科技的联系就越紧密。利用技术可以大大提升文化元素与艺术的表现力，也可以提升和放大对文化艺术感受的丰富性、体验性、深刻性与敏锐性。技术与艺术的融合极大地满足了人们内在艺术审美的多样性。越来越多的不同领域的企业已经关注二者的融合应用。比如，在电影的创作中，技术与艺术的融合，让观众更加"直观"于现象，缩小了电影与现实的距离感，无限接近地利用人的感知去体悟人眼前的诸多"现象"。

从文化与科技融合的数字文化产业角度来看待文化产业的发展模式，无疑需要注重转型与创新。跨界化的转型是文化与科技融合成果及其将文化产业成果应用到制造业的一个重要领域。文化产业增长出现了许多新领域，比如说会展、创意设计和农业文化产业等。在这些领域里可以以文化产业带动传统产业，如制造业等，也可以用动漫、影视的数字化和技术创新等来反向带动传统的旅游产业。在未来的发展中，文化跨界将成为重要的发展趋势，影响制造业升级和文化产业领域中的方方面面，并催生出新的商业模式。

**【案例 5-8】**

### 让 VR 创客教育走进高校

在传统的高校教学中存在以下几个问题：第一，教师是课堂的中心，学生是聆听着，被动式接受知识的灌输；第二，学习的载体是书本，学生通过看书、背书、做练习题来学习，有部分学科会通过做实验来掌握知识，但并不是主要方式，这样学习的知识不能灵活运用于实践；第三，教学的目的重在学习的成果，检验成果的唯一标准是考试成绩。学生的能力考核方式单一，提升学生最重要的动手制作能力受限。

针对传统教育面临的以上问题，锐扬科技提出了 VR 创客教育的解决方案：

• 自主研发 VR 核心技术。目前市场上的大部分 VR 内容制作都是基于 UE4、Unity3d 等游戏引擎，制作成本与学习成本的过高造成了目前整个教育行业 VR 内容的匮乏。锐扬自主开发的引擎是围绕设计行业需求而设计的，因此让用户能更加快速高效地设计出自己想要的 VR 作品。

• VR 空间设计软件。锐扬针对室内设计、建筑设计等空间设计类专业开发了一款 VR 设计软件，其最大的特点就是可以快速把学生的 3D 作品转化为 VR 作品，并可在自己创作的虚拟空间中进行漫游交互，摆脱了传统教学中学生创作过程的枯燥性与单一性，提高了学生的学习兴趣与创作能力。

• VR 教学硬件。锐扬科技自主研发了易秀互动平台，该平台可应用于室内场景漫游、设计作品沉浸式展示、建筑外观多维度表现、师生教学互动等。既实时与虚拟场景进行交互，又解决了实际教学中虚拟数据难于交互、难于理解、难于修改的问题，能更好地满足实际教学需求。

VR 创客教室是以 VR 教学互动硬件为载体，以 VR 空间设计软件为支撑，以 VR 头盔、VR 体感设备、VR 教学课程为依托的一站式教育创客服务平台。VR 把传统的以课堂传授知识为主的教育环境与直接获取实际经验和能力为主的生产现场环境有机结合起来，从而实现快出人才、出好人才，实现产学共同发展的目标。

## 5.3.3　产品消费增速

随着互联网的发展和人们生活水平的提高，人们的消费也日益增加。越来越多的人们走进电影院看电影，在线付费观看视频等，人们愿意为文创产品买单。互联网提供了文化创意产业的平台，通过整合企业、创意、技术、人等要素，拉近了消费者与文创产业之间的距离。文化创意产品的消费规模越来越庞大，对消费者的消费行为进行预测分析不仅可以使消费者的个性化需求得到满足，而且还会进一步增加人们对文化创意产品的消费意愿。

【案例 5-9】

### 2016 年中国电影市场

文化产业作为国民经济的支柱产业之一，得到了国家和政府的大力支持。电影产业是文化产业的重要部分，相关部门也出台了多部政策条例对市场进行监督和管理。在市场环境方面，规范行业生产流程，改善金融服务体系，为产业发展提供更加完善的体系和更多的资金支持；在影院的建设上，政府以税收减免、土地补贴的形式提供扶持，减轻企业基础建设的压力和负担；在行业规范上，出台票务管理细则规范票务数据，保证电影市场更加公开、公平、透明，营造良性的竞争氛围。

2009—2015 年，院线行业的发展一直呈上升趋势，票房收入持续增加。2015 年，院线市场超速发展，电影票房收入实现井喷式增长，总收入达到 440.7 亿元，同比增长率为 48.7％，如图 5-6 所示。

随着社会经济迅速发展，经济多元化推动了消费多样化。2010 年，全国居民人均可支配收入破万元，到 2015 年人均可支配收入已达 21 966 元。随着人们生活质量的提升，人们对文化消费的需求增加，娱乐消费在总消费中的占比也越来越高。

电影在人们文化娱乐生活中占据重要位置，近年来总观影人次和人均观影次数均保持增长状态。2009—2015 年，是消费者养成观影意识和观影习惯的过程，总

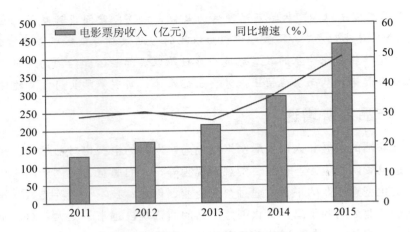

**图 5-6　2011—2015 年我国电影票房收入**

观影人次从 2.04 亿涨至 13.1 亿，2015 年首次突破 10 亿，涨幅达到 57.8%，年人均观影次数也从 2009 年的 0.3 涨至 2015 年的 0.92，总涨幅超过 3 倍，如图 5-7 所示。

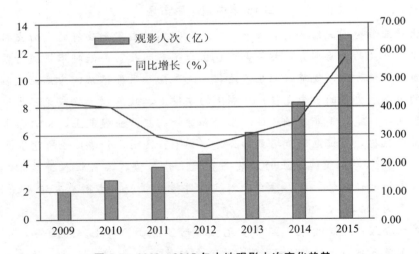

**图 5-7　2009—2015 年内地观影人次变化趋势**

在影院和荧幕等基础设施建设方面，2009—2015 年银幕数量、影院数量均保持上升的发展态势。截至 2015 年，全国影院数量达到 6 118 家，银幕数量增至 31 627 块，如图 5-8 所示。2016 年前三季度，即使电影市场票房表现不达预期，影院数量和银幕数量仍保持平缓增长，新开影院 1 016 家，同比多增加 39 家，新增银幕 5 577 块，同比多增加 15%，总观影人次达 10.65 亿。

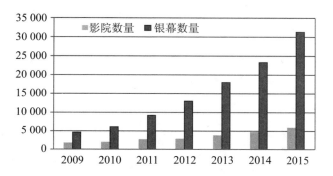

图 5-8  2009—2015 年全国影院及银幕数量

2015 年，中国电影迈上一个新高度不仅体现在数量上，也同样体现在质量上。在 440.7 亿元的票房收入中，国产影片票房收入占比达到 61.58%。这一年涌现了多部叫好又叫座的电影，其中有 47 部作品全年票房过亿元。票房前十的影片中，6 部是国产作品，甚至出现了《捉妖记》《夏洛特烦恼》等票房过 10 亿元的现象级大片。

随着网络购票渠道的开通，使用手机或者计算机进行网上购票逐渐成为消费者的首选。2013 年在线购票比重为 8%，2014 年达到 45%，而 2015 年在线购票占比飙升至 57.5%，如图 5-9 所示。据目前 2016 年的数据统计，一些热门影片的网络售票比例超过 80%。

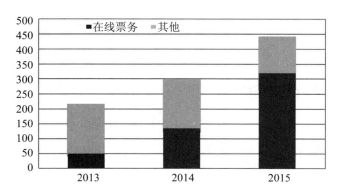

图 5-9  2013—2015 年中国电影在线票务市场收入与其他票房收入对比

目前视频网络的崛起开辟了观影的新局面，近几年网络院线纷纷涌现。2011

年，乐视网、腾讯等七家互联网公司联合发起成立了电影网络院线发行联盟，以推动互联网成为电影发行的第二大渠道。2013年，爱奇艺正式发布推出完整商业模式的"网络院线"电影发行模式，并且参照线下院线，推出每部电影7个月的付费窗口期。截至2015年上半年，爱奇艺网络院线放映数量已经超过500部，高于院线排片量。网络电影的高播放量也不容忽视。2016年9月1日之前的网络大电影播放量统计中，有5部影片的总播放量超过1亿，如图5-10所示。

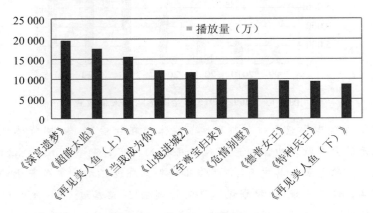

**图 5-10　2016 年 9 月 1 日之前的网络大电影总播放量排行榜**

网络院线为许多中小成本电影、成长期的青年导演提供了新的平台，但对线下院线企业的冲击巨大，分散了观影人群，阻碍了票房创收，不过也推动了传统院线的行业改革，优化了产业结构。

资料来源：《2017—2022 年中国电影行业市场运营态势及投资战略研究报告》，智研咨询，2016。

## 5.3.4　运营模式重组

网络巨头们开始大举进军文化创意产业领域，比如，阿里巴巴完成了对文化中国的股份收购，更名为阿里巴巴影业。百度旗下爱奇艺成立了爱奇艺影业公司，京东金融推出了众筹业务"凑份子"。腾讯文学在与盛大文学合作之后，又与美国数字发行公司 Trajectory 签署合作协议等。未来的文化创意产业将以互联网为主体平台，其运营模式将发生很大的改变。对于互联网用户而言，影视、戏剧、文学、动漫、游戏等不同领域跨界衍生的现象已成为常态。

【案例5-10】

### 阿里巴巴文化娱乐集团

中国文化娱乐产业正处于发展的黄金时代，互联网平台充分参与到了文娱内容的生态链上游，互联网的特性打通了单屏到多屏、全屏、乃至无屏的展现方式。在大数据的广泛应用下，娱乐内容颠覆了人们的付费习惯和交互方式。在此背景下，2016年10月31日，阿里巴巴文化娱乐集团正式启动筹建，俞永福出任阿里巴巴文化娱乐集团董事长兼CEO。

2016年9月，阿里大文娱宣布阿里音乐原董事长高晓松已出任阿里娱乐战略委员会主席，宋柯就任阿里音乐董事长，杨伟东兼任阿里音乐CEO——这也标志着历经三个月的"经脉打通"之后，阿里将音乐作为大文娱板块的核心业务。

2017年3月，合一影业并入阿里影业，双方成立艺人经纪公司，为影视及相关内容合作提供人才。并且还将联合优酷、阿里文学共同出资开发网络大电影。同月，阿里游戏召开战略发布会，正式宣布将全面进入游戏发行领域，并上线发行业务。拿出10亿元资金助力游戏IP生态发展，并与阿里文学、阿里影业、优酷联手推出"IP裂变计划"。

目前，大文娱板块包括优酷土豆、UC、阿里影业、阿里音乐、阿里体育、阿里游戏、阿里文学、阿里数字娱乐事业部。几次调整下来，俞永福的大文娱思路已经非常明确了，即一方面不断调整业务结构，使其更条理化、效率更高；另一方面不断布局，将业务辐射到上下游，从而形成一个健康的生态系统。

2017财年阿里季度财报显示，由UCWeb、阿里音乐、优酷土豆等组成的阿里巴巴大娱乐板块，正在成为继电商业务、云计算之后的新主营业务和核心收入来源。截至2016年12月31日，数娱业务收入达到40.63亿元人民币，同比增长273%。

## 5.3.5 营销方式升级

在互联网时代下，文创产业的营销模式要进行升级才能不被淘汰。文创产业公司一方面要积极使用互联网技术，开展与第三方的广泛合作，实现线上和线下的双向配合；另一方面要不断更新营销方式，与时俱进，对新型的营销策略加以利用并试图建立新的营销策略，健全企业营销网络以持续保持竞争优势，立足于市场之中。

【案例 5-11】

## 影视 IP，新时代的营销革命

作为全球第一的电视剧生产和播出大国，伴随着电视和网络媒体两股力量从竞争走向融合，中国电视剧产业正在进入一个前所未有的快速发展时期。其中，近几年才兴起的视频网站自制剧因屡屡出现热度爆棚的现象级作品如《太子妃升职记》等，成为一颗冉冉升起的新星品类。近日，腾讯视频年度网剧《鬼吹灯之精绝古城》更以首日 1.7 亿次播放量和截止到今天（2016 年 1 月 22 日）28.3 亿次播放量的表现，引起了行业热议。

**1.《鬼吹灯之精绝古城》大火背后，自制剧成行业大势所趋**

到目前为止，《精绝古城》在腾讯视频 TV 端 APP"云视听极光"的表现也相当不俗。作为付费内容，《精绝古城》上线不到一个月的播放总量已远超《芈月传》《锦绣未央》等免费热门大剧的月播放量。而纵观整个网络自制剧品类，近年来都呈跳跃性发展态势。根据第三方机构新传智库发布的《2016 年网络自制剧行业白皮书》显示，2016 年前八个月上线的 23 部自制剧，已吸引了 238.67 亿次播放量，这意味着自制剧在全网剧集占比 28.71% 的情况下收割了 82.43% 的视频播放量，形成了惊人的引流效果。而另有数据显示，2015 年网络自制剧的数量由 205 部增加到 379部，增幅达 85%，2016 年同比增幅仍有约 30%。可以说，自制剧正在成为电视剧与线上视频行业必须重视的一股不可压制的潮流。

**2. 互联网营销，精准+聚合成自制剧进击的双引擎**

不难发现，在自制剧所向披靡的背后，互联网营销传播的推动作用不可小觑，甚至可以说是互联网营销的威力加倍放大了自制剧的魅力。在我看来，自制剧通过互联网营销的过程中，主要需把握三个重要的节奏：用户发现、用户触达和内容传递。以上文提到的《鬼吹灯之精绝古城》为例，其出品方腾讯视频在这三个节奏的把握上做到了一流的水平。

（1）自制剧作为一种商品，首先要做的是定位目标消费人群。"90 后""00 后"年轻群体正在成为网剧的消费主力，腾讯视频通过与 360 搜索引擎掌握的海量用户行为数据相结合，就可以针对性地做出目标受众用户的画像，进而通过行为链大数据分析实现高效转化，在知己知彼的基础上成为满足这一群体喜好的好网剧。

（2）看得见的营销，触达你想要的观众。定位目标用户群体之后，如何做好流量获取，更精准、更全面地覆盖目标人群则成为网剧能否火爆的关键。《鬼吹灯之精绝古城》的营销就通过与用户渗透率 96.6% 的互联网公司 360 合作完成的，360利用旗下的搜索、导航和影视三大入口在 PC 端和移动端占领了优质流量入口。

（3）营销传递的内容是第一生产力。作为连续剧，必须持续不断地拉升热度，才能避免收视率陷入高开低走的局面。通过创意内容持续调动观众注意力和热情就是最佳方案之一。同样以《鬼吹灯之精绝古城》为例，作为周播剧，其播放间隙意味着热度间隙，而腾讯视频此次选用了 360 品牌直达专区进行内容的推广，创新性地运用大视觉广告素材配合大展示资源的方式，通过与剧集情节、明星相关的大视觉素材，利用观众对剧情及明星的高度关注，定制吸睛的广告内容，提升广告观感，吸引观众持续追剧，帮助补充流量，让播放间隙的热度保持居高不下。

**3. 围绕影视 IP，互联网营销的关键作用**

事实上，自制剧之所以受到各方热捧，一个内在的原因是其天然具备的 IP 潜力。正如上文所说视频网站就是通过自制剧打通产业链条，打造垂直一体化的泛娱战略格局的。而围绕影视 IP 打造这一核心，互联网营销可以通过以下两个方面大展拳脚：

（1）精准定位目标受众。推送广告给 IP 易感人群这一优质用户群体。仍然以《鬼吹灯之精绝古城》为例，作为国内最大的影视流量枢纽，360 影视就借助大数据和云计算技术，将《鬼吹灯之精绝古城》宣发精准触达粉丝群体，如内圈喜欢盗墓探险题材的观众、剧中演员的粉丝和外圈爱好新奇刺激的观众。

（2）影视 IP 的商业变现。互联网营销可以以用户为导向，针对用户个性化需求推送产品广告、会员服务等，实现 IP 的商业价值。值得一提的是，在打造 IP 商业模式的同时，互联网营销手段仍需要尊重用户的行为习惯，《鬼吹灯之精绝古城》的合作方 360 影视就覆盖了用户 PC 端及移动端的行为入口，契合了用户观看的行为习惯。

总的来说，拥有流量入口、先进技术和更接近用户群体这几个特点的互联网营销已经越来越重要。不局限于网络自制剧领域，包括游戏、文学、动漫等整个泛文娱领域的 IP 打造都离不开互联网营销在台前幕后的传播推广。互联网营销正在引领线上＋线下产业的新一轮行业革新，谁能率先做好互联网营销，谁就能在日益激烈的行业竞争中笑到最后，让我们拭目以待。

资料来源：《自制剧与影视 IP 新时代，不可或缺互联网营销的革新之力》，微信公众号科学的 fan，2017-01-22。

**【章尾案例】**

**网红成功的背后**

　　网红，特指在社交平台上具有一定量的社交资产，并且有能力将这些社交资产变现(变现方式通常包括广告与网红电商)的人。作为一个还在试水阶段的新兴时尚产业，网红产业链可以从上游、中游、下游进行解构，如图5-11所示。

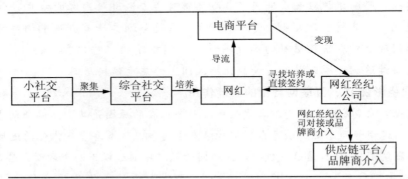

资料来源：中国银河证券研究部。

**图 5-11　网红产业链结构**

**1. 产业链上游——自我孵化环节**

　　(1)小型垂直社交平台。在整个产业链中，小型垂直社交平台，如天涯社区、豆瓣、知乎等，往往是潜力网红们引起关注并自我推广、积累粉丝、自我孵化成小型网红的摇篮。

　　长期混迹于小型垂直社交平台的朋友们都有体会，由于某些人在某领域具有特殊才能或特殊气质，在发布信息或回帖互动的过程中逐渐受到信赖、赢得追捧，随着关注人数的逐渐增多，他们便会完成从量变到质变的飞跃，成长为小型网红。

　　(2)大型综合社交平台。由于专业性或功能性的小型垂直社交平台的日常流量相对有限，初具雏形的小型网红为了持续提高自身知名度，必然会转战大型综合性社交平台奋力一搏，以期在更大的舞台上以网红身份长期活跃。

**2. 产业链中游——导流及变现环节**

　　网红经纪公司与网红的合作，标志着网红正式进入变现阶段。网红经济公司的运营模式如下：

（1）寻找签约现有的合适网红。

（2）组织专业团队维护网红的社交账号。网红经纪公司需要定期更新吸引粉丝注意的内容以及保持与粉丝的互动以维持黏性，使网红能够吸引粉丝点击相关店铺链接或者关注网红推广的产品。

（3）组织生产。利用其供应链组织生产能力为网红对接供应链渠道，将其在网上宣传的产品进行实体生产。

（4）提供相关电商店铺的运营管理。网红经纪公司通过在网上店铺销售网红宣传产品的方式将网红社交资产进行变现。

网红经纪公司存在的意义在于最大化地挖掘网红的商业价值。一方面，充分利用网红平民化、廉价以及精准营销的特点，以网红宣传代替原有的中心平台广告进行产品宣传；另一方面，以团队运作的方式帮助网红持续培育海量粉丝，再向相应的电商平台以及网红店导流，完成社交资产的商业转化。

网红经纪公司伸出橄榄枝固然是好事，意味着网红从此如虎添翼，走向PGC（Professionally-generated Content，专业生产内容），但如果运作不得当，也有可能对网红产生负面影响。比如，团队对网红形象把握不到位，从而削弱了网红个性的不可替代性，导致跑粉，或者团队过于以功利性为导向，偏重于导流和产品宣传，引起粉丝反感，等等。因此，在产业链这一环节，网红不能过于依赖经济公司的团队支持，自己在内容的产出和调性的把握上一定要保持主导作用，维护自身标签的独特性，维持人格魅力。

### 3. 产业链下游——销售及支持环节

随着电商平台、品牌商将交易转向网红，网红所依托的社交平台将产生更多的产品展示以吸引更多的顾客浏览。移动社交电商将通过无缝对接社交平台的方式导入越来越多的客流量，迎来越来越多的产品交易，从而实现传统电商平台网购的去中心化，缓解天猫平台抽成、平台引流广告费用与日俱增的压力。

然而，虽然网红经济因其时尚性、独特性和高效性提升了供应链的效率，缓解了品牌商库存高、资金周转慢的问题，但与此同时也对产品供应链提出了较高的要求，希望对接到能够灵活应对下游消费者的需求，随时生产、随时发货且能保证产品高品质的供应商。因此，许多品牌上市公司也想借助已有的成熟供应链体系参与到网红经济环节之中。在产业链下游，决定网红成败的已不是网红的人格魅力，而是代表着网红人格魅力的产品的质量是否对得起消费者的信任，以及产品供应的速度是否跟得上消费者的需求。

资料来源：小储：《吃透产业链，成为网红不是梦》，天方燕谈，2016-04-01。

**思考题：**

1. 网红经济为什么会出现？

2. 网红产业链有哪些主要环节？

3. 如何才能打造一个成功的网红？

4. 你了解网红产业链中的创业公司吗？请分析其在产业链中的位置以其价值。

案例解析

# 第 6 章
# 内容创意与生产

## 【本章导读】

　　互联网时代点燃了许多人内心深处的创意之火，网红的爆发、直播的井喷、IP的横飞，大量泛娱乐化的原生内容正在通过文字、音频和视频等形式生动地展现与快速地传播，创意创新巨大的经济价值崭露头角。有人说，一切文化创意的本质都是内容创新。那么，什么是所谓的内容呢？内容创业的难点是什么？内容创业将呈现哪些新业态与新趋势？内容创业者如何把握创业机会？本章将一一进行解答。

## 【教学目标】

- 了解文化创意产品及其特点；
- 了解文化创意产品的生产方式；
- 掌握内容创业的关键点；
- 了解内容创业的新业态与新趋势；
- 熟悉内容创业的几种类型；
- 发现内容创业机会。

## 【开篇案例】

### 学艺之路与你相伴

　　全国每年参加美术艺考的人数占高考总人数 1/10，总人数将近一百万。相对于高考人数逐年减少，艺考生的比例却呈上升趋势，这与艺考对文化课分数要求低、录取比例高有很大的关系。每年每个艺考生在特长培训上支付的学费在 30 000 元人民币至 180 000 元人民币不等，平均为 50 000 元人民币。其中，学费占比为 60%，约35 000元人民币；相关材料购买占比为8％，约4 000元人民币；艺考期间住宿、餐饮、娱乐、交通及其他方面的消费占比为12％，约7 000元人民币；其他交通娱乐占比为10％，约5 000元人民币。再加上艺考生在时尚领域的消费要求较高、审美品位要求较高，因此相关服务领域的市场份额也不容小觑。

2014年，全国美术艺考生人数超过90万，占高考总人数的1/10。艺考生必须在高三上学期进行至少6个月的集中培训，而且需要离开文化课学校外出寻找专业艺考美术培训的画室，其中60％以上的学生会离开原本所在城市进行集训学习。因此，选择省会或一线城市高质量、适合自己的美术培训机构对学生来说是至关重要的一件事。

考生高二下学期选择画室时会遇到如下问题：

（1）画室内幕不明。上千画室大量聚集在省会或一线城市，学生和家长面对海量宣传广告无法辨识画室教学水平、师资力量、组织管理和历史成绩的内幕，因此如何辨识出优质的画室是学生和家长面对的最大的问题。

（2）目标学校匹配的画室。每个画室由于师资的差别，对不同学校考试科目的培训擅长项有所区别，因此学生在选择画室时需要针对自己的目标学校进行选择。

（3）后期没有保障。当学生花高价到画室学习后，如果中途发现画室与自己的目标不匹配而想要退学费、画室教学管理疏忽导致学生联考未通过等问题出现时，个人相对于机构来说处于弱势，因此能否得到后期保障是家长和学生最需要关注的。

为了让美术艺考生在高二下学期进入艺考集训前选择画室时，能够选择从师资、教学到管理都优秀并且适合自己的画室，"艺伴"聚集了全国优秀画室的录播和直播教学资源，为广大美术艺考生提供高质量的线上学习资源，帮助艺考生更方便地获取艺考学习资源进而提高学习效率、全面了解画室教学和教研实力，从而选择更优质的画室。同时，艺伴与清华大学美术学院、中央美术学院等知名学府的教授、招生办公室一起为学生们提供学习和报考的指导。艺伴在官方认证的QQ空间为学生提供优质的教学视频，帮助学生快速方便地获取艺考美术教学资源；在艺伴美术学习QQ社群为学生们提供答疑、点评、直播课的服务，帮助学生顺利地度过考学过程中艰难的时段；线下组织学生励志游学，参观北京优秀画室、清华大学美术学院和中央美术学院教学实验室、国家博物馆、798艺术区等北京艺术氛围浓厚的励志游览胜地。

艺伴核心功能：名师直播授课、画室教研资料库、画室真实场景展示。名师直播授课：通过第三方付费，针对高一、高二美术艺考生的线上直播课堂。学生可以通过听不同画室主教、主管老师线上的公开课了解画室的教学水平；画室老师也通过讲课与学生互动来充分展示画室。画室教研资料库：公布各大画室内部教学视频资料、教研材料，在吸引高一、高二学习美术的艺考生进行免费学习的同时也将画室的教学实力展示给学生。画室真实场景展示：通过将画室环境和硬件基础设施进行分类规整，学生和家长可以直接根据自己的需求搜索和选择目标画室。

艺伴线上通过 SNS 社交网站推广开发微信公共平台，主要用于：一是品牌营销，即推送与艺考相关的信息资讯，积累第一批潜在用户；二是数据获取，即作为mvp(最小可用原型)，通过推送符合项目核心价值——做艺考生贴心管家——的内容，验证用户对产品需求程度；三是分析用户，即对用户操作使用习惯数据进行分析，探索用户需求的信息内容。此外，在艺考生活跃度高的平台上对艺考生关注度较高的内容进行推送和传播。在花瓣网、站酷网、pinterest、LOFT 等文艺类网站上投放艺考/艺术相关信息，在人人网、微信朋友圈、QQ 空间、微博等可以即时通信交流的社交应用上投放艺考信息、特长教育等相关内容。图 6-1 显示了艺伴的业务逻辑。

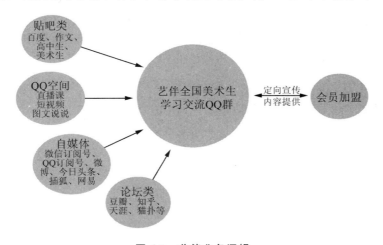

**图 6-1　艺伴业务逻辑**

线下根据考生需求决定宣传方式：一是发放印有 Logo 和二维码的可塑橡皮、铅笔、扇子、画笔等物品；二是根据考生活跃地点决定宣传地点，例如，北京的798 艺术区、望京、五道口、北京城市学院是艺考培训机构和艺考相关商家密集地段；三是推出艺考知识讲座，即与培训机构协商免费以讲座形式为考生普及考试相关知识，同时也展现出产品"做艺考生贴心管家"的核心价值；四是请经历过艺考的经验人士线下面对面地帮助考生定制合适的艺考生活和考试安排。

艺伴主要有两个盈利途径：一是广告品牌合作。与优秀的艺考培训机构、专业器材商家、针对性服务的酒店餐饮商家等进行品牌合作，在方便考生接收信息的同时为商家推广品牌，从而为产品的生存谋求生机。二是提供增值服务。培养用户使用习惯，提高用户的转移成本。用户下载后 7 天内可以免费获得高校考表、最适住宿、最适餐饮的信息，依此安排自己的考试日程；7 天之后用户依然可以自行安排日程，此时高校考表、最适住宿、最适餐饮的信息需要付费获取，因为高校的考试信息在艺考期间的更新频率为平均每天更新 3～6 个学校。

大学在校生席梦颖创办的北京圣显教育科技有限公司从 2015 年 4 月开始运营，截止到 2017 年 6 月已取得不斐的成绩：全国高中美术生社群人数超过 8 万人；线上公开课 340 余期，平均听课人数 10 000 人/次；教学短视频累计 86 节（430 分钟有余），最高曝光量超过 1 400 万，最高点赞量超过 7 万；2017 年 4 月，超级会员武汉 2 家、河南 2 家、山西 2 家、广州 2 家。艺伴的目标是：伴随美术生成长，学艺之路少走弯路，将优秀画室的优质教学内容传播出去，让全国艺考美术生都能够免费在互联网上接触到行业内最优质的教学资源、通过互联网能够跨越地理因素的限制跟行业最优秀的名师学习。

**思考题：**

1. 美术艺考生是一个有价值的细分市场吗？为什么？

2. 艺伴是如何为美术艺考生提供高质量服务的？

3. 艺伴为什么要做社区？社区运营的价值在哪里？社区运营的难点是什么？

4. 艺伴的变现途径是什么？有没有其他途径？

5. 艺伴的创业路径是什么？

6. 你能找到垂直市场的创业机会吗？

# 6.1 文化创意产品的特点

文化创意产品，是指文化创意产业中产出的任何制品或制品的组合。文化创意产品包含两个相互依存的部分：文化创意内容与硬件载体。文化创意产品的独特之处就是它的文化创意内容，这是文化创意产品的核心价值，而硬件载体则承载了文化创意内容。根据其双重属性，文化创意产品具有以下五个特点。

**1. 创新性**

跟物质产品不同，文化创意产品是不可能将先前出现的产品简单重复的。文化创意产品属于创新性的产出，独特性与超越性是这类产品追求的重要品质，通过创新带来新奇的精神享受或开启新的产业链。因而，只有不断创造出新的产品才能更好地留住忠实的消费者。比如，连载动漫《火影忍者》《海贼王》《秦时明月》等，都是在不断地创作新的内容，以此来培养起他们的观众。只有处在不断的创新中，文化创意产品才会有源源不断的生命力。

**2. 非消耗性**

文化创意产品的消费形式更多地表现为欣赏，在使用过程中消耗的是物质载体。比如书籍，即使阅读时把书本翻旧了，书本里承载的文化、艺术也是恒久的，不会随着我们的使用而被消耗的，反而会在人们的共鸣中越来越丰富。

**3. 商品性**

文化创意产品除了作用于人们的精神生活，满足人们的精神需求之外，还能投入生产领域，产生一定的经济效益。也就是说，文化创意产品也是具有商品的基本属性的，也是一种通过劳动生产出来的用于交换的物品。不过相较于其他的物质产品而言，文化创意产品属于人类较高层次的精神需求或附加值生产需求，它的需求弹性较大。因为人们总是在优先满足物质需求的情况下才能去满足精神需求，所以文化创意产品的需求受很多不确定因素（如自然灾害、经济政策、股市变动等）的影响。当然，并不是所有的文化创意产品都能变成商品，一些精英文化产品（如毕加索的画、贝多芬的曲子等）就是不能够商业化的。

**4. 大众化**

文化创意产品作为一种服务大众的产品，只有成为大众所青睐的产品，才能够在市场上生存。这种对受众的重视也使得文化创意产品必须在足够大众化方面做出相应的努力，即表现大众的审美趣味，满足大众的审美期待。

例如，郭敬明的系列小说《小时代》，就充分迎合了很大一部分年轻人的审美趣味，受到了他们的追捧，也因此在后续拍摄成电影时赢得了高票房。虽然这样的作品也会被很多人诟病，但是它迎合了它的目标受众，而且它的目标受众足够大众化，因此也是一个在商业上相对成功的文化创意产品。

**5. 技术依赖性强**

文化创意产品基本上都具有技术性的特点，因为文化创意产品原本只是文字、图片、语音或者图像类的素材，而要让它高质量地呈现在消费者面前并且产生消费的冲动，就需要一定的技术支持来实现了。而且，技术的不断变革与创新也会带动文化创意产业的不断变革与创新。比如迪士尼最经典的"米老鼠"，正是电影由无声变成有声、由黑白片变成彩色片、再到 3D 电影的演变，让它渐渐生动起来，越来越受到消费者的喜爱。

# 6.2 文化创意人才的特点

文化创意人才在实际生活中并非与众不同，他们将自己的艺术这门语言作为表达和交流的手段，同时具备了一些独特的特点。

**1. 具有敏锐的感受、丰富的情感和超常的想象力**

因为文化创意创作是一种特殊的精神生产，而创作过程就是将创作者的主观因素物化的过程，因此创作者内在的精神世界有着至关重要的意义。

**2. 具有丰富的艺术技能和艺术修养**

艺术技能指的是掌握和运用某一具体艺术种类的专业技术和技法的能力，包括工具器材的性能、用途和使用方法的掌握。这些专业技能都是可以通过专门的训练来掌握的，只有具备了这些专业技能，文化创意人才才能随心所欲地把自己丰富的内心精神世界通过物质手段展现出来。而良好的艺术修养能够提升文化创意人才的精神世界的层次，让他们创造出更有价值的作品。

**3. 具有强烈的创造意识和鲜明的创作个性**

创造意识可以确保文化创意人才有源源不断的创造力去创作不同的作品。鲜明的创作个性是每个文化创意人才独立存在的价值所在。

**【案例 6-1】**

**一个宅男导演的自我修养**

说起《十万个冷笑话》大家可能并不陌生，这是一部连载于有妖气原创漫画的国产漫画，经由卢恒宇执导翻拍成动画后，自 2012 年 7 月起每月一更，获得了广大网友的追捧，成为当时红透半边天的"泡面番"，并在第一季结束的时候就已经着手准备大电影了。

创造了一系列奇迹的动画导演卢恒宇在现实生活中就是大家口中不折不扣的宅男。做动画，则是这个宅男热爱的一个职业。《十万个冷笑话》可以说是卢恒宇事业的一个完美起步，他用一句话说了自己对动画行业的感受，就是"就是我特别喜欢，在这里不用长大"。也正是他对做动画的这种洒脱自在与真诚坚持，让大家对他的作品更加喜爱与追捧。

卢恒宇的成功不仅仅在于机遇，他自身的准备也是极为重要的。他毕业后就一直从事动画制作行业，自己也曾创作过漫画《河蟹侠》。而《十万个冷笑话》正是卢恒宇的创作能力在天时、地利、人和下的产物。他在接受采访时曾说："在实际的创作中，更多的是靠阅历和经验，这些东西是靠才华憋不出来的，是一点一滴积累才能拥有的。"

中国的动画在接受大众的审视，越来越多的像卢恒宇一样的青年导演凭借自己长年累月的作品积累慢慢异军突起，用自己的语言、自己的方式为中国动画注入新鲜的血液。

# 6.3 文化创意产品的生产方式

文化创意产品的生产方式是指生产文化创意产品的过程中具体使用的方法，具体有生产过程中的思维方式、生产材料、产品定位以及生产指向等方面表现出来的综合性特点。根据这些具体指标，文化创意产品的生产方式可以分为作者性生产方式、配方式生产方式和再生式生产方式三种。

## 6.3.1 作者性生产方式

作者性生产方式就是由文化创意产品的作者来进行生产的生产方式。这是一种个人化的文化生产组织，所谓个人化有两重含义：一是以某一个核心人物为中心和主导的文化创意产品生产单位；二是在其文化生产及产品中具有与众不同的个性化追求的组织。目前最典型的组织形态就是各种以导演为核心的摄制组、独立制片公司；以创作者为核心的图书、音乐、动漫工作室等。

作者性生产方式的主要特点是崇尚自我、追求个性与创新性。本质上可以说它是对文化创意产品的研发。在作者性生产中，创作者的作用尤为突出，他不一定是整个组织的管理者，但一定是整个组织精神和灵魂的象征。当整个团队都跟随着一个创作者的个人意志发展时，整个产品乃至整个团队的走向都会被这个创作者所掌控。

## 6.3.2　配方式生产方式

配方式生产方式主要是指大众文化产品的生产方式，顾名思义，就是按照一定的配方来进行文化产品的生产。与作者性生产方式相比，配方式生产方式生产的是模式型的、反复复制的、同类型的大众文化产品。这里的配方指的是产品在生产过程中对题材、立意、表达方式等因素的组合或搭配。

前文到文化创意产品要有创新性，那么为什么又要按照配方来生产呢？这里是不是相悖了呢？其实不然，因为这个配方是许许多多久经商场的生产者们总结出来并且得到了消费者有效认证的，所以按照配方来生产文化创意产品能够确保其在市场上畅销，是其商品性最好的保障。可以说文化产业的繁荣离不开配方式生产。

配方式生产方式主要有三个特点：一是不再以生产方面的创造性人才为核心，而是由市场型的经营者掌控整个团队的命脉。在目前的文化创意产业中，电影的制片人、歌手的经纪人地位不断上升就是这一点的体现，好的经营团队才能带出优秀的作品。二是整个组织有齐全的生产销售部门和细分的生产销售环节，因为整个生产过程都相对程序化，所以产品的销售就显得格外重要，也因此销售环节的配重会比别的部门大很多。三是这种类型的组织大多具有一定的垄断性，因为在这种情况下，往往公司越大，越容易形成规模经济。比如，美国好莱坞的大制片厂在电影行业中基本处于垄断的地位，而它出品的电影大多都是一样的配方生产出来的作品。

【案例 6-2】

### 从"大长今"到"都教授"，韩剧生产从未改变的套路

从《大长今》《来自星星的你》《太阳的后裔》等一系列热门韩剧的筹备过程和拍摄过程中，我们可以清楚看到一部精致严谨的韩剧是如何被制造出来的。但大多数韩国时装剧是如何被打造并展开一系列宣传造势的，想必是大家更为关注的部分。

在拍摄一部韩剧的过程中，各个角色的分工与权力和我国相比就不尽相同。比如导演，韩国的导演叫作PD，是一个制作人的概念，实际上是制片人兼导演。导演中有一部分是隶属于电视台的，还有一部分是外聘的自由职业者，编剧也是如

此。大部分情况下虽然电视剧只显示一个编剧的名字，但其实是一个团队的成果，是这个人带的小组写的。选择演员则因剧而异，如果电视剧是电视台企划的，那么一定是电视台来找演员；如果电视剧是外方投资的，为了商业运作，就会由投资方选演员，再由电视台确认；还有一种是选定演员，然后为演员量身定做一部戏。

在我国电视剧拍完即不可改变不同，韩剧一般采用边播边拍的方式，开播发布会的时候，电视剧一般已经拍了5集左右，剧本还在写作过程中。在韩国，网络媒体对电视剧的影响很大，韩国电视剧很民主，如果一个社会声音很一致，那么编剧可能就会改变剧本。这样做的好处就是可以随时发现社会的新动向，然后将其写进剧本中。比如，今天有一个广泛讨论的话题是跟世界杯有关的，编剧一定会把它写在剧本里，这样观众就不会感到电视剧跟社会脱节，而是跟社会同步的。所以韩剧当中的细节通常会让人很有亲近感和现实感。而很多中国观众会觉得韩剧剧情拖沓，就是因为它要边播边拍，采用了大量的细节描写来拖沓剧情。

同时与我国电视剧宣传不一样的是，韩剧宣传最看重的就是收视率。在我国评价一个电视剧时不会经常提到收视率，大家更喜欢评价演员的演技和情节怎么样，但韩国报道最多的就是非常冷血的收视率，一旦某个剧的收视率较低，该剧就会被提前封杀，而且收视率的获取非常迅速，一般开播第二天就会出来。在韩国，其他的任何东西都没有收视率有意义，因为收视率能带来广告和投资。在宣传过程中一般会提前几个月针对某个话题进行炒作。例如，崔真实的《玫瑰人生》是她的复出作，同时因为她和MBC的合同没结束就接演了KBS的这个戏，所以开拍前一个多月关于这个戏的话题就不断在媒体上出现。之后就是电视台安排的开拍发布会、开播发布会、媒体探班活动和收视祝捷会等，但如果收视率不好，相关活动也就会取消。

正是这一系列配方式的生产方式和节奏制造出那么多受国人追捧的韩剧，这也是配方式生产方式最典型的代表。

## 6.3.3　再生式生产方式

再生式生产方式就是指文化产业中对人类历史上已有的文化资源进行再利用而生成新的文化产品的生产方式。其最主要的特点就是将文化资源产品化。

世界上每一个国家和地区都有自己的文化资源，但是能将自己的文化资源转化为市场上的文化产品并用商业运作来赚钱的国家和地区并不多。一些发达国家就十分重视本国乃至他国的文化资源的再利用，以此来开发新的文化产品，扩展文化市场。比如，芬兰将圣诞老人的发源地作为本国文化产品之一发展旅游业的行为就属于再生式生产。

再生式生产方式主要在于挖掘已有文化资源的新价值，但是一般挖掘文化资源的价值仅仅只是一个起点，随后怎么将其包装创新才是重点所在。目前市场上主要有两种做法：一是以现代创意整合文化资源；二是用现代商业机制支撑文化资源的产品化。

以现代创意整合文化资源就是给传统的文化资源赋予全新的理念或者当代精神。主要方式有三种：一是在一个现代创意下将相关文化资源进行有机结合，形成新产品，这种方式在目前的旅游行业中很常见，比如桂林的《印象·刘三姐》，就是由张艺谋导演，在"中国第一部大型山水实景演出"的创意下，将刘三姐的文化资源进行有机结合而创作出来的；二是在新构故事中融入文化资源元素，使新产品更具文化底蕴和商业价值，比如前几年很火的《甄嬛传》就融入了清朝时期的服装文化、礼仪文化、餐饮文化、建筑文化和宫廷文化等，从艺术细节上完善整个新作品，受到观众的欢迎；三是对文化资源进行再创造，这种方式更为直接，在历史原型上进行适当的艺术加工即可，如《铁齿铜牙纪晓岚》。

而用现代商业机制支撑文化资源的产品化就更为直接了，主要是在产品的营销环节上按照现代商业运作的方式进行运作。事实上，文化资源的产品化的商业支撑也是多方面的，如国家的文化体制改革、文化资源知识产权属性的变更和公平竞争的市场环境等。只有多方面进行有效配合，才能共同烘托出一个良好的市场氛围，从而促进文化资源产品在市场上的繁荣。

# 6.4　文化创意企业的形态

## 6.4.1　工作室

在6.3节已提到，现在有很多作者性生产方式的团队采用工作室的组织形式，即一个团队在一个工作室内创作文化创意内容，再用比较轻的模式加工成为文化创意产品，然后销售产品以获得盈利来实现工作室的运营。比如，几米漫画工作室、宫崎骏的吉卜力工作室等。

另外，还有一些明星成立自己的工作室，利用自己多年积累的人气，以工作室的名义制作出内容产品，再以自己的影响力销售内容产品，同时捧出自己工作室的新人，并创造出商业价值，以此来实现一个工作室的商业运作，如林心如工作室、杨幂工作室等。最近杨幂工作室可谓风生水起，杨幂之前作为演员通过优秀的作品吸引了一大批粉丝，之后自己成立了杨幂工作室，并签约了迪丽热巴、刘芮麟等一批新人演员，并以杨幂工作室的名义出品了热播电视剧《三生三世十里桃花》。在该片中较为重要的配角都由杨幂工作室的签约新艺人出演，这随着电视剧的热播，新艺人的知名度提高，可以有更高的片酬，从而与工作室实现双赢。这也是目前明星工作室采用的典型的做法。

【案例6-3】

### 宫崎骏与吉卜力

吉卜力工作室是在《风之谷》上映后由宫崎骏组建的工作室，大部分的宫崎骏名作都是在这个工作室内诞生的。

宫崎骏对作品品质的坚持影响了吉卜力的每一个员工，使他们也具有认真执着的办事态度及对动画的热爱与追求。但也有人发表了不同的看法，据日本媒体报道，同样是日本动漫著名导演的押井守曾经说过这样的话："吉卜力培育了一种只有吉卜力才能培育出来的动画师，他们的工作人员水准真的很高，但如果你问我他们的做法完全正确吗，我认为她们应该立刻被解散。我想如果吉卜力里面长大的人们能走出来看看，对一种创造性的工作来说，无政府状态比权威下的自由要好多了。"

作为后辈的押井守当然不是对宫崎骏不满，只是坦白地说出了他人与宫崎骏的区别所在。吉卜力一贯以宫崎骏为灵魂人物，宫崎骏的主要思想渗透在吉卜力的方方面面，动漫新秀们长期处于巨人的影子下，很难有自己的想法和创新。但是也不得不说，在宫崎骏这个巨人的指引下，吉卜力确实创造出了很多优秀的动漫作品。

## 6.4.2 大制片厂

所谓大制片厂就是以流水线和大规模生产为特征的文化创意产品生产组织。最典型的代表就是美国的好莱坞。好莱坞有一套完整的电影生产体制，包括了公司内部机构的设置、流水线生产的形成、影片的生产方式、商业策略及产品特征。正是有着这一套完整体制，好莱坞才在 20 世纪 30—40 年代迅速繁荣发展，实现了电影产业的超大规模。

这种大制片厂企业形态生产出来的产品大多都有程序化、类型化的特点。这样虽然可以保证作品在市场上获利，但是也可能因为形式过于单一而为人诟病。不过，只要这套配方足够成熟，投入成本足够巨大，就是市场上屡试不爽的销量保障。

## 6.4.3　企业集群

企业集群这种企业形态的出现，就是为使一件文化创意产品的生产不再局限于一个企业之内，而由多个地域的企业分担一种文化创意产品从创意、生产、销售到再开发等环节的工作，共同进行文化创意产品的专业化生产。

其实文化产业中的企业集群就是多个产业集团合作形成商圈的形式。在国内，一些文化、创意产业集群的雏形都在慢慢出现，比如上海逐渐显现的四个创意产业商圈和莫干山 50 号的春明都市工业园现代艺术创作中心、泰康路视觉创意设计基地等产业商圈就是典型案例。

【案例 6-4】

### 二七机车 1897

2017 年 7 月 18 日，中车北京二七机车有限公司（以下简称"二七机车公司"）与青旅文化产业发展（北京）有限公司（以下简称"青旅文化公司"）隆重举行"中车二七机车 1897 科技城"项目合作框架协议签署仪式暨科技城启动仪式。青旅文化公司是专业商业地产与产业园区投资、运营企业，拥有丰富的商业地产和产业园区项目开发与运营经验。根据协议约定，双方将以二七机车公司老厂区原址为核心，通过工业遗存保护再利用，充分展现传统与现代、历史与科技的融合，在传承二七红色文化、延续历史文脉的同时，发展文化产业、双创产业和轨道交通科技研发产业，共同打造国际轨道交通科技文化创新基地。

项目改造后将成为北京西南部城市新名片，形成文化交流、创意设计、技术研发、科技孵化及商业休闲功能为一体的新型科技、文化创新产业园区。首期启动区位于厂区北部位置，占地约 6 万平方米。园区内灵活多样的办公空间，高挑空的大型厂房空间，将用于打造定制化的产品，并邀请客户参与产品规划设计和打造的过程。中车1897作为中关村国家自主创新示范区的重要组成部分，将享受中关村自主创新区的各项优惠和扶持政策。目前，青岛酷特智能股份有限公司、视觉中国、优客工场艺龙网信息技术(北京)有限公司、创业黑马集团等企业有入园意向，不少文创创业项目也在入园洽谈中。

# 6.5　"互联网＋"内容创业

## 6.5.1　内容创业

在互联网时代，文化创意产业的核心就是内容。内容就是在文字、图片、语音、视频，以及图文混合等原创内容的基础上，通过现有的平台(微信、微博以及各类媒体平台)进行传播，并拥有一定的受众。因此形成的商业行为，就被称为是内容创业。

现实生活中内容无处不在，互联网使得内容生产越来越独立，并且越来越市场化。这里的内容指的是所有自主知识产权的内容创作和知识生产，包括文化、艺术、科技、教育课程和游戏娱乐等。比如，知乎大V在知乎上写的专栏长文是内容，papi酱上传到网上的视频是内容，就连网易出品的手游《阴阳师》也是内容。这些内容的生产在互联网时代与载体脱离了直接的依附关系，变成了可以独立运行生产的部门。以视频制作为例，过去的制作团队必须完全服从电视台的需求，但因为互联网渠道的出现，视频制作团队可以成立自己的工作室，制作出影像作品，再进行多平台同步分发。当内容生产方拥有独立控制权之后，商业模式也可以自行探索，这就是互联网时代下的内容创业。

【案例6-5】

### 最奇葩的内容说出最独特的创业

2014年年底，《奇葩说》这么一档听名字很奇葩的说话达人秀节目成了众多大学生和年轻白领口中孜孜不倦讨论着的话题。同时随着第二季6.2亿点击量的飙升，第三季的热度仍不断攀升，《奇葩说》已经成了年轻人甚至众多中年人所热捧的一档网络综艺节目。

《奇葩说》这档由爱奇艺首席内容官马东亲自挂帅的节目到底靠什么成了现在

"90后"心目中的互联网节目标杆？其制片人牟顿表示，《奇葩说》在内容上的特点主要以下有四个。

(1)节目内容与生活息息相关，《奇葩说》踏踏实实地讨论生活中真实会出现的话题，用最直接的方式给我们的受众以内容上的刺激。

(2)找到了对的人，这也是对目标客户喜好的精准把握。

(3)保证内容的新鲜度。在《奇葩说》中几乎看不到所有市面上能看到的心灵鸡汤用过的梗或者是段子手写过的段子，都是自创的，这样能够确保节目上讨论的话题是年轻人感兴趣的，从而吸引目标观众的。

(4)《奇葩说》是一个有自己的价值观而从不强硬贩卖价值观的节目。很多人误认为这是个没有底线、没有价值观、什么都说、以噱头来博眼球的节目，其实不是的。蔡康永说，"《奇葩说》最大的价值观是什么？是你的价值观并没有那么重要。"这句话是什么意思？很多人非常执拗，生活在自己的执念中不可自拔。比如，直男癌严重的人说同性恋必须去死，可是当康永哥在节目中流眼泪时，这些都会消散了。同时，《奇葩说》做得比较好的一点是节目从来不强硬地贩卖价值观。比如，在一些传统的媒体节目中会看到这样的情景，你作为一个儿子就应该孝顺父亲，不管他是不是一个人渣，但《奇葩说》从来不用道德绑架别人，也不生硬地告诉"90后"什么是对的，而是用辩论的方式提供两方观点，让你自己获取自己的价值观。这个恰好符合我们目标受众的习惯。

## 6.5.2　内容创业的挑战

2014年创新创业大潮涌动，很多初创公司轻松地获得了大量融资。2015年下半年可以说是资本寒冬，2016年更是资本寒冬的寒冬，融钱已经变得非常难了。然而，实际上资本市场的钱并没有减少，有质量的项目依然可以在资本寒冬拿到足够多的钱。

网红经济的异常火热，使资本市场偏爱内容创业者。他们看中的是内容创业者背后的运营者，凡是内容创业成功的背后都有一个引领潮流文化、具备人格化的偶像气质的运营者。粉丝追捧的是他的内容，看中的更是他的为人，这种网红受到了资本的青睐。由财经作家吴晓波，联合经纬中国合伙人曹国熊等人，成立的"狮享家新媒体基金"，已完成对多个微信公号的投资；而张泉灵从央视离职后，成为紫牛基金创始管理合伙人，侧重于内容产业投资；范卫锋创立的高樟资本，定位为

"专业的新媒体基金"，3亿元资金只投资新媒体。还有很多靠写内容或者视频直播得到融资的案例，如十点读书、大象公会、一条等。这些都在鼓励着内容创业者，只要你的内容够优质，定位够准确，用户精准而基数大，你就能挣钱。虽然互联网内容创业受到资本市场的青睐，但是其背后还藏匿着很多令人担忧的现实。

**1. 自媒体平台暴增，创业门槛降低**

在早期进行互联网创业时，需要依靠编程的技术搭建起自己的网站或者APP，这需要一个很长的技术周期，而在2012年微信推出公众号之后，开始有大量的网民利用微信公众号进行互联网内容创业。

随后各种分发平台的出现，只要有很好的文字驾驭能力和多媒体运用水平，可以让内容的呈现更具感染力、表现力，能够引起大众共鸣，即可圈粉拉新，形成品牌，在创业浪潮中突围而出。这就是目前成功的互联网内容创业者们的标准路径。相比之前要经历漫长的技术周期的互联网创业，自媒体平台的出现使得互联网内容创业的门槛大大降低。

**2. 内容抄袭泛滥**

在移动互联网时代，原创内容已经变得十分稀缺。互联网的本质是共享，在信息化时代我们每天接受数以亿计的信息，虽然这让大家都能阅读到自己感兴趣的内容，但是在信息传播过程中也给一些伪原创者、文字搬运工带来了机会。只要一个帖子、一篇文章、一条视频火了，你就会看到各个平台都在转发这条内容。按理说巨大的转发量会给原创者带来非常大的曝光量甚至是金钱的收益，但是，在这个共享经济时代，大家还没形成尊重原创的意识，都是免费转发的，而转发过程中没有署名的情况也就构成了赤裸裸的抄袭，而且这种抄袭行为十分普遍，内容原创者也很难通过正规渠道维权，因此很多内容原创者放弃了这种无谓的挣扎，这更使得抄袭大行其道。

2016年4月，"友谊的小船说翻就翻，爱情的巨轮说沉就沉"这句话一下子火了。原创作者是"85后"的宅男漫画师"喃东尼"，喃东尼本姓赵，是山东临沂人，大学退学回家，专心创作漫画。这句话让他名声大噪。在采访中喃东尼表示，万万没想到这个漫画会这么火，刚看到网络上都在转发自己的这个漫画时很愤怒，觉得没有署名就是原原本本地抄袭，后来还有根据他的版本衍生出不同的版本，可是一想到告得了一个，告不了大众，就放弃了。在这个互联网共享社会，抄袭已成惯性，大家也都默认了这种方式，可是盗取别人的知识产权让创作者蒙受损失的行为仍是不可取的，应坚决维护内容创业者的合法权益。

### 3. 内容变现渠道单一

互联网内容创业本质还是创业，其商业模式也一定要能经得起市场的考验，所以变现渠道就显得尤为重要。互联网内容创业的变现渠道总结起来有两种形式：广告和电商。

广告和电商的商业变现方式依然无法脱离传统的广告模式，而且这种模式能否保持持续性的热度并不确定。比如，罗振宇一次性消费了"papi酱"的未来商业价值，甚至可以说是透支了她未来的商业价值，根本原因还在于这种缺乏持续盈利能力的网红商业变现存在诸多的不确定性。虽然内容创业热潮汹涌，但真正让广大的自媒体从业者通过内容创业变现的道路仍在探索之中，而且各大媒体平台、各大互联网公司和各种类型的自媒体人都在努力探索着。

另外，广告和电商变现的方式虽然可行，但是如果在自媒体内容和广告变现之间不能实现内容一致性与一体化，那就很可能因为广告而丢失流量，如此以来更是忽略了内容本身及其价值。

### 4. 内容创业中流量愈发珍贵

内容创业中最为珍贵的就是流量，在这个门槛低、需求大的市场上，竞争者相当多，不同内容之间对于流量的抢夺也越来越激烈。如何吸引流量成为所有内容创业者的必修课。现实是不少受资本青睐的内容平台占据了众多流量，而很多真正草根的内容创业团队很难留住流量。

最典型的例子就是微信公众号的打开率在逐年降低。2014年是微信公众号的红利期，在那时开通的公众号，只要写得一手好文章，做好跟用户粉丝的互动，就能做到粉丝上百万，每个月靠广告获得了盈利收入都不差。可是到了2015年下半年，微信公众号的阅读量逐渐降低，公众号中阅读量超过10万的文章越来越少，对此这些自媒体毫无办法。今日头条、一点资讯等分发平台的崛起、智能手机的普及以及信息的过剩，也导致了用户注意力的分流，使得现在的流量越来越贵。目前，想要单靠内容运营上百万的粉丝关注度可以说是难上加难了。

在进行内容创业之前，互联网创业者们需要衡量其实力，不可盲目进入。从目前的内容创业形势来看，成功的要素是高质量的内容，所以其注定不是全民的狂欢。

【案例6-6】

## papi酱的后融资时代

2016年3月，网红"papi酱"获得真格基金、罗辑思维、光源资本和星图资本1 200万元的投资。徐小平当时背书称"papi酱是今年投的最好的项目之一"，同为投资方的罗辑思维CEO却公开表示"投资papi酱是最大的耻辱"。

那么融资这么久过去了，papi酱的商业化运作如何？你还看papi酱的内容吗？它是好项目，还是像罗辑思维说的那样应该后悔？在3月投资"papi酱"后，罗辑思维紧接着在4月运作了一场"papi酱"的首支视频广告贴片拍卖会。这场由多家企业参与、起拍价为21.7万元的竞拍，被"罗辑思维"称为是"新媒体史上的第一拍"。

最终，阿里巴巴投资的线上化妆品经销商上海丽人丽妆化妆品有限公司以2 200万元拿下了这支视频广告。据悉，2 200万元是丽人丽妆2015年全年净利润的71.5％。最终这支广告成为papi酱视频节目中上线的美即广告，而美即的线上营销正是由丽人丽妆来负责的。

广告竞拍和捐款的消息曝光后，也有不少人关注到"papi酱"、投资方罗辑思维、直播平台优酷、广告投放商丽人丽妆之间微妙的商业关系。优酷和丽人丽妆都是阿里巴巴投资的公司，"罗辑思维"是优酷投资的，而丽人丽妆的CEO黄韬和罗辑思维的罗振宇是多年好友，"罗辑思维"的网店代运营商就是丽人丽妆。

有人透过这个圈链质疑"2 200万元买下首支广告"其实是papi酱、罗辑思维等团队参与的资本运作和营销宣传而不是商业交易，最终这笔钱还是会回流。尽管杨铭、罗振宇还有黄韬都否认了这种说法，但在8月26日丽人丽妆向证监会递交的IPO招股书中只有2016年第一季度的财务状况，并未提及4月竞拍"papi酱"的支出。

不难看出，虽然互联网内容创业能够吸引大量投资，但是很多看似精彩的内容并未能真正拥有同样精彩的变现能力。类似papi酱的投资行为更像是透支了这个优质内容未来的商业价值。

资料来源：《曝罗辑思维已退出papi酱投资 罗振宇真是一次性提现?》，中国青年网，2016-11-23。

### 6.5.3　内容创业的机会

**1. 网络视频、音乐正版化运营加速**

作品的版权在文化创意产业中越来越受到重视,之前在互联网上广为流传的两个重点内容——视频和音乐也开始正版化运营。以网络视频为例,网络视频正版化运营加速主要在内容获取与内容运营两个方面。内容获取主要包括版权采购、内容自制与 UGC 内容。

视频采购,在优酷、乐视、爱奇艺、腾讯视频这些网站没有爆发之前,也就是五六年前,一集电视剧的价格是两万元,好的电视剧一集十万元以上。随着移动互联网的发展,人们接触内容更加方便,随时随刻都能看到信息、接触内容,中国的内容产业也有着明显的进步,电视剧、电影的收入因为网络渠道的发展而迅猛增长。

互联网公司除采购版权外还在做内容自制。各大互联网公司组建视频制作团队自己生产内容,并放在自己的平台上用来增加自己平台的流量。

用户上传,这种模式通过点击量与网络平台分成,实际上带动了更多的内容制作和创作。

在内容运营上,广告投放、付费订阅等模式不断创新。运用传统渠道时,大家关注的是一部电影有多少票房,院线收入是多少,而运用网络渠道时,大家更关注会员包月、单片付费等,比如会员包月可以观看完整的高清视频,而单片付费的话,花几块钱即可以观看想看的内容。

音乐也是如此,为付费用户提供差异化服务的付费会员模式,单曲或者专辑数字销售的付费下载模式,以及通过直播间、秀场等方式将音乐变成娱乐的部分的音乐社交商业模式,这些实际上都会带来收入。

随着各家资产巨头之间的利益之争逐渐深入,视频、音乐网站不断加大版权投入,正版音乐曲库、正版视频库已经形成产业规模,既成了渠道方,也是版权方。

**2. 以 IP 为轴心的泛娱乐开发**

从影视化到改编游戏,再到周边产品开发,IP 越来越受到影视行业和资本市场的追捧。诸多基于热门小说改编的影视项目,让 IP 市场愈发火爆。所谓的 IP 就是"一鸡多吃",即一个 IP 有各种炒法。IP 一般都是写出来或者画出来的,如小说和动漫等。相较于国内以 IP 为轴心的泛娱乐趋势,国外的泛娱乐可能发展的更加成熟，如众所周知的漫威超级英雄系列。现在，国内的 IP 改编者已经开始逐步进行融合，比如从动漫文学走向影视剧、电影甚至游戏和舞台剧等。

国内的 IP 案例最多的就是网络文学。经过近些年的整合，网络文学的 IP 形成了几个内容源中心，网络文学平台日益成为内容生产、分发和粉丝互动的核心。基于粉丝经济对于网络文学内容进行关注和跟进，再衍生到影视、动漫、游戏和线下产品，实际上从创作源头就已经对后续一系列的泛娱乐产业开发铺好了路。比如，国内最受好评的动漫巨作《秦时明月》已经从最开始的《秦时明月》动漫衍生出秦时明月手办、秦时明月手游、秦时明月大电影等 IP 改编作品。

不过，目前国内很多厂商都盲目地抢 IP 与囤 IP，再利用 IP 不断圈钱，这些破坏性开发行为严重地损害了 IP 本身。成熟的 IP 运营创作的核心部分是创作中的世界观、价值观、文化和哲学方面的工作，创作者需要将整个工作的大部分时间和资源砸在这上面。与国内强调故事人物的思考方向不同，国外的 IP 具有非常良好的延展性，只要他有价值，则完全可以在原 IP 人物的基础上进行延伸作品。

## 【案例 6-7】

### 从手机冲上银屏的小鸟

由索尼影业出品的动画电影《愤怒的小鸟》于 2016 年 5 月 20 日在美国与中国内地同步上映，对于不断刷新年度票房最低的内地电影市场而言，借着游戏知名度的《愤怒的小鸟》被寄予挽救内地电影市场颓势的厚望。

《愤怒的小鸟》能否挽救电影市场的颓势仍是未知，不过这个超级 IP 吸引了众多企业加入到 IP 营销的队伍中来，一场大品牌拥抱大 IP 的"夏季狂想曲"拉开大幕。

利用电影 IP 资源进行事件营销越来越受到中国商家的青睐。早在《愤怒的小鸟》正式上映一个月前，拿到"愤怒的小鸟"IP 资源的商家就开始了各种营销活动。据不完全统计，与 IP"愤怒小鸟"展开跨界合作的企业包括麦当劳、加多宝、良品铺子和海昌海洋公园等。

2016 年麦当劳与"愤怒的小鸟"进行全球范围的合作。5 月，麦当劳所有门店以"愤怒的小鸟"为主题，推出红堡、绿堡、草莓派、炸弹特饮等多款电影主题新品。加多宝则在与《中国好声音》分手后牵手《愤怒的小鸟》，正式开启一段 IP 营销新征程。

品牌商对"愤怒的小鸟"的极度追捧是中国 IP 热潮的缩影——在当下的娱乐制胜和自媒体时代，消费者越来越喜欢轻松、自由、个性、有参与感的品牌和互动活动。这种品牌和 IP 的联动形式，将最大化地挖掘"90 后"乃至"00 后"的粉丝群效益，加速品牌的年轻化进程。

自 2015 年开始，在影视公司和资本市场的推动下，"IP 热潮"席卷而来，关于 IP 的泡沫化的隐忧随之而来。不过，从品牌商对热门 IP 的热情追捧来看，IP 热潮才刚开了头，它的触角已经跳出影视圈的范畴，影响到我们生活的每个角落。可以预见的是，在 IP 热潮大风吹的时代，我们吃的、喝的、用的、玩的都将充满热门 IP 的身影。

资料来源：陈琼：《同样是开发 IP，〈愤怒的小鸟〉给国内从业者上了一课》，北京商报，2016-05-23。

### 3. 精准、协同生产和个性消费

在内容产业领域，精准的生产、协同的生产和个性化的消费已经成为现实。最典型的例子是新闻的获取，原来是报纸印什么就看什么，后来可以在网上搜索想看的内容，现在平台会通过大数据挖掘对用户关注的内容进行精准定位和推送。又如，Netflix 即根据平台用户的兴趣偏好拍摄了《纸牌屋》，并在商业上大获成功。

这种模式在消费方面也是一样的，包括音乐、文学和视频平台，都可以做到精准的个性化的消费，通过使用大数据技术，及时抓住用户对一部剧或者其他内容的反应和喜好。比如，在腾讯的天天快报等一系列精准定位的新闻平台上，你看到的第一屏信息基本上都是你最需要、最习惯看的内容。

另外还有一个就是协同生产，比如创立于 2001 年的 Wikipedia，强调自由内容、协同编辑，仅仅用十几年时间就以超过 450 万篇条目位居百科全书之首，而且全部内容皆为网友志愿贡献的。其中的许多现象与问题是值得知识产权界的专家学者和企业界共同关注与研究的。

### 4. 优质、专业的内容才能为王

只有优质的内容才能在未来的内容创业竞争中占据一席之地。根据近几年自媒体涌现的各种内容可以发现，平台缺的从来都不是内容，而是优质的原创内容，是有态度的精品。因此在未来的互联网内容创业中，只有优质的内容才能为王，而优质的内容一定是专业的团队来创造的。散兵游勇的自媒体饱和后，行业会面临大洗牌，自媒体集团或成趋势，类似于吴晓波频道和旗下各大账号。单线作战的影响力远远不及以点带面的产品矩阵搭建的品牌影响力。网红的孵化也是如此，经济公司会签下多个不同风格的网红打一套"组合拳"来增强影响力，如SNH48。一个现象级网红的走红或许有运气的成分，但要红很长时间都不过气，则是背后的专业团队精心策划与包装的结果。因此，工业时代制造标准化产品、打造完整产业链的需求又会出现。将眼光缩放到文字工作者这样一个小众的专业领域来看，只有少部分人能靠个人力量经营好一个公众号，而且只有全能写手才能做到。但这种形式不会成为"内容创业"的主旋律。未来只有专业团队创造的优质内容才能真正为王。

# 6.6　文化创意内容创业的类型

## 6.6.1　小说文学类

小说文学类文化创意产品主要指的是网络文学，现在网络文学的传播比传统纸质媒体更为广泛与便捷，也更容易形成互联网内容创业的产业链。而所谓网络文学，就是以网络为载体而发表的文学作品，其本身并没有一个明确的界限，可以小到一条微博、一篇散文，也可以大到长篇小说或者连载文学。虽然本身没有明确的定义，但是应该注意的是网络文学所具有的特征并不是局限于所传播的一个媒介，更重要的是这样一个文学载体在网络传播之中形成的一种写作特征和行文方式，符合现今网络文学作品应当具有的商业化价值。

网络文学分为三类：一是通过电子扫描技术或人工输入等方式进入互联网络的已经发表的文学作品；二是直接在互联网络上"发表"的文学作品；三是通过计算机创作或通过有关计算机软件生成的文学作品，如小说《背叛》。

目前比较有影响力的文学网站有"起点中文网""榕树下""中文网络文学精粹""黄金书屋""碧海银沙""莽昆仑"等。随着我国经济的发展，思想逐步解放，广大民众的文化消费诉求会越来越大，而网络小说文学将成为最快捷和廉价的文化消费品，并将形成越来越多的IP。未来很长一段时间内网络文学都依赖这种市场发展的模式。大资本与网络文学网站将形成一种既合作又竞争的关系，网络文学网站的创造力将成为核心竞争力，同时版权交易和开发服务也将产生不可忽视的社会效益和经济效益。

【案例 6-8】

### 引爆网络文学 IP

2002 年，吴文辉发起并创立了起点中文网，策划并主导了网络文学界第一套完整的电子出版微支付系统、内容管理系统的建设，并进行了成功的推广，使网络文学商业逻辑得以确立并成为行业标准。吴文辉提出的网络文学商业模式成为全球数字出版的经典案例，受到业界学者和诸多研究机构的一致认可。在吴文辉的领导下，起点中文网成为业界第一网站，网络文学用户实现了从小众阅读到核心数字内容品类的迈进，并成为文化产业核心 IP 来源之一，也成为少数成功的本土互联网模式之一。在迅速发展后，吴文辉和腾讯文学联合成立新公司阅文集团，统一管理和运营原本属于盛大文学和腾讯文学旗下的起点中文网、创世中文网、小说阅读网、潇湘书院、红袖添香、云起书院、榕树下、QQ 阅读、中智博文、华文天下等网文品牌，一跃成为目前全球最大的正版中文电子图书馆、国内最大的 IP 源头。

早在十多年前，吴文辉就预测到 IP 价值将无可限量地爆炸式增长，只是谁也猜不到具体爆发的时间节点。如今，IP 以数十倍甚至几百倍的价格爆炸，网络文学的商业价值亦随之水涨船高。无疑，网络文学正在迎来最好的时代。而起点中文网作为文化产业核心 IP 的来源之一成了最大的赢家。以往大家都不重视 IP，觉得起点中文网上的作品都是小孩子看的东西，很难把它当作一个 IP 来看待，所以销售价格低，每年的成交量很少。直到这两年，大量网剧及游戏公司发展起来，这就需要 IP 来做支持。吴文辉表示，未来起点中文网会加强内容运营，除了直接付费售卖版权外，还会股权参投或者是合资进行 IP 的深度开发，从简单的版权售卖更多地转向项目制，更深层次地参与到产品的开发过程中。

现在，阅文集团开始考虑长线 IP 开发。对 IP 进行分级，一般内容就直接出售，好一些的内容则要求出售＋分成＋投资权。对于顶级大 IP，则进行更细致的加工和包装工作。

资料来源：李立：《网络文学冲击 IPO 最好时机或将到来》，中国经营网，2017-03-25。

## 6.6.2 动漫娱乐类

动漫娱乐类的文化创意产业是以"创意"为核心，以动画、漫画为表现形式，包含动漫图书、报刊、电影、电视、音像制品、舞台剧等动漫直接产品的开发、生产、出版、播出、演出和销售的产业、动漫娱乐类的文化创意产业有着广泛的发展前景。我国动漫产业起步较早，开始于 20 世纪五六十年代，产生于当年的水墨动画是当时一绝。不过近年来，国内动漫娱乐类的文化创意产品的生产不尽人意，与日本、美国等动漫大国存在较大的差距。

动漫产品本身有巨大的市场空间，而其衍生产品的市场空间更大。食品、玩具、服装等行业今后的发展与行销都有赖于动漫这一新兴产业的带动。利用和开发好动漫产品塑造的动漫形象，做好动漫衍生品的开发，就能打开广阔的市场，也必成为我国第三产业的重要组成部分。

## 【案例 6-9】

### 秦时明月的国漫情怀

经典国漫作品《秦时明月》诞生至今已经十年。这部国漫 IP 背后的制作公司——玄机科技——也是对《秦时明月》付出了十年心血。在这十年里，玄机科技不断磨合与产业链上的各个优秀合作伙伴的合作模式。这些磨合发展的过程，是拿 IP 来做泛娱乐和全产业链必须经历的过程。玄机科技在动漫娱乐的文化创意产业中已经算是先人一步了。

目前，在百度国产动漫风云榜上，玄机科技旗下的《秦时明月》《武庚记》《天行九歌》三部动漫作品均跻身于前十位。市场的实际表现证明了其实力，同时也证明其探索出的模式和方法可以复制。

《秦时明月》在产业链的打通上曾经做了大量探索。外界并不知道，此前《秦时明月》电视剧与上海唐人影视、芒果互娱的合作花了很长时间才谈妥；而玄机的其他作品如《天行九歌》的游戏版权在推出的前两年就被预售一空，其视频播出版权在推出前一年就被预定，而且预定了两季，这种情况在动漫产业中是十分罕见的。

在玄机科技董事长沈乐平看来，作品本身不是变现的工具，观众喜欢作品不是因为它的曝光率过高，而是因为这部作品真的打动了他，而且是在它需要有人陪伴成长的过程中真正打动了观众。

就像火影伴随着一代人的青春记忆一样，也有很多"月"饼（《秦时明月》粉丝的昵称）将自己的青春寄托在这部动漫上，但整个行业依然在期待更多的"国民级"漫画的出现，因为这才是内容产业的价值所在。

### 6.6.3 体育竞技类

"互联网+"概念自提出以来，迅速成为传统行业寻求转型的重要参考。体育行业也不例外，资本的注入和商业巨头的布局使得不断细分的体育产业高速发展。互联网体育产品的出现与发展极速升温了国民的体育热情，各大互联网体育平台的用户持续增长，互联网体育媒体的大量出现也带动了赛事IP的深度挖掘，现在各大平台也正在对赛事IP等产业核心资源进行布局。

体育市场不再仅是传统巨头企业的战场，以阿里巴巴、乐视等为代表的互联网企业参与其中，围绕体育产业不断进行新的互联网化融合发展布局，开启了各个环节"互联网+"的模式。未来，对体育用户价值的不断深挖，将促使"互联网+"体育市场不断迎来新的发展机遇。在传统体育跨领域联动程度不高的情况下，互联网的大数据运用将可构建全新的产业链运营、生态化的发展思路，也为行业发展带来巨大的想象空间。

未来互联网体育平台的发展趋势主要有以下三个方向：

（1）产品智能化，构建更加全面的用户数据库体系，跨界融合。在智能化设备技术的发展驱动下，各种智能硬件的热度不断升温，涉及智能手环、运动鞋、智能跑步机和智能足球等，在满足用户新技术使用体验需求的同时，品牌商亦能开发及构建相应的消费者健康/运动数据模块，未来可凭此进行数据分析、优化建议设计，生产更加个性化的产品，也为产品与其他数字化服务的融合奠定基础，如智能产品与社交融合、智能产品与游戏等娱乐化服务融合等方向。

（2）服务O2O，优化服务链条，但垂直化发展环境尚未完善。文体服务市场包括票务、教育培训、体育场地租赁等。在文体服务的在线化迁移过程中，在线票务市场和体育场地租赁服务市场凭借在线支付、团购市场的火热已然实现了较为成熟的在线服务市场，而教育培训市场相对起步较晚，目前处于探索阶段。以名人黄健翔为代表推出的针对青少年足球培训垂直市场的O2O服务运营，开创了垂直化运营的先河。也有其他分析认为，虽然青少年足球市场本身受到各方的关注，但过于垂直化的运营难以实现可观的用户体系，对于早期业务的运营和推广存在非常大的挑战，商业模式方面亦尚存困难。

（3）体育赛事价值多元化，围绕赛事的构建可扩展性强。对于体育行业而言，赛事是可以真正实现全民参与、全民关注的唯一环节，而围绕赛事本身产生的在线体育服务市场将有更加直观且可预测的发展空间。基于此，赛事本身成为企业及平台争夺用户的核心竞争力，各大巨头也争先通过争夺赛事资源布局体育产业，发掘体育行业的巨大价值。比如，腾讯5年来斥资5亿美元取代新浪正式成为NBA中国数字媒体独家官方合作伙伴，并将建设互动营销社区、联合开发体育游戏等；乐视体育融资的目的也是围绕体育赛事展开体育生态布局，具体而言，乐视体育以"赛事运营＋内容平台＋智能化＋增值服务"的体育生态模式为支撑，将资金、体育IP、用户、产品等资源注入其中，对于体育价值的释放将起到强大的推动作用。另外，围绕赛事产生的用户消费刺激亦可成为打通多个体育环节的核心点，如向品牌商品、赛事相关IP改编、健身服务等多种环节进行扩展，从而完成泛体育市场生态的构建。

**【案例 6-10】**

### 互联网电视体育内容谁成王者

曾经带给所有球迷欢笑、回忆的球星退役后，每到其退役的纪念日，朋友圈就会被刷屏，而这一天也是让朋友圈里最理性的男生们集体丧失理智、泪流满面的日子。这个时候，我们只能打开视频去回顾那些带给我们记忆的辉煌时刻。

对于体育赛事来说，手机、计算机的观看体验终归由于屏幕大小的限制，不如大屏电视看得畅快。相比于传统电视，更多的人会选择互联网电视，因为互联网电视的内容更为丰富，观看形式更为多样化，不仅可以观看直播，还能随时观看重播，可以说互联网电视改变了体育迷准点守着电视观看体育比赛的传统方式。

互联网电视既然需要靠内容服务来吸引用户，内容本身的质量自然就是赢得消费者青睐的重要因素。其中，热门影视剧和热门体育赛事是附加值最突出的两个类别；尤其是体育赛事节目因为受盗版影响较小、观众忠诚度较高等因素的影响更能影响消费者的购买决策。

在国内几大视频平台中，乐视体育是布局较早、实力较强的角色。乐视在这方面具有的优势也是乐视电视得以流行的重要因素之一。而这几年乐视体育却状况频出。就拿现在正如火如荼进行的中超来说，乐视去年拿下中超版权，并引入体奥动力作为B轮股东，乐视体育表示双方将展开战略合作，甚至共同开发中超版权。但乐视体育在2016年高开低走，整个乐视系严重的财务窘况曝光后，乐视已无暇顾及其他，导致中超版权易主。

体育版权购买不同于视频内容资源购买，赛事方在出售版权时，不仅考量版权费，而且十分看重版权购买者的赛事运营推广能力。此前在《新京报》的采访中，一名乐视体育员工就表示，乐视体育摊子铺得太大，虽然花了很多钱买了很多版权，但赛事落地推广上却不到位。

与乐视尴尬处境相异，作为新秀的微鲸拥有着新入局者身上难能可贵的耐心和专注，正以稳打稳扎的专注力逐渐完善体育内容资源。继去年拿下中超每轮一场的OTT端转播权以及VR直播权后，2017年微鲸再次获得相同权益，又为其精心构建的体育内容帝国拼上了一块耀眼的拼图。

并且，为了弥补多数球迷不能亲临现场近距离地观看比赛、感受足球魅力的遗憾，奋勇创新的微鲸打破了VR内容创新的技术壁垒，专门开发了一套由拍摄到分发的端到端的VR直播解决方案，从而更好地满足了观众对足球比赛转播时网络带宽、众多机位的画面拼接、机位切换的连贯性、赛场上局部特写、精彩回放等独特的需求。微鲸VR技术团队开创性地研发了八面体棱锥投影算法，在保持视频清晰度的同时，节省了30%的带宽，从而保证观众可以流畅地观看4K超清VR内容。微鲸甚至专门定制了一辆VR转播车，这也成为中国第一辆用在VR上的电视转播车，其专业和走心程度可见一斑。

不仅仅是中超，微鲸还拥有众多核心赛事资源。微鲸不仅成为曼城中国区官方合作伙伴，德甲、中超联赛、世俱杯、欧冠赛、中国之队、中国大学生足球联赛等核心体育赛事也尽入其麾下，在每一天为体育迷献上体育盛事，"鲸"彩不断。此外，微鲸在WUI升级中建立了"体育直播中心"，将直播赛事一网打尽，赛事预约功能更是让用户绝不错过任何重要比赛；其体育新闻也在耕耘中不断成长壮大，可以说微鲸体育资源正在稳健发展中蒸蒸日上。

微鲸作为唯一一个整合多平台海量优质内容、集中运营的互联网电视，依托华人文化的海量资源，跨平台整合腾讯视频、芒果TV强势内容，将TVB、BBC、好莱坞、现象级体育核心赛事等资源收入内容库中，甚至推出"微鲸出品"概念，独家自制各类年轻人喜爱的优质综艺体育、VR直播、影视剧集精品内容。相比乐视仅依靠乐视网一个平台的内容，微鲸的内容资源无疑是更具优势的。

由此可见，专注家庭娱乐的微鲸，在内容运营上有更好的管理能力，熬得住内容资源消耗战的细水长流，又具有深厚实力能在对战中"笑到最后"。微鲸能否赶超乐视，成为互联网企业的最强王者，还是值得期待的。

### 6.6.4 电竞手游类

仅 2016 年第四季度，我国就举办了 11 场较大型的手游电竞赛事。与第三季度相比，第四季度的手游赛事规模有进一步的增长，多项年度赛事迎来年底收官大战。而且，这些电竞手游的赛事越来越受到广大群众的关注。截至 2016 年年底，触手 TV 作为纯手游直播平台，其手游覆盖量级相对其他综合性直播平台的手游频道仍有较明显的优势。在手游专属频道方面，触手 TV 以 122 个专属手游频道遥遥领先，紧随其后的虎牙 TV 手游专区已以 40 个手游专属频道数悄然领先于其他综合性游戏直播平台的手游覆盖规模，如图 6-2(a)所示。受益于平台相对较多的手游专属频道数，触手 TV 及虎牙 TV 手游频道在 2016 年第四季度平台手游播放总时长上同样处于领先位置，而历来重视腾讯系手游主播培养的龙珠 TV 手游频道在播放时长上以微弱的优势反超斗鱼 TV 手游频道排名第三位，可见龙珠 TV 对旗下手游频道及相关主播的重视程度还是相对较高的，如图 6-2(b)所示。

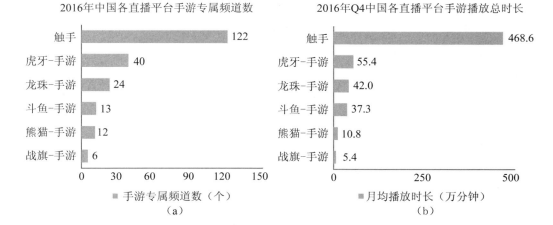

**图 6-2　2016 年中国各直播平台手游专属频道数排名和播放总时排名**

资料来源：《2017 年中国泛娱乐直播平台发展盘点报告》，艾瑞咨询，2017-03-23。

电竞手游市场未来的发展之路并不平坦。在游戏研发和发行领域，尤其是发行领域，腾讯、网易等巨头企业虽然布局很早，而且凭借自身强劲的研发和运营能力积累了不少优质游戏，但它们只能在品质上将手游提升到一个新的标准，不可能完全垄断内容和创意。因此，手游行业的中小企业只要在完成内容创意的同时加强品质塑造，精心打造"人无我有，人有我优"的产品，就能成功。同时，长线产品已经成为手游市场的主流，手游企业应采取"小步、迭代、快跑"的长线运营思路，保持每周细节优化、每月版本更新、每季度大版本更新的快速迭代节奏，从产品迭代和玩家运营两个方面持续进行精细化运营。

发展中国家和地区尤其是东南亚、南亚和南美洲的手游市场远未触及天花板，还有巨大的发展空间。未来随着这些地区智能手机的普及，人口红利将推动当地手游市场迅猛发展，而这正是我国手游企业的机会。中小游戏公司"走出去"有两个明显优势：一是海外多数地区的手游只需经过平台审核即可上线，无须等待资质审批，资金回笼速度快；二是海外娱乐环境更为优质，用户暂未养成吃"免费午餐"的不良习惯，甚至部分海外市场用户的消费能力更为强大。海外市场尤其是市场发育相对滞后的发展中国家市场，将成为中小游戏公司新的发展空间，2017 年也将成为我国手游出海的"爆发期"。

## 【案例 6-11】

### 《王者荣耀》与《阴阳师》的手游霸主之争

手机游戏市场可谓"你方唱罢我登场"，从 2016 年 9 月上线以来，《阴阳师》就"霸占"了游戏畅销榜榜首，但之后《王者荣耀》不断赶超。据统计，中国玩家每天在《王者荣耀》这一款游戏上花的时间是《阴阳师》的 6.8 倍，8 000 万的日活跃人数也超越了《阴阳师》巅峰时的 1 000 万人。

为什么会出现《王者荣耀》比《阴阳师》更火爆的局面？当前手游市场发展状况如何？未来想进军手游行业的研发运营团队的"掘金"之路在何方？

有相关分析师认为，《王者荣耀》是一款多人联机在线竞技游戏，竞技手游的初衷就是玩家在游戏中不会因为氪金（指支付费用，在网络游戏中的充值行为）多少导致游戏的失衡，从游戏属性上讲，类似于《英雄联盟》、CS 等，靠的是技术而不是钱。《王者荣耀》的注册还能直接关联 QQ 或者微信用户，极大地简化了用户进入游戏的流程，充分发挥了腾讯的渠道优势，也充分发挥了游戏中的社交优势，匹配到身边的陌生人一块玩，成为拉近电子竞技迷们心理距离的熟悉场景。《阴阳师》作为一款角色扮演类手游，依托于日本古典文学名著的完整故事，延续了以往《大话西游》经典的回合制，其精髓在于钱能承载一切效果和改变战局，但是玩的时间长了就会产生分歧，一个平民玩家花了很长时间达不到期望的"游戏等级"就会选择放弃，交互系统不强，容易在人气上输给多人联机在线竞技游戏。《王者荣耀》赢在庞大的用户基数上，就和快手直播成功的原理一样，用户虽然低端、少金，但是数量多。

当然，网络游戏本身除了娱乐属性以外，还需要社交属性，社交门槛的高低也会影响不同类型的游戏的用户基数。多人联机在线竞技游戏的老玩家可以拉一个完全没有接触过此类游戏的朋友同场竞技，而角色扮演游戏在这方面并不占优势。不过，角色扮演游戏可以另辟蹊径：进军角色扮演游戏市场能否成功取决于对文学作品、影视作品的选择、研发投入力度的大小、产品品质的高低、时间节点的把控、宣发的配合度等多方面因素，因此需要和游戏产业上游的厂商、作者等加强协作。

根据近日 360 游戏最新发布的《2016 中国手游行业趋势报告》，对比重要手游品类的 ARPU（Average Revenue Per User，每个用户平均收入）和付费率可以看到，角色扮演、卡牌和策略三类游戏展现出高付费率、高 ARPU 值的"双高"特征；休闲、动作、多人联机在线竞技、棋牌等类型的游戏在付费率方面表现突出，其中多人联机在线竞技类比年初下载量上涨 137％，成为涨幅最大的品类，但 ARPU 相对较低；竞速、塔防、模拟飞行类游戏付费率偏低，但 ARPU 值则保持较高水平。鉴于 2016 年的市场行情，2017 年，电竞、直播、VR（虚拟现实）、H5 游戏、二次元手游、影游联动等手游市场将延续 2016 年的远大"钱景"，有机遇也有竞争，而且竞争更加激烈，寡头独断趋势明显，但创新黑马依然能够独占鳌头。

# 6.6.5 音乐艺术类

互联网对音乐行业最大的颠覆就是将有价值的传统资源免费化，将精英文化平民化。近几年大热的音乐类节目《中国好声音》与《我是歌手》，正是这一特点的体现。互联网成为音乐的载体，让音乐唾手可得，而载体的改变导致音乐的价值变廉价了，音乐从一种具备价值的稀缺资源变成了互联网免费获取的资源。因为互联网的本质是分享与创造，音乐产业由互联网平台充当载体之后，用户可以是消费者、传播者，也可以是创作者。这样一来，用户自由创造音乐与内容的互联网机制冲击了原有的高冷的流行音乐制作发行机制，即互联网颠覆了音乐的传播、发行、创作、录音制作及艺人经纪等各个领域。

伴随着载体变化，音乐产业还要面对版权危机。因为互联网开始冲击唱片工业的时候，恰恰是互联网的草莽时代，在这个时代，谈版权是奢侈的，更别提版权费用了。而传统音乐人面对无序分享、自由而混乱的互联网，则变得茫然失措，不仅因为打击盗版的难度很大，而且因为向音乐平台谈版权收费时往往因缺少相关版权法律体系的支撑以及平台的强势而得不到应有的回应。根据相关的业内机构发布的《2015年音乐产业发展报告》显示，正版CD的市场份额以每年40％的速度下降。不过发展到目前，已经逐渐成长起来的互联网巨头开始愿意为版权付费，许多视频、音乐网站也在致力于引进正版。不少互联网巨头也对"互联网＋"音乐寄予了无穷的想象空间，版权付费开始迎来了春天。我们看到，《中国好声音》《我是歌手》在互联网上被独家授权之后，几乎难以看到盗版。随着互联网发展的日趋成熟，版权意识逐渐提升到一个高度，用户会更理性地对待音乐收费，对音乐收费的接受度高涨，同时有关音乐版权之争也会愈演愈烈。

## 【案例6-12】

### 网易云音乐

网易云音乐为网易旗下产品，于2013年4月正式发布，以歌单、DJ节目、社交和地理位置为核心要素，主打发现和分享。网易云音乐推出时间较晚，但以"音乐社交"的差异点切入，迅速获得了大批活跃用户。2015年7月14日，网易云音乐宣布其用户数突破1亿，累计产生1.2亿条乐评和2亿次的音乐分享。而在近几年的运营中，更是积累了大量口碑，广受用户好评。

网易云音乐最受推崇的功能就是其个性推荐，每个用户的网易云音乐界面都不一样，它会基于私人FM、每日歌曲推荐及云音乐新歌榜推荐歌单；基于语种、风格、场景等多维度划分的歌单能极大程度地满足用户发现音乐的需求。因此，网易云音乐受到了绝大多数年轻用户的喜欢与追捧。

同时，定位于移动音乐社区，加入了大量的社交元素，为用户提供个人主页和朋友圈，不仅可以关注基于通讯录、微博认识的人，还可以关注明星用户、音乐达人及基于LBS的附近的人。网易云音乐通过一系列的功能设置，为用户提供基于音乐的社交平台，强化社交属性，提供单曲、歌单、专辑、电台等的点赞、评论、转发及分享功能，从而增强用户的互动以形成活跃的社区氛围。

对于音乐版权，网易云音乐也是在不断争取，不过由于资本的角力，网易云音乐失去了很大一部分的优质音乐版权资源，但是对于绝大部分独立音乐人的版权网易云音乐还是坚守了花钱才能享受的基本底线。其付费音乐包、数字音乐专辑等也得到用户极大的认可。

【章尾案例】

## 技术是内容创业的引擎

在传统媒体行业中，大家最焦虑的就是受众流失。并不是人们不看新闻了，人们对新闻信息的需求是相对稳定的，而且随着阅读时间碎片化，这种需求本身还在放大，只不过移动终端的快速发展，使人们获取信息的方式发生了新的变化。比如，过去晚上10点半至11点半是新闻阅读的低谷时间，现在却成了移动终端阅读的高峰时段。所以传统媒体如何借助互联网主动适应用户需求变化、继续赢得生存发展空间，是融合发展面临的新课题。

主流媒体推动融合发展成为媒体界迎接挑战的方式。《人民日报》先后推出了人民日报法人微博、人民日报微信公众账号、人民日报客户端，形成了以客户端为龙头的"两微一端"移动传播新布局。截至2016年4月底，《人民日报》全社共有29种社属报刊、374个网络媒体，覆盖用户超过3.5亿人；在海外社交媒体上已形成多语种账号群，粉丝总数超过2 600万。现在的"人民媒体方阵"，已经从一张报纸发展成为拥有多个类别、数百个终端载体的新型主流媒体集团。"融媒体"的出现，颠覆了媒体制作方式与传播方式。传统媒体不约而同地遇到同样的困惑：在移动终端上如何发布有价值的新闻？如何讲一个好故事？

2012年4月，王志和弟弟王勇一起创办了北京乐享云创科技有限公司，推出了为移动互联网提供基于云架构的HTML5富媒体广告制作、存储、部署一体化解决方案平台Mugeda（木疙瘩）。王志早在2013年就敏锐地发现了传统媒体转型的商机，并将"为新媒体提供内容服务"定为公司的三大业务之一。

王志定义的内容服务是以技术为核心的内容解决方案。传统媒体在采用移动终端的新媒体载体时，必然会遭遇到各种技术壁垒。比如，采用什么编辑器？服务器如何部署？图片、视频如何配合使用？数据如何实现可视化？如何实现与用户互动？怎么用好直播？VR、AR、H5、大数据、无人机等技术如何使用？此外，用户画像、舆情分析、文本挖掘等问题也无法回避。这些问题的出现都是因为媒体内容载体发生变化之后，对内容表现形式及用户管理提出了技术要求。这就是木疙瘩的业务定位：技术是内容创业的引擎。

目前，《人民日报》、新华社等传统主流媒体都购买了木疙瘩的服务，70%的省报正在试用木疙瘩的产品。对未来的市场，木疙瘩更是充满信心。未来，无论是内容生产制作还是客户管理都需要各类技术更加深入与广泛地应用。

### 1. 直播新闻形式先行，内容跟上，技术铺路

与娱乐相比，新闻直播需要应对更多的突发事件，为满足用户体验需求，简单的"稳定清晰"的画面输出的背后，是硬件和软件快速处理的深度融合。因此，处在风口的新闻直播，需要强大的技术基础。新闻内容生产、传输、发布和回看都需要扎实的技术支持。有效快速抢占直播内容入口，协助传统媒体转型＋UGC用户快速生产。图6-3所示为直播新闻的内容来源。

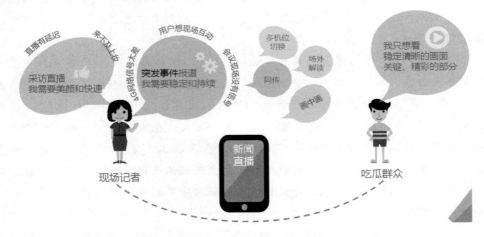

图 6-3　直播新闻的内容来源

### 2. 内容分发技术的升级可以有效提升用户体验

5G时代是直播/视频爆发式发展的前提，从图6-4中可以看到新闻直播各环节所需的技术支持。新闻生产方面的技术进步可以有效提高传统媒体和UGC内容生产的效率和质量，加速优质内容的生产。另外，个性化分发优质内容，可以有效地帮助新闻媒体从用户增长天花板过渡到抢夺用户时间阶段。内容分发/推送技术推进了聚合类新闻的发展，也被各家新闻媒体采用。未来智能个性化分发/推送功能可提高用户黏性，从媒体角度来看，用户黏性增加，有利于在未来1～2年移动增长红利消失后保证用户不流失；从用户角度来看，一方面可以有效提高使用体验，满足用户的兴趣需求；另一方面还可以挖掘潜在需求和职业等硬需求。如图6-5所示，未来的个性化分发/推送技术离不开大数据的支持，数据的量级和维度都影响技术效果。

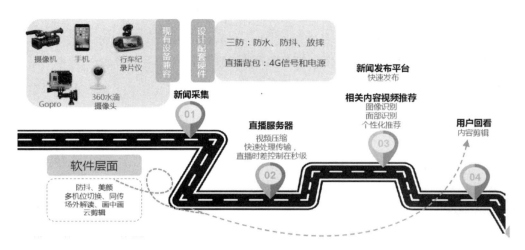

图 6-4　新闻直播各环节的技术支持

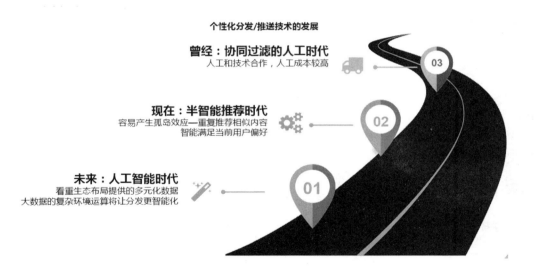

图 6-5　新闻直播中的内容推送技术

资源来源：《2016 年中国新闻媒体发展趋势专题解析》，艾瑞咨询，2016-12-12。

**思考题:**

1. 你如何理解"技术是内容创业的引擎"这句话?

2. 木疙瘩是如何发现创业机会的?

3. 阅读《中国新闻媒体发展趋势专题解析》的相关内容并思考:如何理解新闻媒体未来的发展趋势?哪些技术将对传媒产业产生影响?

4. 你认为新媒体有哪些可能的创业机会?

案例解析

# 第 7 章
# 产品分发与营销

【本章导读】

　　移动互联网、社交网络等相继进入人们的工作和生活，不仅带来了信息传播方式的巨大变化，也带来了消费环境的颠覆式改变。传统营销模式已经不能满足市场需求，正面临新的挑战，企业都在积极探寻新型营销模式。文化创意产业作为顺应时代发展的产业，采用有效的营销模式是关键。

　　本章学习文化创意产品的分发渠道与营销策略，帮助文化创意公司在理解产品特性的基础上，正确采用分发渠道与营销手段，实现产品有效推广。

【教学目标】

- 了解文创产品分发的主要渠道；
- 学习不同分发渠道的特点；
- 理解不同营销策略的异同；
- 学会采用正确的营销方式；
- 发现创业机会。

【开篇案例】

### 鹦鹉螺市——中国市集独角兽

　　鹦鹉螺市集成立于 2013 年，从当初 Etsy 在国外获得成功后，国内陆续冒出追随模仿者，当时做个性化商品生意还主打着 O2O 的概念。如今，小众化的手作与原创设计品已经深入主流社会，且在垂直电商不力的背景下，线下的市集搭上了消费升级与新零售的快车。鹦鹉螺市集创业之初就没有走线上卖货这条同质化的路，而是选择由线下入手玩市集，相继被砍掉线上卖货的 C2C 与 B2C 电商部分，成为国内较早入局线下市集、线上销售手作与设计品的电商。

鹦鹉螺市集一直在坚持做线下的初心，并将孵化手作团队视为重心，但在深度和广度上均已扎根并适时进行了调整。

场景方面，一方面持续做深，在组织与运营市集活动的同时，挖掘与打造自有 IP，品类衍生 IP，外部资源共享、协作产生的 IP，将鹦鹉螺市集品牌与品牌效应下的产品、服务均向文创的方向发展；另一方面则开始做广，拉长市集活动周期，并提升活动的规模与举办频次。

内容方面，鹦鹉螺市集集合了独立设计师、手工匠人、海外买手和古着玩家等，从个体工商户、作坊到团队一应俱全，但 90% 左右的摆摊者为兴趣爱好群体。先前，鹦鹉螺市集的孵化服务，可以说是一棍子赶一群羊，但现在平台想提升全职摆摊者的数量与质量，并规模化地孵化出头部团队，因为针对这三个层面的群体，平台设置分级体系，提供差异化的孵化服务。

流量方面，鹦鹉螺市集正好经历了 O2O 的兴盛与衰退，此番又赶上了消费升级与新零售的浪潮，在这波注重消费体验的契机下，线下流量的争夺日渐白热化。鹦鹉螺市集本身就是一个将产品、服务、空间相结合的体验性消费场景，这个场景中的多环节都可以添加新的消费元素，最终成为场景化的集合店。

目前，鹦鹉螺市集的线下购买转化超过 40%，线上已经砍掉了电商板块，APP 成为针对 B 端用户的一个实用性工具，尽管 APP 上的 C 端服务还未完全建好，但从线下积累的流量必然是要反哺线上的。

关于鹦鹉螺市集的未来，某创始人提出了三点：线下空间规模的持续拓展、文创产品与概念的整合和使用、线下流量场景化应用的方向。而当下，鹦鹉螺市集已经跟国内一线地产商合作，规律化地开展集合店，并举办活动，此外牵手浙江、江苏等地政府协助文创企业的孵化与落地。

鹦鹉螺市集是"电商＋市集"的 O2O 运营平台，精选"复古、手工、原创、海外回流、独立设计"概念的非标商品，满足日益提升的个性化购物需求。用户在鹦鹉螺市集中，可购物、可开店、可组织活动，畅游平台，各取所需。该平台已成为国内首家个性化商品的展售与孵化平台，目前已聚集超过 6 000 位独立设计师、手工匠人、vintage 买手、艺术家、创客等个性化商户，在全国多个城市举办了超过 300 场的市集嘉年华，以及多个设计师主题的 pop-up store。鹦鹉螺市集打造了符合消费升级的新零售业态与渠道，并提供 SAAS 工具和产业服务，帮助早期设计师和匠人成长，为场地、商户、用户建立多方共赢的的消费场景。

**思考题：**

1. 文化创意产品销售有哪些渠道？它们各有哪些优缺点？

2. 鹦鹉螺市集为什么选择线下集市的模式进行销售？

3. 鹦鹉螺市集应该如何平衡线上电商与线下集市之间的关系？

4. 鹦鹉螺市集未来发展将遇到哪些挑战？应该如何应对？

5. 如何才能运营好一个文化创意产品的营销平台？

# 7.1　文创产品分发

文创产品的分发主要是将产品在各个分发渠道及客户终端进行全面推广，可以大致将分发渠道分为付费渠道、自媒体渠道和口碑渠道。

## 7.1.1　付费渠道

付费渠道可以分为线上付费渠道和线下付费渠道。

**1. 线上付费渠道**

线上广告是指以网络为载体进行的广告活动。广告行业历经多年发展渐趋成熟，投放渠道逐渐被打开。线上广告除包括传统的四大媒体即电视、报纸、杂志和广播外，还包括在互联网下不断涌出的新型媒体广告，如 PC 互联网广告，移动互联网广告等。比如，APP 广告通常通过第三方应用市场、手机厂商市场等进行分发。线上广告更注重品牌形象、品牌价值以及品牌推崇度。

**【案例 7-1】**

### 微信与星巴克联合推广

微信要做的是创造更多的类似于"星礼卡"这样的与社交密切关联的新消费场景。2016 年 12 月 8 日，微信与星巴克在广州宣布启动战略合作，星巴克全国 2 400 家门店接入微信支付。现在，常去星巴克的小伙伴应该都已习惯微信支付，而更早之前接入星巴克的 Apple Pay 已无人问津。不过，微信与星巴克的合作并不限于支付。当时微信与星巴克宣布将在 2017 年年初联合发布社交礼品卡，让"用户可给朋友送上一杯星巴克的关怀"。如今这个名为"星巴克用星说"的产品终于姗姗来迟。

打开微信钱包，就能看到星巴克与滴滴、美团、58同城、京东、点评等服务并列于"第三方服务"一栏中。进入星巴克服务之后，就能看到名为"星巴克用星说"的服务。用户可选择两类产品：一类是请朋友喝咖啡的产品，可以选择具体的饮品类别和不同卡面；另一类是固定金额的星礼卡，相当于储值卡，可选择不同金额和定制适用不同社交场合的卡面。购买对应产品之后进入祝福语填写界面，接着会弹出选择好友界面，好友收到之后就像抢红包一样领取，如果不领取则会在24小时内回到用户卡包之中。除了微信钱包菜单，还可通过"星巴克中国"官方微信的"用星说"菜单使用。

从"用星说"的设计来看，这种玩法不会仅限于星巴克，这是微信将社交能力开放给第三方O2O服务的开始。除了星巴克之外，其他服务提供者如滴滴、美团、58同城、京东、点评、艺龙和同程，均是清一色的"腾讯系"，即与腾讯有资本关系的企业，不算真正的第三方。

资料来源：罗超频道：《微信与星巴克合推的社交礼品，可能比小程序落地更容易》，36氪，2017-02-10。

### 2. 线下付费渠道

线下付费渠道主要包括派单分发、店销，路演以及户外广告等。户外广告在新技术和新的营销理念下，以稳定的传播范围和效率，在广告行业中仍保有地位。户外广告往往成为了城市的一道亮丽的风景线，吸引大众的眼光。由于地铁已经成为了人们出行的主要交通工具，地铁广告变成了各大企业争先占据的领域。对于企业来说，客户流量就是生命线，如何把线下的用户转化为线上的流量尤为重要。

【案例7-2】

### 《三生三世十里桃花》火爆营销

《三生三世十里桃花》讲述了青丘帝姬白浅和九重天太子夜华的三生爱恨，三世纠葛。这部超级IP热门大剧，刚播出到第10集播放量就超过20亿，并以每天高于4.2亿的网播量增长，相关视频花式虐狗，在全网引起轰动。而优酷进行营销时不但采用独特的营销方式，更有"花式上热搜"的新技能，从策划营销开始，每一个节点都能刷新关注，每一个活动都能引爆流行话题，每一个话题都能产生意想不到的效果。

《三生三世十里桃花》自上线以来，其创新的花式营销模式和极具正能量的传播话题，获得了亿万网友的支持和点赞，引发了社会各界的强烈关注与追捧；在业内也引起了巨大的反响，实现了从传统的营销模式到新型花式营销模式的彻底转变，为行业树立了新标杆。

就在《三生三世十里桃花》的开播前期，优酷为了锁定目标人群，在2017年1月24日推出定制的"桃花专列"，包下开往春天的地铁。上线后，优酷还在2月14日当天包下了北京地铁4号线西单站F口，开通"桃花隧道"，抽桃花签、求桃花运、领鲜花礼品，满眼桃花伴随着主题曲与桃花香，让人们从视觉、听觉和嗅觉全方位感受"桃花情人节"；同时优酷联合星座大神为观众量身定制新年开运桃花签，桃花剧情搭配桃花运势灵活借势超强吸睛。一条专列、一条隧道，穿越花海的浪漫氛围，使得广大群众积极响应，优酷宣发的美照也顿时刷爆朋友圈。大家纷纷表示照片中粉红色的列车如一条长龙在花海中蜿蜒前行，美得让人睁不开眼睛；而种下桃林的地铁通道浪漫绵延，让人们在情人节当天收获了来自《三生三世十里桃花》的陪伴和喜悦。

随着技术和营销理念的不断升级，营销也在不断的创新中向前发展，新营销环境下的一个特点便是"互动"。优酷的花式营销是"线上和线下"的互动，智能化媒体手段让网络营销和消费者高效结合，不留痕迹地植入到日常生活中。

优酷充分利用移动平台的互动优势，创新推出了"预约开年桃花运"的看剧活动，激发了用户的关注。同时其pop-layer技术独家预约开年桃花，基于APP端的交互特效，利用技术优势，以桃花满满的互动玩法满足用户"看玩"的猎奇心理，给用户带来差异化的观看体验。

优酷把营销视作是"技术＋创新"的融合，网友打开优酷APP，粉色桃花悬于屏幕，未见内容先见声势，能够起到引导和渲染气氛的场景营销的作用。场景营销预示着网络营销大时代已经进入到一个整合的花式营销体系，资源的叠加、受众的感受、场景的配置相融合，从而达到扩大营销效果的目的。

把脉营销趋势，精准定位锦上添"花"。除了线上的视觉互动体验外，线下也是各大品牌抢夺的阵地。优酷此次充分把握线下的优势，在十大城市机场铺设主题活动户外广告，并有超过30家合作品牌合力宣推，通过对庞大用户群的分析和精准定位，发展成为一个在营销终端上完整的生态链条。

当互联网、网络化营销、花式营销成为营销业内的新课题时，对传统营销方式和营销人来说不啻为一个挑战。优酷利用其自身庞大的平台曝光量，搭载黄金资源位广告，播出贴片等线上、线下黄金资源，为这部剧集的开播做足了广告宣传，通过高曝光率挖掘目标受众。

优酷在正片上线前日更独家正片片花，进一步满足粉丝的观剧需求，同时再次引发话题热度。其独家正片剪辑正式拉开"剧透"帷幕；首发预告片联动 PGC 剧刀叨、姐不能忍、片场女流盲等独家合作；正片上线后，剧中主角参与"弹幕聊天"，引发粉丝尖叫浪潮；放剧场前独家片头彩蛋，明星主角推荐重磅看点……如此深谙用户心理的营销方式，很快就制造出该剧"未播先火"的现象。由此可见，高明的营销不仅要充分整合多种网络资源，而且要使这些资源的价值发挥得淋漓尽致，而线上、线下活动的联合开展则可以为大剧营销锦上添花。

开播伊始，优酷就着重在社交新媒体上发力推广《三生三世十里桃花》，上线当天，优酷播放量全网首先破亿；3 天后，破 5 亿，占全网播放量 42.43%。这些与优酷创新的传播策略密不可分，网络播放及传播方式、强大的平台优势、平台粉丝的高契合度以及优酷线上、线下配套的创新营销，使得这部现象级剧占据了天时、地利、人和的优势。

如果说优酷联动各方资源通过桃花专列、桃花雨、桃花饮、桃花妆还有西单地铁十里桃林等一系列的花式营销来传达品牌概念的做法是聪明之举，那么接下来开展的联合闲鱼平台拍卖《三生三世十里桃花》戏服的动作则充分彰显了大品牌的大智慧。优酷联手闲鱼，在闲鱼平台中拍卖剧中杨幂、赵又廷穿着的戏服等周边产品，将拍卖所得悉数捐献给芭莎慈善公益"乡土艺术学习包"项目，这不仅是花式营销的一个精彩案例，更为新时代营销提供了很好的借鉴。优酷的桃花拍卖活动，整合了明星资源、媒体资源，完成了一次具有创新性的公益营销活动，得到了网友的热烈响应，将营销价值发挥到了极致。

资料来源：陈方：《收官后仍热度不减，看〈三生三世十里桃花〉如何做到火爆营销》，华声在线，2017-03-09。

## 7.1.2　自媒体渠道

自媒体伴随着互联网的发展而产生，是利用电子化和现代化的方式，向特定或不特定的个人或多数人传播规范性及非规范性信息的新媒体的总称。

自媒体渠道可以通过官方渠道和社群渠道等进行推广，官方渠道能帮助企业树立完美形象，社群渠道可以助力企业对目标群体进行产品或服务的传播。媒体营销要保持内容的不断更新，以吸引用户的注意力，提高用户的黏性；其次要引导用户参与自媒体营销活动，这样不仅可以拉近与用户之间的距离，而且有利于用户更加深入地了解企业的产品和服务，并进行口碑传播。

**【案例7-3】**

## 目睹直播

目睹直播最近宣布成立媒体发行联盟,汇集了200家拥有直播能力的媒体和视频直播平台,包括微博、腾讯、优酷、爱奇艺、搜狐视频,以及斗鱼、一直播、映客等。目睹直播已同各个渠道完成了技术上的对接,企业用户可以将直播视频分发到更多的渠道。

目睹直播是一家提供企业级直播解决方案的公司,主要为B端用户提供直播所需的视频采集工具、控制平台及执行服务等,帮助企业利用直播沟通目标受众。

一般来说,企业直播主要有两个诉求,即外部宣传和内部培训。外部宣传主要是为了触达更多的目标受众,最终提高销售转化。因此,对于企业来说,在拥有直播能力后,还希望有更多触达用户的渠道,而目睹此前仅支持分发至企业官网、微信、微博等自媒体渠道。但直播不同于文字,涉及编码和转码,除了要与不同平台谈合作,还需要进行技术上的对接。

而在媒体端,这两年直播爆火,很多媒体设立了直播平台,但由于直播内容的制作十分耗费人力,中小电视台、报纸苦于内容缺乏无法吸引观众,加上营收压力,也希望寻找可以合作的直播内容。

目睹直播于2015年6月上线第一版SaaS产品,这几年共服务过10万家B端用户,包括大量企业和媒体,一端拥有传播需求,而另一端需要优质内容。了解双方的痛点后,目睹直播成立了媒体发行联盟,与200多家媒体平台进行技术上的打通,形成内容和流量的交流及交易。

目前,To B直播领域的主要玩家还有微吼、展视互动、趣看等。微吼直播最近刚完成维思资本投资的2亿元C轮融资,并宣布重点进军金融等垂直领域;展视互动一直专注于财经、教育、营销等领域的直播;趣看主要为纸媒、广电客户提供直播服务,重点在直播工具层面,硬件设备是它的主要营收来源。目睹的不同之处在于,从解决企业内部营销人员和培训人员在应用直播这一新工具的问题入手,提供去目睹化的直播能力。

资料来源:黄瑶:《为企业提供直播能力后,目睹直播成立媒体发行联盟拓宽分发渠道》,36氪,2017-04-27。

### 7.1.3 口碑渠道

产品的口碑是消费者最关心的，人们往往愿意选择口碑较好，更值得信赖的产品，所以口碑传播也是企业推广产品和服务的重要渠道之一。如果产品被名人、媒体、记者、亲朋好友等在社交平台、博客、论坛、新闻网站中提及并给予正面评价，那么产品就会迅速得到关注。良好的口碑是企业的无形资产，不仅有利于吸引新客户及提升客户忠诚度，还能增加产品的销售量。比如，2016年崛起的小红书APP，就是通过用户口碑的方式获得订单，销量屡创新高。口碑渠道是企业品牌传播的加速器，口碑渠道要与产品和服务结合起来，有保障的产品和服务才能发挥口碑渠道的价值。

【案例 7-4】

#### 手游分发"渠道"

对于手游从业者特别是商务渠道人员来说，分发渠道和流量的变化格局是最引人关注的。

**1. 百度贴吧：不是应用商店胜过应用商店**

作为国内火爆的主题社交平台，百度贴吧经过10多年的积累，已经拥有10亿的注册用户，近3亿月活跃用户，近2 000万个兴趣吧，日均过亿的话题总量。而最重要的一点就是，目前贴吧每天70%的发贴量和70%的发贴用户都来自手机端。

在游戏分发上，除了用户数量上的优势，百度贴吧最大的特点就是基于兴趣分组，这就导致百度贴吧的用户黏性要比绝大部分游戏网站高得多，其形成的社交关系也更强，从而带来了较高的用户活跃度，能精准地命中目标用户。不同游戏贴吧之间的交叉推广和分发能拉拢新用户，而吧内的推广则能更好地将玩家往重度培养。当然不可否认的是，相较而言百度贴吧更偏向次元文化、宅文化。

**2. 今日头条：中重度手游的圣地**

"今日头条"于2012年8月上线，截至2015年12月，已经为超过3.5亿的用户服务，每天有超过3 500万的用户在今日头条上进行信息的浏览，甚至参与互动。截至2016年1月，今日头条的日活跃用户约为3 800万，每天新增资讯超20万条，人均阅读时间约55分钟，数据相当惊人。

而从游戏分发上看，今日头条的"今日游戏"中心更适合SLG等中重度游戏，这是由其平台上用户的属性决定的。今日头条的用户以关注财经、军事、科技等为主，这部分用户相对更偏好 SLG、MMO 等游戏，在游戏习惯上也比较重度。因此对于游戏厂商来说，如果想在今日头条上尝试推广游戏，则要认真考虑自身的游戏类型是否与其用户属性相一致。

**3. 网易新闻客户端：高质量用户聚集地**

截至 2015 年 9 月，网易新闻客户端全平台累计用户量已经达到 3.6 亿，月活跃量突破 1 亿。目前网易新闻客户端"游戏中心"上的游戏数量与其他超级 APP 相比并不多，而且其推荐的游戏也大多以网易游戏自家出品的游戏为主（笔者认为网易新闻客户端还有很多资源未开放）。尽管游戏不多，但其胜在界面比较简洁，分类也相对清晰明了，每款游戏能获得的资源比较多。除此之外，该平台上的游戏也会搭配活动、帖子等社交功能，丰富游戏的推广。

**4. QQ 空间：功能更成熟**

根据 CNNIC 发布的《第 37 次中国互联网络发展状况统计报告》显示，2015 年 QQ 空间在网民中的使用率最高，达到 65.1%，且基本保持稳定。2015 年，QQ 空间通过强化移动端属性、跨界商业营销、增强娱乐属性等方式维持了良好的用户基础。尽管 QQ 空间拥有庞大的用户数量，但其用户属性也非常明显。在 QQ 空间的活跃用户中"95 后"占 32%，这些"95 后"有 30% 为大学生群体，喜欢用图片表达自我，频繁更新状态，爱聊电影、明星、动漫和游戏，消费意愿高。而从游戏分发上来看，QQ 空间的能力和体量相比其他超级 APP 更成熟，除了传统的游戏排行、游戏查找和游戏下载之外，还有游戏礼包等服务。

**5. 新浪微博：用数据说话**

目前，新浪微博客户端有 6 亿多的用户，微博游戏中心官博上线以来，粉丝已将近 1 600 万。新浪微博 Q2 财报显示，月活跃用户已达 2.12 亿，营收为 1.078 亿美元。截至 2015 年 3 月，新浪微博月活跃用户（MAU）数量和日活跃用户（DAU）数量分别达到 1.98 亿和 8 920 万。

微博游戏中心有着完整的排名体系，可以让微博内的好友、明星大 V、全球玩家竞争冲榜。游戏内的互动系统还提供了邀请好友、赠送体力、礼物、炫耀、分享、微博私信和游戏中心通知等多种互动能力，助力提升游戏的活跃度。

以上所提到的百度贴吧、今日头条、网易新闻客户端、QQ 空间和新浪微博都早已开辟了自己的游戏中心，并在游戏分发上显现出巨大的潜力。当然，现阶段市场上具有游戏分发实力的超级 APP 远不止这些，甚至有分发效果比这些更好的平台。这里只是想提醒各大游戏厂商，用户在迁移，流量在变动，只有清晰地认识到市场变化，才能将推广的价值最大化。

在智能机兴起时代，用户在应用选择上相对被动，应用商店推送什么就下载什么，后来也演变出了"渠道为王"的说法。但随着移动互联网的成熟，用户需求开始多样化，其选择和转移成本也在降低。现阶段第三方应用商店是否步入"黄昏"在此暂且不加以讨论，但不少意想不到的新兴分发平台确实在崛起，而且随着专业度的提高，它们正快速吞噬用户的时间和注意力。新闻客户端、社交平台和视频播放平台等都在依靠自身聚拢的用户量"插足"游戏分发，而且效果不比某些第三方应用商店差。

游戏的流量入口越来越碎片化，用户的注意力也在自由转移。因此对于游戏厂商来说，在选择渠道的过程中，应该从选择哪个渠道转变为选择哪些用户。用户在哪里，哪里才有挖掘的价值。

资料来源：《手游分发"渠道"挖掘 分发渠道和流量的变化格局》，九游，2016-02-17。

# 7.2 文创产品营销

文化产业的核心要素是文化创意产品，文化创意产品本身具有差异性、体验性与个性化等特征，它的营销活动能够带动整个产业的生产与销售。

## 7.2.1 社会化营销

社会化营销是指利用社会化平台核心属性开展的营销活动。其核心是利用社会化媒体的用户好友关系网络，与用户对话，让用户关注品牌，并利用好友关系网络发起高质量的好友对话，利用好友关系高效传播对话，以使品牌真正打入用户的社交关系，引发用户自传播。利用社会化媒体营销可以有效地帮助企业进行品牌宣传和维护、产品推广以及口碑传播，越来越多的互联网企业已经通过社会化营销模式在市场上崭露头角。社会化营销因具有成本低、受众广、销售转化率较高等特点，日益受到企业的重视。

【案例 7-5】

## 《乘风破浪》社会化营销

作为 2017 年新年贺岁第一档，《乘风破浪》上映以来，除在社交媒体上引起对韩寒的"直男癌"的讨伐外，无论是从评分还是票房考量，都大获成功。《乘风破浪》亦是教科书般的营销案例，涵盖了社会化营销的所有要点。

**1. 超级事件："男子汉歌"引发直男癌讨论，病毒式的传播效果**

在《乘风破浪》上映之前，韩寒在其个人微博发出了《乘风破浪》的主题曲《男子汉宣言》，几句略显霸道的歌词在社交媒体炸开了锅，舆论一边倒的批判韩寒的"直男癌"。面对舆论的汹涌来袭，本来信心满满的韩寒无奈回应，歌词表达的只是夫妻之间笨拙的爱。众多网友并不买账，并细数韩寒历史污点甚至进行人身攻击，《乘风破浪》备受牵连，一部还未上映的电影收获无数"一星差评"。

不过相比于韩寒处女作《后会无期》，《乘风破浪》在立意、故事、镜头、对白、音乐方面都有一定程度上的进步，表现尚算可圈可点，看过电影后发现这首歌在剧情里出现也并没有不妥，相反爱意更浓了。后来豆瓣评分从一开始的 3 点几分一直涨到现在 7.0 分。这虽说是意外，但从传播的角度上来说，《乘风破浪》因祸得福，先是最大化的舆论传播，到最后作品的实力反转。

**2. 娱乐大众：不顾颜面的自嘲，搞笑的片场日记**

都说韩寒正经帅起来，有"亭林镇谢霆锋"的美誉，但是自从他开了微博就俨然成了一个"猥琐的老司机"形象，动不动拿自己别开生面的发型来调侃，早已成为了网友们的笑谈，这次也是不忘来玩味一番。除此之外，片方将《乘风破浪》的花絮以片场探班新闻的形式呈现了出来，幽默风趣的语言，逗比搞笑的场面吸引了更多的年轻观众。

**3. 价值认同：明星大 IP，口碑票房双丰收**

韩寒在 2016 年 10 月便开始了上映之前的宣传，搬出了众多主演配角（邓超、彭于晏、赵丽颖、李荣浩、张本煜、董子健、高华阳等），偶像与实力并存。与此同时，除了普通观众的口碑外，章子怡、黄建新等专业人士的夸赞，也为《乘风破浪》定了档次基调。

**4. 抽奖刺激：一波又一波的转发抽奖，堪称电影宣传之最**

犹记上部电影《后会无期》韩寒送车的壕举，今年的《乘风破浪》也是转发抽奖一浪高过一浪，不仅韩寒送、亭林镇影业送，连演员也送，奖品从车到 macbook 到旅游到 BB 机、充电宝等电影周边，令人眼花缭乱，参与的人也是络绎不绝。也因此 ＃乘风破浪＃的话题榜达到了电影宣传罕有的量级：36.6 亿。

资料来源：杨恒，湖清宇：《〈乘风破浪〉社会化营销启示录》，NewMedialLab，2017-02-10。

## 7.2.2 游戏营销

游戏营销是指将游戏化思维模式运用到企业的营销过程中去，通过游戏化的方式吸引消费者的眼球。这种营销方式有利于增强文化创意产品营销的效果，进而成功实现营销。

早在 2005 年，可口可乐与《魔兽世界》就在中国展开了一次特别新奇的合作，可口可乐在饮料瓶上宣传《魔兽世界》，而可口可乐又借助《魔兽世界》当时的热度获得更多的消费者。这场仅仅基于品牌营销方面的异业合作，成功开启了游戏行业与传统行业进行异业合作的先河，更被后来参与到异业合作的从业者视为标杆案例。2016 年，王老吉与西山居联合发布了 1 亿罐基于"剑侠情缘手游"主题的新品饮料"王老吉武侠罐"，展开线上线下推广整合引流、新媒体互动营销合作，实现全民参与，大大增加了品牌的曝光度。

## 7.2.3 参与营销

参与营销就是让用户参与到与品牌有关的有趣活动中来，让用户变成你的利益相关者。参与营销不仅能激起消费者的好奇心和兴趣，而且还能帮助消费者更好地了解企业的产品和服务。

小米 MIUI 在研发之初设计了"橙色星期五"的互联网开发模式，通过论坛和用户进行互动，并且邀请一些用户一起参与研发。小米 MIUI 做到了除了工程代码编写部分，将产品需求、测试和发布都开放给用户参与。让用户参与进来，使得小米迅速建立起了 10 万人的互联网开发团队。整个团队的核心是小米官网当时的 100 多个开发工程师，1 000 个有很强的专业水准并且通过论坛审核的内测成员，超过 10 万个的发烧友，以及最后千万级别的稳定版用户。

【案例 7-6】

### 真人电影二次元宣传

面对越来越庞大的年轻观众，二次元群体的兴趣喜好成为真人电影在宣传策略上不容忽视的一环。真人电影的二次元宣传也在很大程度上源于一些题材本身脱胎于动漫作品的电影，进而在真人电影的宣发中渐渐进行了扩散。世界上最卖座的真人电影莫过于以漫威漫画为代表的超级英雄系列，《复仇者联盟》在全球的吸金能力已经被印证，甚至造就了小罗伯特·唐尼连续三年蝉联好莱坞明星收入排行第一的纪录。

蹭二次元话题、与二次元平台合作、邀请二次元意见领袖做联合推广是目前真人电影在二次元领域内最常见的宣传手段。真人电影的二次元推广离不开二次元平台之间的合作。2016超级女声冠军圈9与古风歌手不才在二次元音乐社区上发布了单曲《飞鸟和她》。这首歌是电影《七月与安生》专门针对二次元用户进行的推广策划。作为以二次元为噱头的青春片，《闪光少女》在上映之前就举办了多场影片的弹幕场试映会，同时影片还邀请到两位二次元界的意见领袖作为本片顾问。同时，在二次元的集中地B站上，《闪光少女》相关的视频有50万的点击量。

影视产业已经逐渐告别作坊式的生产，电影人应该考虑的不是如何以"求关注"的方式吸引观众，而是如何进行更加体系化、有实效性的影视娱乐营销。在这方面，面对越来越年轻、二次元属性越来越强的受众，电影宣发的二次元方法论还有待探索。

## 7.2.4 事件营销

事件营销是指企业通过策划、组织和利用具有新闻价值、社会影响以及名人效应的人物或事件，吸引媒体、社会团体和消费者的兴趣与关注，以求提高企业或产品的知名度、美誉度，树立良好品牌形象，并最终促成产品或服务销售的手段和方式。事件营销要将事件与营销目标结合，围绕事件进行创意策划，以实现收效比较好的传播效果。

2017年8月，作为"日本购物必买清单"的上榜产品——保温杯再次火了起来，而与之建立联系的却不是那些盲目的"中国大妈"们。恰恰相反，此次是一位曾经年少轻狂的中国大叔——黑豹乐队鼓手赵明义引起的。随之而来的是大量网友的热议，有些人在嘲讽中年大叔们的危机，也有些人回击"不要拿别人的自嘲来嘲笑本人"。无论你的观点如何，也无论保温杯里装的是什么，反正黑豹乐队又火了，而对于事件中保温杯的正牌制造商虎牌来说，这更是一个难得的宣传推广热点，用一句话戳中了要点："从此，赵明义火了不仅是因为摇滚，而是一只保温杯。"

### 7.2.5 体验营销

体验营销是指企业通过采用让目标顾客观摩、聆听、尝试、试用等方式，使其亲身体验企业提供的产品或服务，让顾客实际感知产品或服务的质量，从而促使顾客认知、喜好并购买的一种营销方式。

在消费升级环境下，激发对消费购买的因素已由商品本身，转移到商品之外的情感。"在消费的时候我们并不是在为某一个东西买单，而是在为我们的精神需求买单。""花钱买高兴"就是消费升级环境下，影响消费购买的显著变化特点。在这一变化特点的影响下，影响顾客购买的主要因素可能已经不仅仅在商品上了，而是来自于其他方面的影响，特别在于消费者的体验。

互联网提供的丰富场景正在改变人们的生活，也带来更多的互联网生活体验。目前，互联网提供了完全可以满足人们各个日常生活的场景，把人们的生活变得更加丰富多彩。使人们由以前相对单调生活场景下的"逛商场"更多走向了丰富的互联网世界。要满足顾客体验需求，必须要线下线上同步布局，线上能快捷便利地搜索到店铺和商品；线下门店既能满足顾客的到店消费需求，又能满足良好的体验需求。商家必须具备到店、到家两大功能，商品能够及时、高效送达消费者；线上门店要满足线上特定消费群体的购买需求，不仅仅是线下门店商品的在线化，而是要打通更大的消费空间，满足消费者更多的消费选择。

### 7.2.6 电商营销

电子商务借助于互联网完成了一系列营销环节，从而达到营销目标。电商营销不仅仅局限于购买电商平台的流量，更多的是要与媒体、社交网络、技术、创新等元素结合和不同领域的跨界组合，只有这样，才能发挥电商营销的无限可能性。

电商营销战役不断升级加码，在营销的创新过程中，玩法、思路和资源都在不断拓宽，出现了一些创新营销范式：(1)粉丝经：当红明星＋直播互动；(2)技术流：炫酷画面＋AR购物；(3)跨界秀：边看边买＋电视引爆；(4)创意派：数据挖掘＋场景共鸣；(5)社交力：红包诱惑＋分享裂变。

【案例7-7】

### 故宫淘宝营销

**1. 联合淘宝众筹提供非遗设计**

淘宝众筹联合故宫淘宝发起非遗众筹项目。制作的传统物件如剪纸、老布鞋均由继承非物质文化遗产的老匠人打造，其设计来自故宫淘宝。老传统的手工艺作品加入年轻团队的设计之后，变得更加大众化。

故宫淘宝用"反差"将严肃的历史名人形象变得生动可爱，不仅节省了代言人的费用，也非常讨好年青一代消费者，使粉丝用户变为传播者为商品导流。

**2. 人格化的 ID 受追捧**

故宫淘宝并不是单纯开通企业官方信息平台，比起只冷冰冰地发布和企业相关的新闻、广告，故宫淘宝显得更有性格。以微博公众号运营来看，虽然大家可能都明白，"公公"这个角色背后是一个团队，但其回复评论的方式和信息发布的角度都是卖萌、搞笑、无厘头的，展现出平易近人一面。

**3. 给产品添加"文物"色彩**

IP 当道的今天，为了让"文物"活起来，故宫淘宝也是煞费苦心。将 T 恤做成"龙袍"、给眼镜冠名以"大学士的"、在纸扇印上"朕就是这样的汉子"，将普通的商品变得不普通。如果没有故宫淘宝这样的团队在努力，被网络文化影响的年青一代可能很难喜欢上沉闷的故宫及厚重的历史，也很难去购买这些奇葩的周边商品。

资料来源：《从"故宫淘宝"看企业自媒体怎么玩儿》，微互动，2016-04-14。

## 7.2.7 微信营销

作为移动互联时代通过微信平台进行营销的一种创新模式，微信营销正在全行业如火如荼地展开。经过快速发展，微信营销的模式正逐步清晰，从早期的用漂流瓶、搜索号码、扫一扫、摇一摇、附近的人等方式添加好友及关注微信公众平台、将内容通过群发给好友或将看到的精彩内容分享到微信朋友圈，由此展开的针对用户的点对点及圈子互动营销，到现今的微信红包、微信支付、微商运营、朋友圈广告推广和微信多号联动等，营销手段不断创新。

## 7.2.8 精准营销

最早提出精确营销的是莱斯特·伟门，他指出要以生产厂商的消费者和销售商为中心，利用电子媒介等方式，建立消费者、销售商资料库，然后通过科学分析，确定可能购买的消费者，从而引导生产商改变销售策略，为其制定出一套可操作性强的销售推广方案。

企业利用客户大量的一手数据资料，利用现代信息技术对消费者的消费行为进行衡量和分析，掌握消费者的消费行为规律，预测消费者的购买意图，为目标市场提供个性化的产品和服务。精准营销能有效降低企业的营销成本，缩短销售周期，最后实现企业的可持续发展。将以产品为导向的传统营销模式改为以消费者为导向的精确营销模式，是企业提高核心竞争力的有效方式。

**【案例 7-8】**

### Pop-up：基于大数据的个性化新闻推送

作为美国华盛顿最大、最老的报纸，《华盛顿邮报》最近可称得上是报界的活跃分子。为了吸引更多粉丝，《华盛顿邮报》不仅试水 AR 领域，运用最新技术制作可视化新闻，而且还基于大数据，专门为读者开辟了"私人订制"的内容推荐服务。

《华盛顿邮报》认为，提升粉丝数量的最佳方案就是：基于读者阅读文章的大数据，进行个性化的内容定制。为了跟进某些重大新闻事件，《华盛顿邮报》已经对时事通讯的"pop-up（弹出的推荐窗口）"进行了测试。Pop-up 会根据用户的阅读兴趣和偏好，有针对性地给用户发送电子邮件。举个例子，假使某位读者最近看过海军学院老师的性丑闻报道，那么《华盛顿邮报》就会自动给这些读者发送电子邮件，推荐类似主题的文章。自 2016 年 1 月以来，《华盛顿邮报》已经用这种方式推送过 8 篇报道。

到目前为止，《华盛顿邮报》的个性化电子邮件测试使用的是第三方工具，但最终还是要考虑与 Clavis 结合。Clavis 根据读者的浏览历史和文章关键词，通过分析文章的关键字和短语，来提供个性化的新闻推荐，更易引起受众的阅读兴趣（它的灵感来自亚马逊的产品推荐引擎）。

资料来源：《大数据文摘》，2016-05-15。

## 7.2.9 娱乐营销

娱乐营销是指借助各种娱乐活动形式与消费者实现互动沟通，将娱乐因素融入产品或服务，从而促进产品或服务取得良好的市场表现。娱乐是一种建立在感官刺激基础上的体验，营销是专注于消费者的需求，通过满足消费者而实现目标的活动，由此便可知娱乐营销的诉求点是消费者的娱乐体验，它是一种通过愉悦消费者从而有效地达到营销目标的营销方式。娱乐营销的内在其实是一种感性营销，它不会让消费者感觉到这是一种生硬的购买游说，而是与消费者产生某种情感的共鸣，让消费者参与到营销活动之中，从而产生购买行为。

【案例7-9】

<h3 style="text-align:center">许嵩与《神武2》</h3>

在泛娱乐时代的大背景下，游戏邀请明星代言已经成为各大厂商进行跨界合作的热门选择，这样的合作在广度和深度上都有着高要求。2017年上半年，多益网络旗下的游戏品牌《神武2》携手其代言人许嵩，在上海联袂推出的"青年晚报"首场巡回演唱会可谓是业内创意十足的跨界合作，让业内见识到了一场从线上到线下的泛娱乐游戏营销变革。

**1. 游戏融入演唱会，线上、线下立体化营销**

在2017年上半年许嵩"青年晚报"上海演唱会现场，除了超人气虚拟歌姬洛天依和转音歌姬黄龄前来助阵，还有《神武2》萌宠团惊喜登台伴舞，同台献唱许嵩为《神武2》创作的全新主题曲《今年勇》。

早在本次演唱会的宣传阶段，《神武2》就已经携手许嵩打通了线上和线下，为这场"游戏＋音乐"的盛宴带来了一次立体化营销。《神武2》在游戏以及官方自媒体平台同步推出的送票活动，以及许嵩"青年晚报"巡回演唱会宣传植入游戏元素的推广，引发了玩家和粉丝的"自来水"效应，社交平台上玩家与粉丝的大量转发为其放射性传播提供了环境。同时，在各类音乐平台和各大城市的落地投放，以及《神武2》对许嵩演唱会的相关线上广告的植入，早早铺下了双方合作的基石。

从电梯到公交站台，再到户外写字楼，随处可见这场"游戏＋音乐"的跨界合作。而为了应援自己"爱豆"的自我突破，数万粉丝自发在微博、朋友圈和VAE许嵩贴吧等平台扩散《神武2》与许嵩演唱会的内容，在悄然无息之中为这场立体化的营销补上最关键的一环。

**2. 泛娱乐时代的跨界互动，粉丝与玩家间的良性转化**

《神武2》与许嵩演唱会的合作成就了一个新的泛娱乐形态，它让两个本不沾边的用户群体融合起来，带来了成倍的粉丝经济效应。与大多游戏产品与明星浅尝辄止的合作不同的是，多益网络与许嵩一直进行着有深度且有内涵的合作。许嵩不仅为《神武2》系列产品创作并献唱了主题曲《今年勇》，还参与了《神武2》TVC拍摄，并且进入游戏中与玩家和粉丝一起互动。

而在《神武2》游戏制作方面，不仅推出了以许嵩形象为蓝本的NPC"快乐使者"，还推出了许嵩参与设计的全新萌宠"嵩鼠"、专属剧情任务和代言人专属服务器。这些实实在在的互动内容，让玩家意识到许嵩之于《神武2》并非一个简单的广告人物，而是一名可触碰、可互动且真实存在的玩家。从游戏内再到游戏外，多维度的合作让许嵩和《神武2》游戏品牌的联系深入人心。

这些多样性和创意性兼具的营销合作内容，将玩家与粉丝相互交融在了一起。玩家在游戏剧情、NPC、线上活动和主题曲中逐渐了解并认可了许嵩；而粉丝也从在《神武2》里与许嵩、V迷的互动和《今年勇》这首歌曲中，感受到了多益网络和《神武2》的快乐正能量，在对《神武2》有了更多的了解后，也加深了对这款游戏的喜爱和肯定。《神武2》的玩家和许嵩的粉丝良性互动，互相背书，粉丝效应自然爆棚，玩家与粉丝的相互转化自然也是顺理成章的。

**3. 多样化泛娱乐跨界合作，用户深度融合优势互补**

在明星代言游戏大行其道的当下，代言合作早已不再只是简单的形象代言，越发多样的合作方式也为泛娱乐领域的发展带来了更多的可能性。《神武2》携手许嵩推出的这场演唱会，就是对于泛娱乐化合作营销的一次有益尝试。而且其取得的成功不但证明了它的可行性，还说明游戏与明星的深度合作，只有通过多个方向的跨界合作进行相互渗透，为用户打造全方位的立体式体验，才能大获成功。可以预见的是，在未来的明星代言游戏中，只有真正找准自身品牌与代言人的契合点，懂得融合双方的用户群体、抓准"明星亦是玩家"，并从多个方向将其进行融合，才能真正被市场所接纳，而一味地模仿他人终究会被淘汰。

资料来源：《复盘许嵩演唱会〈神武2〉泛娱乐营销的创新案例》，TechWeb.com.cn，2017-04-27。

**【章尾案例】**

### 《人民的名义》为什么火了？

2017年反腐剧《人民的名义》大火，其主要原因不仅在于湖南卫视买下了首播权益，更重要的是PPTV聚力视频捷足先登拿下了网络独家版权及后续独家首播。在电视剧正常播放的过程中，网络播放也同时进行，用户可以在互联网电视渠道上进行互动，通过 PPTV 聚力视频观看独家花絮，对电视剧进行评论与讨论。

在传统渠道和互联网渠道共同发力的情况下，这部剧得以大火，在内容播出的同时获得大量年轻人粉丝，各种台词截图和表情包在网上迅速传播。可以说，没有 PPTV 聚力视频通过新媒体渠道进行年轻群体的营销规划，《人民的名义》或许火不到这种程度。用户在看到一些令人兴奋的内容时，需要交流，需要讨论，也需要表达，而这是传统电视和机顶盒没办法满足的需求。

互联网电视的唯一问题就是内容来源不合法，缺乏版权内容，从而导致被监管。互联网电视不能像过去的门户网站那样，打着直播的旗号放些花絮和周边视频，因为这确实是需要花钱买版权的事情。花不起这个钱，那就没得玩了，也不能怪政策压力大。这两年 PPTV 在版权获取上花了很多钱，拿下了大量电视、电影和体育版权，这使得 PPTV 成为行业内的版权寡头，也使得 PPTV 在发展互联网电视方面少了许多障碍。

内容有了，还需要有渠道，否则不能充分发挥出内容的最大价值。PPTV 可以有两个选择：一是与其他互联网电视渠道进行内容合作，用别人的渠道来给自己分发内容，回收版权投资收益；二是自己做互联网电视，把所有的内容权益留在自己的体系之内。PPTV 选择了后者，而这其实也是有道理的。PPTV 的互联网电视并不那么出名，但出货量却很大，因为苏宁拥有强大的线下渠道，主要销售包括电视机在内的家用电器，也知道设置怎样的价格区间可以激发购买力，而这使得 PPTV 电视得以快速在市场上铺开。

PPTV 聚力视频耗费巨资购买了大量版权内容，而这些内容需要分发渠道，互联网电视就成为一个很好的载体。PPTV 电视销售得越多，版权分发的渠道就越强，内容的分发效率就会提升，版权成本就会被摊薄，版权的效益自然也就出现了。因此，PPTV 电视对于内容版权寡头 PPTV 聚力视频的重要意义是不言而喻的。

接下来的问题是，内容在互联网电视上能不能产出更大的效益，在可见的未来将版权和硬件成本覆盖掉呢？这个问题可以这样看，《人民的名义》这类头部 IP，现阶段在传统电视渠道所获得的收益还是大头，但问题在于传统电视除了广告之外别无其他盈利渠道，这就如同电影在院线上映期间除了卖票别无其他盈利模式是一样的，就连卖爆米花的收益也是电影院的，与电影本身无关。

互联网电视就不同了，虽然互联网电视整体的收入规模比不了传统电视，但互联网电视却拥有花样繁多的收入获取方式。除了广告以外，互联网电视还可以通过互动来赚钱，内容直播中所产生的跟帖内容叫作 LGC（Live Generated Content），具有极高的价值，也是广告主的最爱。对于在电视内容中所出现的服装和配饰等物品，互联网电视分分钟就能直接把电商按钮放上去，获取分成收入。用户想把一部剧看了又看，可以买会员账号看点播。类似的盈利模式还有很多，关键看运营者的脑洞能开多大了，只是目前都还处于探索阶段。不过，这些盈利模式的增长速度非常迅猛，一年一个样，这就很有意思了。

　　传统电视和机顶盒对于内容的流动是没有掌控力的，对用户的取舍也没有任何控制力，而 PPTV 这样的互联网内容提供商却可以从内容的流动中获取增值收益，也可以通过技术手段将用户紧紧地聚拢在一起。这是因为互联网电视这个内容渠道是可以在各处设置大量开关的，而且这往往是构建商业模式的基础设施，但传统电视和机顶盒做不到这一点。

　　那种不管内容来源，只知道一味做聚合的纯互联网电视模式如今已不存在了，于传统电视而言那根本就是不对等的竞争，被监管掐死也是意料中的事。而像 PPTV 电视这种结合了软硬件、内容、渠道和用户运营的模式，正处在风生水起的发展阶段。从目前来看，PPTV 电视的这种模式是领先的，能让 PPTV 电视构建起不可动摇的优势。

　　资料来源：葛甲：《PPTV 智能电视的版权及渠道运营模式已领先行业》，新浪博客，2017-04-21。

**思考题：**

1. 《人民的名义》采用了哪些分发渠道？
2. 互联网电视与传统电视有哪些差别？
3. 《人民的名义》是如何利用互联网电视实现高收视率的？
4. 新媒体对文创产品营销有哪些新应用？

**案例解析**

# 第8章
# 文化创意衍生产品开发与推广

**【本章导读】**

  2016 年，衍生品是电影产业里最火爆的词之一。数部电影的衍生品销售额超过了千万元级别，《魔兽》的衍生品销售额甚至突破了亿元。从阿里巴巴到万达，从时光到光线、中影，从互联网杀入电影业的新贵到业内的老牌巨头，都在这块市场悄然发力，"衍生品元年"的概念也被提了出来。据相关数据分析，美国全年泛娱乐衍生品以及授权收益为 1 380 多亿美元，中国仅为 75 亿美元；美国人均衍生品消费额大约为 400 美元，中国人均仅为 5 美元。① 在当下的中国，依托庞大粉丝经济的基础，借助中产消费升级的红利，并搭乘由移动互联网连接起来的"影、游、文、动"泛娱乐潮流，中国 IP 衍生品市场正逐步走上发展的快车道，未来前景可期。

  本章将学习文创衍生品的价值与内涵、开发过程，以及产品销售与推广的模式与途径。

**【教学目标】**

- 了解衍生品的行业现状；
- 了解衍生品的价值与作用；
- 掌握文创衍生品的开发过程；
- 了解文创衍生品的推广模式；
- 学会文创衍生品的实践技能；
- 发现文创衍生品领域的创业机会。

---

  ①  王鉴：《泛娱乐产业投资剧增 文创衍生品市场前景广阔》，http://www. sootoo. com/content/670985. shtml，2017-05-10。

**【开篇案例】**

## 粉丝时代

什么是粉丝？粉丝的本质是什么？粉丝的核心需求是什么？明星的核心工作是什么？明星的核心需求又是什么？粉丝网 CEO 刘超给出了明确的答案：见面、帮忙、认同感。

什么是见面？现场是最直接的见面方式；直播是同一时间、不同空间的见面；直播也没办法见面的时候，那就只好用图文视频代替了。粉丝网请艺人到演播厅来做直播综艺，还在亚洲部分地区设立了记者站，做直播的专访报道。粉丝网还发动粉丝自己去现场直播，因为有些粉丝就是明星到哪儿他追到哪儿，手机现场直播，其他人就可以看到了。这样，不在现场的粉丝想见明星的需求也得到了满足。

所谓帮忙，就是指帮明星更出名和帮明星赚到钱。粉丝不是为平台买单，而是为自己的明星买单。让粉丝明白平台和艺人之间是有分成关系的，粉丝在平台买一个会员资格或者买一束花，明星是有分成的，这样粉丝才会有付费动力。粉丝网举办过一次活动：让粉丝投票，第一名的明星可以上报纸的头版。刚开始有好多报纸并不感兴趣，可这项活动做完之后，很多报社都来问他们下次什么时候再举办。这是因为他们发现登了明星头版的报纸当天的销量比平时至少增加了 3 倍。在微博上可以看到，有些粉丝买了一车报纸，在微博上晒图问谁要，然后寄给在微博上留言的人。

粉丝看上去很火爆，但为什么人家要选择在粉丝网火爆呢？看起来是粉丝追着明星跑，但实际情况并非如此。粉丝有时也会给经纪公司施压，逼着明星做一些宣传活动。其实，这里的诀窍就是对粉丝群体的认知，认知越深，未来构建的平台就会越符合这个群体的需求。

基于此，粉丝网明确了盈利模式也要回归到粉丝群体：第一，粉丝需帮明星赚到钱，所以平台要跟明星有关联，要能满足粉丝的见面需求，这个环节可以设置收费点，但收费点一定要巧妙，不要让粉丝觉得功利性太强；第二，任何群体都脱离不了"二八定律"，20％的粉丝决定了最后的收入量级，而其余80％的粉丝仅仅是观众，不会为任何收费项目买单，他们的作用是摇旗呐喊，助长人气。如何让这20％的粉丝持续付费，就成了粉丝网生存的关键。解决的办法就是：满足他们的需求，让他们享受更好的服务，让他们有满足感与自豪感。这一切都建立在透彻研究群体的核心需求，然后在这些需求点上设立付费环节的基础之上。其余80％的不付费粉丝怎么办呢？互联网思维是"羊毛出在猪身上，让狗来买单"。粉丝网在直播时会发红包，粉丝可以抢，但条件是转发一个广告到朋友圈里，往往这80％不付费的粉丝会为这几元钱的红包把广告转发到自己的朋友圈里。这种年轻化的消费群体是商家梦寐以求的广告受众，所以他们也乐意为广告付费。因此，通过这种方式，粉丝网除去红包的投入后，最终还会有盈利。认同感是心理学范畴的一个概念，如果粉丝感觉到或者误以为明星在某个方面或者在某个微不足道甚至毫不相干的点上与他有共同之处，哪怕是共同的缺点，那么他也会认同这个明星。

2014年11月，粉丝时代收购粉丝网，重新布局移动端，推出粉丝网APP，打造以数据为驱动的社群媒体，形成娱乐消费的自循环体系。在业务板块上，粉丝网以数据贯穿媒体和社群；以粉丝经济为核心，立足粉丝社群运营，在线上和线下两个方面发力。粉丝网整体结构如图8-1所示。

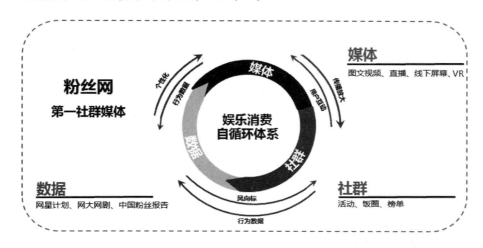

图 8-1 粉丝网整体结构

粉丝网始终扎根在娱乐行业，以互动为核心，同时创造利润是粉丝网的商业模式。粉丝网将自己定义为娱乐行业的增值服务提供商，而不单纯扮演着媒体的角色。通过整合和增值，让这个产业链中的演艺经纪公司、明星、粉丝都共同参与进来并形成良性互动。粉丝网未来会与更多的媒体和企业合作，形成全方位的"粉丝经济"产业链，并延伸到"体育、文化以及电商"的泛娱乐维度，打造"粉丝经济"的深度影响力。不同行业的粉丝形态也是不同的，粉丝网不会单纯以娱乐粉丝为对象，体育粉丝、动漫粉丝、企业家粉丝都是粉丝网目前的研究对象。

2017年，粉丝网完成了1.5亿元人民币的B轮融资。本轮融资由前海梧桐并购基金领投，36氪、汉富资本、行早金融等多家投资机构跟投，总估值达10亿元。同时，粉丝网还联合信中利、前海梧桐并购基金、烈火影业等机构共同发布3亿元资金规模的文娱方向的粉丝产业基金——泛娱乐IP基金。这支由粉丝时代及其投资方、合作方共同投资成立的文娱行业专项基金，将通过粉丝网平台筛选优质项目布局文娱产业，形成辐射式发展效应。

**思考题：**

1. 文创衍生品的开发和推广与粉丝经济是什么关系？

2. 如何有效地运营粉丝社区？

3. 粉丝网定位在"泛娱乐"领域进行拓展的理由是什么？

4. 粉丝网文创衍生品开发与推广可以提供什么服务？

5. 粉丝网在"泛娱乐"领域还能开展哪些创新业务？

# 8.1 衍生品概述

## 8.1.1 衍生产品的概念

文化创意衍生产品是指利用原生文化艺术产品的象征意义、人文精神、美学特征、文化元素，通过对原生文化产品的解读和重构，加之设计者自身对文化的理解，将原生艺术品的文化元素与产品本身的创意相结合，从而形成的一种新型文化创意产品。通俗地讲，文化创意衍生产品就是指版权方自主开发或者委托第三方开发的具有版权产品特征属性的相关文化产品，是一种跨界产物。比如，泛娱乐产品文学、电影、动漫画、游戏等版权作品授权使用其原创角色形象或者作品元素设计、开发的商品，常见的有挂饰、毛绒抱枕、手办等。

在LIMA（全球特许授权商品联合会）的调查报告中，特许授权商品除了包含娱乐业及其角色形象商品外，还有含企业LOGO的商品、时装、体育、出版、明星、音乐、技术及非营利性特许商品。在欧美、日本等国家，电影、动画等衍生品市场早已形成了成熟的产业链，据公开数据显示，衍生品创造的效益可以高达一部作品总收入的70%以上，我国国内的衍生品市场也被估值有千亿元的规模。

2015 年，动画电影黑马《大圣归来》斩获了 8 亿元票房，成为内地动画电影票房冠军，衍生品众筹一周内的成交额就超过 1 180 万元。这个成绩不仅让资本看到了一直不受主流关注的动画电影的票房吸引力，同时也让衍生品市场的变现能力受到关注；而 2016 年电影《魔兽世界》在国内上映，其衍生品销售总额超过 5 亿元，再次证明了国内衍生品市场的前景。

## 8.1.2　衍生产品的分类

衍生品包括消费性周边实物衍生产品和品牌授权的非实物衍生产品。

消费性周边实物衍生产品，或称周边产品、周边衍生品，是指利用动画、漫画、游戏、影视等文化作品中的人物形象或动物造型，经授权后制成的实物商品。周边产品的种类十分丰富，包括玩具、文具、食品、服饰、电器、电子产品及各类生活用品等。

品牌授权的非实物衍生产品是指版权产品经过艺术加工后，转变为其他的艺术形式来表达其精神内涵的非实物文化产品。非实物衍生产品的主要表现方式有：

(1)知名书籍、网络小说等文学作品经影视公司开发形成电影、网剧等衍生品，比如由靳东、陈乔恩主演的网剧《鬼吹灯之精绝古城》，就是天下霸唱所著的《鬼吹灯》系列小说的衍生产品。

(2)具有较好票房的电影或者拥有良好口碑的综艺节目与游戏制作商合作，发布相关的手游衍生品，比如深受大家喜爱的大型综艺节目《爸爸去哪儿》，每一季节目播出后都会发布同款手游衍生品，在扩大节目知名度的同时也增加了趣味性。

(3)还有游戏衍生成电影、短视频衍生成为网剧大电影等表现形式。

【案例 8-1】

### 明星衍生品开发火热

众多知名度极高的明星纷纷创建了自己的品牌，甚至直接跨界操刀设计，成为文创领域一道靓丽的风景线。

TFBOYS 里的易烊千玺除了有舞蹈这一看家本领之外，因他从小练习毛笔字，也经常凭借一手大气的毛笔字在综艺节目和大型晚会上露脸，甚至他的毛笔字作品"挥斥方遒"还被张贴到丹麦驻华大使馆内。不仅如此，他还对设计有着浓厚的兴趣，自己设计了"易只烊"LOGO、生日礼包等周边产品，在其经纪公司官网售卖，部分限量 3 000 份的周边产品在上线 1 秒内被抢光。

　　吴亦凡与各大品牌合作推出的设计产品包括帽子、化妆品、帆布包等多个种类，不乏 Beats 耳机、蒙牛、美宝莲和雷朋等大牌，其已经成为极具潜力的明星设计师。他和 Smart 公司设计的 188 辆限量特别版 Smart 车在 25 秒内就全部售出。除了与品牌合作、参与设计外，吴亦凡表示会创建自己的潮牌 YF。

　　舞蹈艺术家杨丽萍也在从事着设计的工作，包括民族珠宝首饰、服饰等。她在云南大理洱海的私人住所，家具、装饰设计都由她自己参与，运用了大量民族工艺如扎染等。除了自用外，她还创立了艺术家具品牌"一物一语"，参加了去年的第 22 届中国国际家具展览，获得业内外人士的好评。

　　另外，众多明星演员走进了二次元世界，以他们为原型的手办(手办也叫首办或者手版，狭义上的手办指表现原型师个性、没有大量生产的模型套件。因原材料考究、产量少、开模复杂度高，因此价格一般都很昂贵。随着二次元文化的发展，手办的概念正在扩展。)成为玩具开发的重要内容。手办不仅能作为衍生品出现，而且它本身就是明星进行人气宣传的重要手段，所以明星经纪公司甚至明星本身是非常愿意自己开发或对外授权，从而涉足手办玩具或周边产品的。

## 8.1.3　衍生品的作用

　　文化创意衍生品的价值分为两个部分，一部分是依赖于人物形象产生的原始价值，这是衍生产品的核心价值；另一部分是衍生产品所具有的功能、品质等，是产品的附加价值。因为核心价值的存在，使得衍生品可以持续地创造价值，所以衍生品的价值创造能力往往数倍于文化产品本身。在文化产品的创造、生产、与销售的过程中，由于衍生品开发这一商业环节的存在，所以文化产品的整条产业链形成了一个商业闭环。衍生品开发的主要价值体现在以下几个方面。

### 1. 可实现利润再创造

　　衍生品开发是文化产业利润再创造的源泉，该环节可视为价值链的最高端。衍生品的开发和发行都可以在很大程度上借助于文化产品的已有资源和渠道，文化衍生品既植根于特定的文化产品，又在继承的基础上创造出多样的衍生载体。因此，开发衍生品所需要的渠道成本、资源成本相对较低，而且开发形式非常多样，如果重视衍生品开发环节，就会创造持续的利润。

　　制作衍生品不需要制作方另设计内容，只需授权使用作品中的人物形象或元素就可以不断地开发新的商品。值得一提的是，手办一类的衍生品由于具有收藏价值，故属于高毛利商品。纵观国外衍生品市场，至今活跃着的或者创下销售纪录的不乏许多诞生已久的作品。据 LIMA 2016 年的报告显示，《星球大战》系列迄今仍是全球衍生品销量最高的电影品牌，其衍生品的变现能力拥有较长的生命周期。

**2. 可起到宣传效果**

衍生品开发不仅能获得更多的市场价值，同时衍生品的及时投入市场也能对文化产品本身起到助推作用，因为衍生品更加具体化、形象化，形式多样的文化衍生品可以帮助 IP 较早地树立品牌化形象，让抽象的文化产品得以持续传播。衍生品的开发甚至可以作为文化产品推广的一部分，同时对于一些品牌价值的延伸具有重要意义。

**3. 可用于作品测试**

由于衍生品的操作门槛较低，可以小批量投入市场进行用户测试。也就是说，衍生品开发并非一定要等到文化产品进入流通并被受众接受之后才进行；相反，衍生品可以很早就进行投入，以测试文化产品的受欢迎程度。如果衍生品很受欢迎，就说明文化产品本身的艺术价值和商业价值很高，也可以说明文化产品前期的宣传工作很到位，已经让很多受众了解了他们的文化产品并对其衍生品产生了兴趣。

因此，衍生品开发不仅可以降低文化产业投资的风险，也可以在整体上节约开发费用，还可以对品牌起到宣传助推的效果，同时可以在文化产品投产前期用来测试作品的受欢迎程度。

文化创意衍生品开发作为商业模式中不可缺少的一环，甚至应该作为前置环节，在创作文化产品的早期就对其有所投入。早期投入衍生品可以为文化产品打开市场，增加文化产品的知名度，对文化产品的后期销售起到正向的推进作用；反过来，文化产品在销售时，由于前期的宣传铺垫使其已经有了很好的知名度，也会为衍生品的持续开发和销售带来利好，从而赚取大量的利润，用来补贴产品的后续宣传或者再次创作，这样的良性循环就形成了一个持续盈利的商业闭环。

【案例 8-2】

### 《变形金刚》变形记

上映第五天，《变形金刚 5》票房冲破 10 亿元大关，但与此同时口碑却遭遇全线溃败。一边是票房高入云端，另一边是口碑跌落泥沼，这也让《变形金刚 5》步入了

"高开低走"的态势，内地票房增速明显放缓。作为全球范围内影响力最强的超级IP，《变形金刚》系列衍生品的授权大卖，也成为影片票房之外又一大"吸金利器"。

《变形金刚》在中国的火爆始于 20 世纪 80 年代，在孩之宝联合 Sunbow Productions 推出的广告动画片的带动下，1988 年后，变形金刚玩具在我国几度脱销。据不完全统计，20 世纪 80 年代至今，孩之宝通过变形金刚玩具、海报等周边产品在中国赚走了近 50 亿元。为配合产品线开发，孩之宝连续推出了动画电影，同样获得了世界范围内的成功。虽然玩具饱受"重涂"诟病、动画内容被指低幼，但每次推出新玩具时其销量依然颇为可观。

2007 年，迈克尔·贝导演的真人电影《变形金刚》上映，在全球获得 3.6 亿美元票房，片中的衍生品玩具也在日本和美国同步推出。为吸引成年观众，设计方 TAKARATOMY 还推出了音乐设备"Transformers Music Label"，包括擎天柱形象的 iPod 音箱和 MP3 耳机。目前，变形金刚系列除玩具之外，还授权开发了电子游戏、时装等各类衍生商品。

2017 年，就在《变形金刚 5》上映前，时光网又以"过去·现在·未来"为主题举办了"2017 变形金刚风尚大典"，大量变形金刚的原创设计衍生品得到了全方位的展示，比如主题服饰、擎天柱版充电宝、火焰图纹手机壳、汽车人轮胎充电宝、擎天柱头盔版蓝牙音响等兼具收藏价值、高性价比、多功能的衍生品。与此同时，天猫与孩之宝及派拉蒙合作，开放衍生授权给 30 多个品牌的天猫官方旗舰店，配合 618 促销拉动魅族、卡西欧、欧莱雅等变形金刚定制款产品的热销，如欧莱雅男士补水面膜大黄蜂系列的单日销量即突破万件。

# 8.2　衍生产品开发

## 8.2.1　开发过程

文化创意衍生产品的开发过程包括三个阶段：获得上游资源端的 IP 授权、衍生品的设计与生产、衍生品的流通与销售。

### 1. 获得上游资源端的 IP 授权

能否提前获得火热动漫、电影、电视剧、电视节目的衍生品独家授权是衍生品开发的关键。在美国等国家该环节非常受重视，IP 产权保护工作也做得很好，这使得最先获得衍生品授权的开发商掌握了赚取高利润的好机会，而国内，对 IP 授权的重视程度还不够，创作方本身不太注重形象授权，相关法律也不健全，导致盗版产物盛行，危害了正版授权方的利益。

**2. 衍生品的设计与生产**

取得 IP 授权后，接下来就是对艺术形象衍生品的加工设计与生产，该环节是延伸品开发的核心。衍生品设计环节必须注意艺术形象要和实物紧密贴合，除了做到突出艺术形象本身的特点之外，也要使得商品的功能因为该形象的存在而得到升华。例如，根据小青龙形象设计的 U 型枕，既能有效突出小青龙的外观形象，又因为小青龙细长的身材非常适合做 U 型抱枕而使得抱枕的功能性得以突出，两者相得益彰。所以在进行衍生品设计时一定要注意艺术想象本身的特点与价值。

**3. 衍生品的流通与销售**

衍生品开发的成功，不仅依靠衍生品的设计、供应链管理、生产加工，也要对物流配送，流通管理，营销手段等后续环节有较强把控能力。由于文化创意类作品在前期已经受到大家的认可或者吸引了大家的眼球，所以相关的衍生品在流通销售时会比其他商品更容易些，但是衍生品的流通销售同样需要方法与技巧。衍生品流通销售应注重宣传时间与销售地点，宣传时间一定要在 IP 形象大火后立即开始，否则会失去热度，销售地点最好可以是文化创意作品的宣传场所，如新闻发布会，粉丝见面会等，这样会起到事半功倍的效果。

【案例 8-3】

### 衍生品授权的"秘密"

比衍生品交易市场更早迎来红海的是前端的衍生授权。作为衍生品产业链上盈利空间最梦幻的环节，衍生品授权早早就进入了 BAT 等大公司的布局。如今，阿里影业拿下了精灵宝可梦、EMOJI 大电影、HERO 奥特曼等诸多海外 IP 在华的衍生品授权；腾讯互娱则集结旗下数十个 IP 进行跨界授权；被万达收购的时光网，在运作《魔兽世界》尝到甜头后，更是积极地拓展与好莱坞六大电影公司的衍生授权合作；连 2016 年销售额达 55 亿元的零食品牌三只松鼠，其 10％的销量都来自毛绒玩具和衍生品授权。一时间好像"独家授权"遍地飞，单品类几十万元乃至上百万元的授权金，似乎也阻止不了资本巨头的疯狂涌入。

抢 IP 的情况时有出现，这是因为授权盈利的空间大，授权代理方可以分走衍生品销售额的 8％～15％，因此一旦拿到稀缺 IP 就会变得分外强势。阿里影业新掌门俞永福曾公开数据称，借由 2017 年年初《三生三世十里桃花》的热播，阿里影业授权给品牌商家开发衍生品的总销售金额超过 3 亿元，这应该是继《魔兽世界》衍生品销售过亿元后最令人振奋的业绩。

然而动辄过亿元的衍生品授权销售额，背后可能是一个"雷声大雨点小"的故事。阿里影业公布的 3 亿元并不能完全算作衍生品售卖的成绩，更像是品牌与片方的联合营销。衍生授权更像是从 IP 到影视作品再到衍生品的连锁反应，大家都想借 IP 打广告，然而给水杯简单地贴上电影形象能否增加产品转化率不得而知，重IP、轻功能几乎成为衍生品行业的通病。

## 8.2.2　开发方向

### 1. 开发方向一：文化类产品

文化产品在具备一定知名度后，很容易被开发成其他形式的文化类产品。游戏爆款会被制作成大电影上映，热门电影也可能会被开发成同款手游，网络小说会被开发成网剧、大电影甚至院线电影等。

### 2. 开发方向二：周边衍生产品

文化产品一般都具有生动的人物形象或动物形象，同时拥有比较简单清晰的人物关系与故事情节，这些都是良好的周边衍生产品的设计要素，非常适合与衍生品制造商合作，将文化产品的特征要素融入到制作中，开发成玩具、文具、服饰和首饰等产品。

### 3. 开发方向三：主题乐园

大型文化产品可以开发成主题乐园或者文化景区，利用人物设计和故事情节来打造可以与粉丝互动的场景。在世界上享誉盛名的莫过于迪士尼主题乐园，它就是以 IP 来带动盈利的。在迪士尼主题乐园中，生动的米老鼠、唐老鸭等形象随处可见，能够随时与游客互动拍照，还有不少迪士尼动画片中的场景，让游客可以身临其境地感受动画片中所描绘的美妙时刻。

【案例 8-4】

迪士尼"合家欢"

长久以来，迪士尼走的都是"原创品牌"之路。几十年来，迪士尼为全世界观众创造了数不胜数的经典 IP 形象，从最早期的米老鼠、白雪公主、木偶奇遇记，到中期的狮子王、花木兰、美女与野兽，再到收购皮克斯以后的玩具总动员、海底总动员、汽车总动员，最后到近期大热的冰雪奇缘、超能陆战队、疯狂动物城，迪士尼如今的角色已经不仅仅囿于一家动画制造厂，而是成了一个兼具童心与信仰的商业 IP 帝国。

美国迪士尼是全产业链运营模式的典范，图 8-2 为迪士尼全产业链 IP 运营流程图。由影视娱乐、媒体网络、主题公园度假村、消费品和互动媒体五大业务板块组成的迪士尼集团，在全球范围内拥有自己的动画工作室、六大有线网络、三大广播公司、六大迪士尼乐园以及 359 家主题商店，还拥有开发游戏产品的多家子公司。凭借"IP 积累＋衍生品开发＋全产业链布局"，迪士尼得以生于 IP，长于 IP，坐享产业链条上的多轮收入。

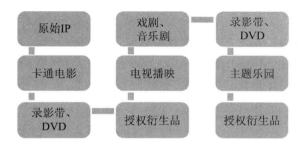

**图 8-2　迪士尼全产业链 IP 运营流程**

## 8.2.3　开发品类

**1. 电影衍生品**

电影产业链中除了电影票房和广告收入之外，电影海报、音像制品、玩具、纪念品、图书、服饰、电子游戏和主题公园等电影衍生品，也是电影产业的组成部分。比如，美国加州好莱坞电影工业相当发达，形成了非常完整的产业链，其中电影衍生品的收入高达影片总收入的 73%，远高于电影本身。而我国作为全球第二大电影市场，在电影衍生品方面却明显不够重视。

**2. 动漫衍生品**

动漫衍生品涵盖图书、玩具、影像制品、主题餐厅和主题公园等多方位领域。动漫衍生品能够保证动漫产业链的完整性，带来丰厚的商业利润，此外，对于树立动漫品牌以及文化传承方面也起着举足轻重的作用。首先，动漫衍生品通过不同的传播媒介扩大了受众面；其次，衍生品增强了动漫角色与观众之间的情感交流和互动，培养了观众对动漫的热诚和粉丝的忠诚度，为动漫产业的后续绵延起了良好的作用。

**【案例 8-5】**

### 唯肯娱乐——专注于 3C 类影视衍生品开发

数据显示，中国电影的营收 90% 还是来自票房和广告，周边衍生品仅占 10%。但在 IP 开发产业链更成熟的好莱坞，这个比例可能是倒转的，周边衍生品能为影片贡献 70% 左右的收入。这个数字也让很多创业公司看到了机会，较多的是二次元领域，如 ZOMAKE、次元仓、艾漫等，产品类型以手办为主。

唯肯娱乐则把目光放在了受众面更广的好莱坞经典形象上，目前他们拥有迪士尼、卢卡斯、漫威、皮克斯、华纳 DC、梦工厂等全球顶级电影动漫的 3C 衍生品在华授权，开发的产品大多是美队盾牌移动电源（销量超过 20 万）、星战死星磁悬浮音箱等这一类。根据唯肯娱乐创始人 Gorden 的介绍，想拿到漫威、迪士尼等经典形象在国内的正版授权其实并不容易，除了产品开发能力，考验的还有产品渠道推广的能力。在唯肯娱乐转向影视衍生品开发之前，他们在 2007 年就开始做 3C 相关产品的设计和销售，而公司其实在 2000 年就已经成立，当时叫唯肯艺术，主要业务与艺术设计相关。

十多年的积累让现在的唯肯在 3C 衍生品设计方面积累了大量的资源和经验。当拿到一个授权形象后，他们首先考虑的是形象的风格定位，接下来再考虑如何跟当下市场流行的 3C 产品做结合，最后再进入市场，星战死星悬浮音响就是遵照这个流程开发的。

跟手办衍生品开发不一样，除了要保证人物和形象的高还原度，3C 产品还涉及很多内部电路板结构方面的设计，开发成本会更高。唯肯娱乐创始人 Gorden 表示他们一直在跟国内一些 3C 方案走的比较靠前的技术团队接触，会采用一些新技术来做产品的开发，保证产品能跟上市场。

在团队方面，唯肯娱乐共有 30 多人，其中 11 人为设计人员，其余均为市场相关人才。完成融资后，唯肯娱乐将主要用于 3C 衍生品产品线的扩充。

资料来源：Mihawk：《专注于 3C 类影视衍生品开发，唯肯娱乐完成千万元级 A 轮融资》，http://36kr.com/p/5054495.html，2016-10-18。

## 8.2.4 开发原则

### 1. 优质 IP

衍生品一般都是已经有良好的 IP 基础之后销售才会起势。① 然而优质的 IP 非常稀缺，同时衍生品又受制于 IP 源头，想发展好衍生品，必须首先回归到内容创作上。优质内容的创作需要时间的沉淀，也需要从业者具备匠人精神，因此，不是所有 IP 都适合开发衍生品，也不是好的 IP 就能开发全品类的商品。一个好的 IP，除了要有大量跟随的粉丝可以为它的衍生品买单，它本身是否能代表一种文化和态度，甚至代表某一种价值观，这对于后续的衍生品开发也十分重要。

【案例 8-6】

#### 问渠哪得清如许，为有源头活水来

电影上映前衍生品就大卖特卖的，非《魔兽世界》莫属了。"在上映前，《魔兽世界》的衍生品在中国的销售就已经超过了 1 亿元。"《魔兽世界》衍生品在中国的成功，并不让人意外：超过 10 年的游戏运营，提前两年介入准备的衍生品开发，数以百万计的具备消费能力的游戏粉丝——一切都是海外电影衍生品热卖该有的条件。

魔兽系列游戏拥有超过 20 年的游戏史及全球亿万级别的游戏粉丝，1994 年推出的《魔兽争霸》，以及由其衍生而来的 DOTA、DOTA2、《魔兽世界》，都为魔兽系列游戏带来大量的死忠粉。巅峰时期的《魔兽世界》在中国拥有数百万的付费活跃用户，2005 年公测之时，大部分魔兽玩家都在 15～30 岁，而 10 年之后，这个人群拥有目前各阶层在娱乐消费领域最旺盛的购买力。

动漫衍生品的成功在中国早有先例。除去 2017 年销售良好的《大鱼海棠》，奥飞旗下的喜羊羊授权商品市场的零售规模在 2016 年超过了 20 亿元，而喜羊羊系列的影视剧版权收入与衍生产品（包含授权商品市场零售）的收入比例也达到了惊人的 3：7。

衍生品产业市场受制于源头 IP，衡量一个企业是否优秀的标准是 IP 开发能力。要想发展好衍生品，首先得回归到好内容；否则，没有精品 IP 倚仗的衍生品只能是无源之水、无本之木，最终会在市场的检验下黯然退出历史舞台。

---

① 《解读 2016 影视衍生品大势之年》，http://www.xx007.com/show.aspx? id＝264398，2017-01-18。

## 2. 及时性

周边产品生产出来之后，其销售时间也是能否成功的一个至关重要的因素。周边产品的销售其实是 IP 热度的延展和延续。国内很多 IP 版权方并没有将衍生品开发作为 IP 打造的重点，往往是在 IP 火了之后才开始考虑衍生品的开发，因此常常错失了最佳销售时期。此外，国内获取 IP 版权来发行正版的衍生品大多需要耗费较长的时间走流程，所以也可能错过最佳时机。与海外部分知名 IP 衍生品的粉丝持续购买不同，国内目前的衍生品大致只有 3 个月的黄金销售周期，这也要求在设计制作、供应链、销售等方面都要掌握时间和节奏。电影就是一个集中爆发的消费场景，上映前后一两个月的热度非常高，也更利于衍生品的销售。

【案例 8-7】

### 滑稽抱枕——唯快不破

一款名为"滑稽抱枕"的周边成为淘宝动漫类目的爆款。在淘宝搜索"滑稽抱枕"或者"滑稽脸"关键词，不难发现这个售价 20 多元的抱枕周边在绝大部淘宝卖家店铺都有数百或者数千个销量，甚至有的卖家在近 30 天内销售了超过 5 万个。

在动漫周边市场，市场热度总是来得快去得也快。像"滑稽抱枕"这样引爆市场的周边产品，由于周边商们并不能提前预知市场的变化状况，所以只能在出现大热苗头的时候立刻投入生产，并制订销售计划。这其中最关键的一点就在于时间上的合理安排。动漫周边最花时间的地方其实是在生产流程，打款、打样、排单是动漫周边开发商在跟工厂打交道的时候必不可少的三个重要环节，短则一周，长则一个月。像"滑稽抱枕"这种本身较为简单的周边产品，14 天内就可以推出现货商品。如果是服装这类生产耗时比较长的周边，则至少在 14 天内开放商品的预售，否则就会错失周边商品销售的最佳时期。因此，要在最接近消费者的零售动漫周边市场立足，就需要动漫周边开发商对市场有足够深的了解——周边产品的类型、价位及成本控制、其热度延续时间的预判以及产品产量及生产档期的安排。

在动漫周边市场正常的做法是，在旺季到来之前制订好销售计划，完成产品的生产以及备货，以便在旺季来临时销售出更多的产品。也就是说，如果动漫周边销售商希望其"正版授权"的产品能够获得一个较好的市场反馈，那么就必须在旺季来临前的 1～3 个月与授权方敲定周边细节并投入生产。

像"滑稽抱枕"这类突然之间爆红的周边产品，谁也无法预料到这类产品会突然爆红，也无法确认这类产品的生命周期到底有多久，所以商家们只能在还有市场热度的情况下，尽量卖出更多的产品。

资料来源：《盗版商：盗版衍生品横行的锅，不能只由我们背》，http://36kr.com/p/5054748.html，2016-10-19。

### 3. 定位明确

衍生品开发的前提是明确的形象定位。目前很多国内的动画 IP 版权方给开发商提供的设计素材中绝大部分是不可能运用于周边开发上的。这些素材不能体现明确而完整的形象，大多是与成片完全不像的人物最原始设定，或者是 3D 人物建模三视图、人物贴图。周边开发商针对这些素材做衍生品开发时，需要让设计师做大量修改或者重绘。如果没有明确的定位或者定位模糊，衍生品开发出来就会呈现不伦不类、不合时宜的效果。

## 【案例 8-8】

### IP 与市场错位

很多 IP 版权方对终端用户市场不了解，首先表现在 IP 版权方往往以自己的审美和消费习惯来衡量终端用户市场。比如国内某知名 IP，由于其受众往往低于 25 岁，一个以首饰为主营业务的动漫周边开发商提出了开发 200 元价位首饰的计划，但版权审核人员却表示，这种产品实在太 low，与他们的 IP 定位不符，希望能够推出售价在四位数以上的产品。于是，这次合作最后无疾而终。

此外，IP 版权方在市场规划的时候往往更喜欢"广撒网"。比如某国产科幻类 3D 动画，其最早的一批粉丝其实都是非常硬核的科幻迷，但 IP 版权方却认为光有科幻是远远不够的，唯有"萌妹子"才能横扫周边市场。于是，该动画 IP 的整体走向就变成了一边走硬科幻路线、一边要求周边开发商推"萌妹子"周边，令人哭笑不得。

在日本，很多 IP 打造出来时已经有了一个明确的市场规划。正所谓"一流动画卖冰棍，二流动画卖小人，三流动画卖光盘"，制作委员会不同的成员构成，不仅决定了 IP 投资的数额大小，也决定了这些 IP 不同的变现方式。

资料来源：《盗版商：盗版衍生品横行的锅，不能只由我们背》，http://36kr.com/p/5054748.html，2016-10-19。

# 8.3   衍生品的推广模式①

## 8.3.1   线下推广

线下推广主要包括直营店、授权经销商销售和主题公园等。

（1）直营店。例如，迪士尼直销店是正版 IP 衍生品销售最传统的渠道。

（2）授权经销商销售。充分利用经销商资源，如综合玩具商城、美国孩之宝公司，但中国经销商相对分散。

（3）主题公园。主题公园是依靠创意来设计场景从而推动旅游和产品变现的模式。消费者在场景中自然就会有消费衍生品的欲望，迪士尼是最好的例子。

## 8.3.2   线上推广

### 1. 入驻综合电商模式

入驻淘宝、天猫、京东等综合电商，衍生品直营，主要有：专业的衍生品开发和销售商，如萌奇、漫踪、电影派等；影业公司自营，如华谊兄弟、上海美影厂等。单独电影项目，如囧乐汇。随着电商巨头对衍生品业务的重视，这些店铺的流量会水涨船高，正版衍生品的电商生态也会很快好起来。

### 2. 垂直电商模式

自建垂直电商平台（含 APP），组织货源，如漫骆驼、牛掰网等。衍生品特卖电商模式（类似唯品会）应该在衍生品丰富的阶段出现，既可以在黄金销售期为商家引流，又可以获得长尾效应，消化库存。

### 3. "票务＋衍生品"模式

电影票跟衍生品有较强的关联，通过与电影票优惠组合、观影评论购买优惠等促销方式，不仅可以有效地促进衍生品消费，同时还可以积累影评量，增加票务平台二次活跃度。除了购票环节，取票环节也能实现衍生品促销，如在自动取票机上放置衍生品的广告并可实现下单。目前，猫眼电影、微票儿、抠电影采取的都是这

---

① 《电影衍生品怎么卖？业内人士总结了七种销售模式》，http://36kr.com/p/5040138.html，2015-11-26。

种模式，即平台上设有专门的衍生品售卖频道。

**4."视频＋衍生品"模式**

除了电影院之外，视频网站是用户观影的主要渠道。观众在线观影时，如有衍生品购买意愿，可以很容易下单。比如，优酷土豆（合一）推出的视频购物模式是在电影播放过程中适时弹出衍生品推荐，点击进入店铺即可下单。又如，乐视是在乐视网设置衍生品销售频道，衍生品与电影一起编排展示，用户可以在线观影及下单购买衍生品。

**5. 众筹预售模式**

在衍生品规划和生产无法有效前置的情况下，众筹预售保证了衍生品销售不错过最佳销售期，并便于测试市场需求，合理安排生产量，减小市场风险，是非常好的渠道形式。未来会有越来越多的电影项目采用这种方式。

目前淘宝众筹和娱乐宝在影视衍生品项目众筹上处于绝对优势，《大圣归来》《小王子》《小羊肖恩》等项目的众筹成绩颇为亮眼。众筹数据转为店铺的基础销量数据，也有利于带动后续销售。

## 8.3.3　O2O 模式

**1."院线＋电商"衍生品 O2O 模式**

院线作为衍生品的销售重地，能提供场地、会员、氛围等元素，与电商结合成O2O将威力巨大。比如，阿里巴巴向影院推送衍生品购物二维码，观众扫描二维码即可在天猫或淘宝下单，然后由天猫或淘宝发货到用户手里，交易完成后，阿里巴巴跟院线分成。这种形式可以免除衍生品实物铺货及交易管理问题。又如，万达院线战略投资时光网，开放其会员资源及影院阵地，与时光网共建衍生品销售体验中心。

**2."落地宣发＋衍生品"O2O 模式**

电影的宣发投入是很高的，以往衍生品是辅助电影宣发的随赠品。随着衍生品经济被重视，促进衍生品销售将成为票房外另一个重要的宣发目的。比如在电影海报中给衍生品一个镜头，在推广软文中提及衍生品在哪儿发售，在主创见面会和首映礼上推介衍生品。这种模式避开了院线资源竞争，实现了电影宣传和衍生品促销双重效用。随着衍生品行业的发展，将会有更多的或传统或创新的销售模式出现。

【章尾案例】

## 中国衍生品市场路漫漫

中国的电影、游戏、动漫等文化产业已经处于飞速发展阶段，相比之下衍生品市场还处于发展初期。衍生品市场潜力巨大，但因为起步较晚所以发展缓慢，产业链因衍生品一环缺失而无法良性循环，从而缺少了一个强大的变现手段。伴随着游戏、动漫、电影三大领域的高速发展，衍生品作为重要的变现手段之一逐渐受到各大厂商的关注。

中国的电影市场在短短几年内已经迅速成为全球第二大市场，并且未来两到三年极有可能超过美国成为全球第一，游戏和动漫产业借助人口红利也在迅速成长，衍生品作为文化娱乐产业生态中重要的组成部分将会在未来几年内突飞猛进，日本和美国现在的衍生品市场即是中国未来的市场目标。中国衍生品市场正在增速扩张，这一现象从与日本和美国各大版权方的沟通中可见一斑，他们将中国区的衍生品授权金提升到与美国和日本同一价格标准，并明确表态他们对中国的衍生品市场未来的成长预期是远超日本和美国的。

如果从衍生品市场来看的话，以日本和美国为代表的国际市场起步最早，也最为成熟。首先，多数衍生品的热销得益于IP沉淀时间长、受众广的特点，比如魔兽世界、变形金刚、星球大战等在国内都耳熟能详的IP在国外已经成了带动衍生品发展的主力军。在美国，一家三代玩《星球大战》的例子不在少数，因为对IP有浓厚的情怀而产生购买衍生品的动机，就再自然不过了。因此，从游戏衍生品的角度出发，无论是端游、手游还是页游，只要IP够经典，用户量够大，生命力达到一定长度，就有做衍生品的价值。但相比之下，目前端游可以拿来做衍生品的IP会多一些，因为端游大作比较多，沉淀的玩家群体更广。比如，《魔兽世界》就因为具备了上文提到的三点，便成为国外最适合做衍生品的游戏IP之一。

其次，设计开发能力的好坏也影响着衍生品行业的发展。如今有不少经典的动漫、影视IP被制作成了衍生品，但这并不意味着它们在衍生品领域已没有了可挖掘的空间。《变形金刚》已经历经几十年了，期间有过不同种类的衍生品出现，但是依然会有更多创新的元素持续不断地上市。

实际上，和动漫、影视相比，游戏衍生品的数量是远远少于这二者的。动漫、影视都有故事且有自己特有的角色，而游戏只有一小部分才有，大多数只是推进升级，相对而言没有太强的故事情节，而且能达到"魔兽世界"这种规模的 IP 很少，所以才会导致之前游戏衍生品的数量偏少。不过，目前多数游戏厂商已经开始重视对内容精细化制作的思考了。另外，游戏玩家的消费能力很强，所以游戏衍生品市场仍存在非常大的潜力。对于许多玩家而言，如果自己曾经投入很大的精力去玩的一款游戏出了衍生品，就会有很大的概率去购买它，即便已经"弃坑"不玩了。这种情况在美国、日本同龄人的生活中较为常见，在他们的家里几乎都会有从不同渠道购买到的不同类型的游戏衍生品。

和在游戏中类似，"90 后"和"00 后"群体也更愿意在衍生品中消费，他们是衍生品市场的"原住民"。从消费能力上来说，目前大部分"90 后"已经到了走出学校、面向社会的年龄，拥有了自己的收入，消费随之升级，对产品的购买欲望也会比"70 后""80 后"更强。另外，他们接触日本、美国这种国际性的文化更加频繁，所以在某种程度上玩衍生品也代表着一种生活方式。

对于衍生品而言，"生产—销售—购买"是一套维持产业基础的框架，而如何沉淀衍生品用户，从长线运营这类人群，也需要另一套思路来实现。在互联网时代，为这些"原住民"打造属于他们的圈子是一个不错的选择。比如，乐自天成旗下的两个社区 78 动漫、52TOYS，前者更像是一个"原住民"的大众圈子，通过社区中大量的产品新闻资讯、评测资料等内容吸引玩家，为玩家打造一个交流和分享的平台，帮助和引导玩家购买到心仪的产品；后者则作为衍生品的高端社区，通过比赛、展会、众筹等运营手段吸引原形师、设计师、核心玩家，通过乐自天成的产品设计、开发、生产、销售渠道、推广营销、版权合作等诸多优质资源和经验优势，发掘优质人才，将优秀作品商品化，整合设计产能，形成作者与高端用户进行交流、分享、购买的高端社区。

衍生品作为一个跨越多个领域的行业，运营难度很高。按照国内衍生品后置操作的实际情况，衍生品从创意到消费者手里大致要经过如图 8-3 所示的几个程序。

上述过程涉及规划和创意、产品设计、生产管理、渠道拓展、营销宣传以及终端销售等多个环节，哪一个环节出现状况，都可能导致出现产品与目标受众需求不符、产品质量不过关、错过市场窗口期、缺货或库存积压等问题，最终导致营收规模受限甚至亏损。

分析IP内涵和受众进行，确定衍生品主题、风格和目标用户群
市场摸底，规划要开发的品类以及档次、价格水平
挖掘IP特色元素，创意设计，或自主开发或按品类授权匹配的厂商
产品设计确认并打样
寻找分销商，预售或上线众筹
根据宣传、渠道预定以及市场预期确定首批产量，开始量产并进行质量管理
产品投放市场，开展促销宣传
消费者购买，掌握销售状况，及时调整库存及铺货策略

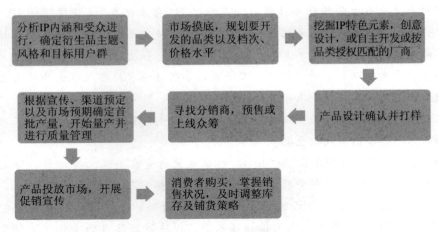

**图 8-3　衍生品流程图**

如图 8-4 所示，衍生品好不好卖，卖不卖得出好价格，会受 IP 的类型、IP 知名度和影响力、衍生品的商品属性、IP 目标受众覆盖程度、消费场景匹配等要素的影响。

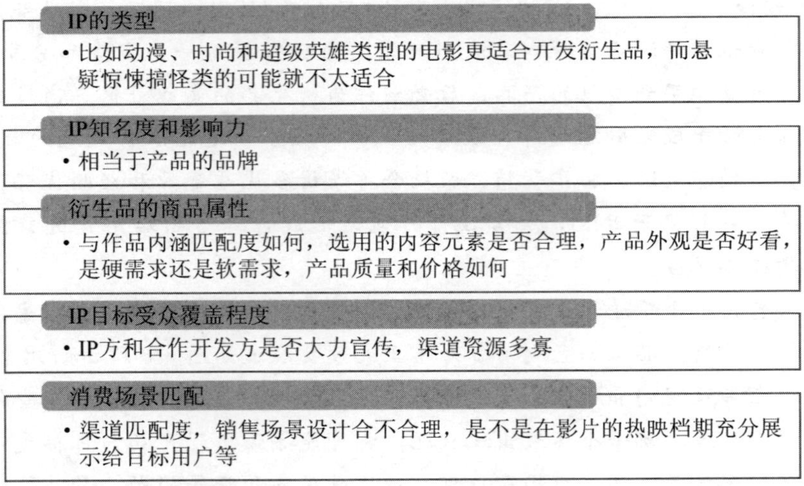

IP的类型
• 比如动漫、时尚和超级英雄类型的电影更适合开发衍生品，而悬疑惊悚搞怪类的可能就不太适合
IP知名度和影响力
• 相当于产品的品牌
衍生品的商品属性
• 与作品内涵匹配度如何，选用的内容元素是否合理，产品外观是否好看，是硬需求还是软需求，产品质量和价格如何
IP目标受众覆盖程度
• IP方和合作开发方是否大力宣传，渠道资源多寡
消费场景匹配
• 渠道匹配度，销售场景设计合不合理，是不是在影片的热映档期充分展示给目标用户等

**图 8-4　衍生品销售的影响因素**

国内的衍生品行业尚处在初期摸索阶段，多个环节缺失，行业人才短缺，要形成专业化、精细化操作及协作的产业链，尚需不少时日。作为行业的参与者，要学

习成功的经验，但不能只锚定成功项目的成绩，而忽视了真实的市场状况和行业规律。共同期待，衍生品行业的兴起！

**思考题：**

1. 与动漫、影视衍生品相比，游戏衍生品有什么异同？

2. IP与衍生品之间是什么关系？

3. 文创衍生品的消费者具有什么特征？

4. 如何通过社区为文创衍生品的消费者提供优质服务？

5. 根据衍生品开发的全过程，分析各个环节的关键因素。

6. 文创衍生品行业有哪些创业机会？

案例解析

# 第 9 章
## "互联网＋"传统文化

**【本章导读】**

　　中国传统文化博大精深，移动互联网的蓬勃发展，为传统文化的传承与发展迎来了新的挑战与机遇。你会发现《百鸟朝凤》比《美国队长》更触动你的心；蜀绣的鸳鸯钱包有时比 Chanel 的山茶花更耐人寻味；中医大家的养生药膳比维生素片的堆积更让你舒心。当你开始在网上观看《中国诗词大会》、开始下载"天天象棋"的手游、开始在"e 飞蚁"上购买苏绣挂件时，"互联网＋"已经悄然牵手了传统文化。从此，唐诗宋词不再是书本上的一行行文字，巧夺天工的景泰蓝不再是博物馆橱窗里的珍藏，国风古典歌曲也在鸟巢有了一席之地。

　　互联网改变了传统文化的运营模式，也为传统文化的保护与传承提供了新思路。"互联网＋"传统文化的创业机会正处于众多创业者的头脑风暴中心，期待着学生创业者的加入。

**【教学目标】**

- 了解传统文化的内涵；
- 了解传统文化的发展现状；
- 理解"互联网＋"传统文化创业的本质；
- 了解传统文化的创业趋势；
- 发现传统文化中的创业机会。

**【开篇案例】**

## 用戏剧的方式带给孩子们最不一样的国学课堂

北京墨镝文化传播有限责任公司，是一家"教育＋媒体"的跨界结合型公司。该公司致力于国学创新课程研发和教育戏剧的课程剧本研发，依托北京师范大学雄厚的文化资源和教育资源，拥有高质量的教师队伍和专家团队，获得优势企业的拓展平台和资金支持，成为首个以现代戏剧传承国学传统的教育品牌！

目前北京市中小学国学戏剧教育市场需求较大，而北京市中小学学校开课情况并不能很好地满足中小学国学教育的巨大需求，国学教育行业仍处于市场生命周期的兴起阶段，未来发展是一片蓝海。就发展前景来看，墨镝提供的独具一格的国学教育服务，预期能够很好地抓住市场的缺口。

墨镝作为全国第一家主打产品为国学戏剧课程教育的公司，在创立初期就树立了建设强势品牌的观念。公司前期主要以提供国学教育服务为主，后期随着公司架构与业务成熟，可以推出国学教育衍生品投入市场。公司需要从三个层次上考虑如何更好地提供服务，其中最基础的层次是核心顾客价值。墨镝不仅要满足客户公司的核心需求，为他们提供优质的国学教育服务，还要围绕学校和家长这两个客户核心需求创造特色服务，在这一国学戏剧教育细分市场上寻求差异化竞争优势，通过社交媒体等平台与客户保持畅通的联系，从而在销售产品的同时增强公众对于品牌的认知。目前，墨镝主打的产品及服务有以下四个：国学课程、国学戏剧课程、国学戏剧演出和国学营地化教育。

墨镝开设的国学课程以《中庸》及后世学者经典研究藏本为主要教材，引导学生由浅入深地了解"圣人之道"，并初步接触古代日常礼仪。此外，课程以《中国古代建筑史初稿》《中国古代服饰研究》等现当代名家著作为补充，以场景体验模拟的形式，带领学生领略古代建筑、服饰风格、古代器乐等知识。目前，公司在北京育新小学国学课程的实验班试点获得初步成功，现已与朝阳外国语小学等八所小学确立了合作关系；同时与花园村第二小学、育新小学等北京十余所中小学的合作方案正在洽谈中。课后，师生与家长积极反馈，效果极佳。经过试点，学生们可以独立创作剧本，并对国学有了自己初步的认识和理解。一位学生在学习了《礼记·礼运》篇"大道之行也"后，表现出对儒家思想中理想社会的强烈兴趣。

墨镝正式获得知识产权的国学剧本共计20多本，并聘请数十位特约作家进行专栏创作。中小学的戏剧课程也以原创国学剧本为材料，带领学生们进行话剧表演、剧本创作等，激发学生对话剧、表演的兴趣，让他们更懂演，更会演，更自信。目前，北京大学杜维明教授的博士研究生正在编写国学戏剧的专业系统教材，将由我公司出版，成为墨镝相关课程的内部教材。同时，公司承接校园小学语文老师的国学戏剧课程培训。目前，已在花园村二小进行了4场全校语文教师的国学戏剧课程培训，预约3月再进行2次培训，并且在2016年春季学期建立了三个国学戏剧实验班；在大兴亦庄中学已经建立国学戏剧实验班；并在与其他十所学校（包括石油附中、日坛中学等）商谈建立国学戏剧实验班。

墨镝旗下的国风剧社于2016年3月正式成立，以北京师范大学在读学生为主要成员，并在高校戏剧社团中小有名气。国风剧社通过有偿戏剧巡演，以中小学为第一平台并向社会推进，为推动"戏剧国学"的大众化助力。剧本均为剧社成员原创，保证剧本的专业度，在还原史实的基础上取材国学经典，一些经典剧目如《王梦霓裳》等已获得国家认证的知识产权。长剧《琵琶行》《氓》《孔雀东南飞》《王梦霓裳》，短剧《郑人买履》《智子疑邻》《邹忌讽齐王纳谏》《两小儿辩日》等经典剧作均在演出中大获成功，其中《王梦霓裳》仅在数所学校内演出，便一举获得十余场预约。

营地化国学教育，即依托文化地产而建立的公司自有国学营地，为受众带来与国学文化遗产的近距离接触体验教学。其以收取参观、体验、培训费用的方式运营，现已纳入公司发展规划。公司现拟开设国学夏令营，聘请高校兼职教师工作。国学教师主要是北京师范大学文学院与历史学院的在读学生，经笔试、面试与专业培训后，到已签约的中小学按课程设计教授国学知识。戏剧老师以中央戏剧学院的学生为主，教授内容为公司原创国学戏剧剧本。营地的内置场景化国学系列馆如民乐馆、非遗馆、汉字馆等正在建设中。

墨镝已获得北京世纪明德教育科技有限公司天使投资100万元人民币，目前正在进行A轮融资。墨镝占据了国学热潮的"天时"，拥有高校推广的"地利"，更有迈向行业联盟的"人和"。在国学戏剧教育领域，墨镝走出了第一步。

**思考题：**

1. 中国国学教育市场竞争状况如何？
2. 墨镝选择戏剧进入国学教育市场的商业逻辑是什么？
3. 墨镝在国学教育市场中有哪些竞争优势？可能面临什么挑战？
4. 墨镝的客户具有什么特征？

5. 墨镝应采取什么策略进行营销与推广？

6. 传统文化类创业项目有哪些难点与痛点？

# 9.1 传统文化的内涵

传统文化是文明演化而汇集成的一种反映民族特质和风貌的民族文化，是民族历史上各种思想文化、观念形态的总体表征。中国的春节、日本的茶道、韩国的泡菜、法国的法式大餐、德国的啤酒……世界各地、各民族都有自己的传统文化。

中国传统文化博大精深，五千年的文化传承首先包括思想、文字和语言，其次包括六艺，即礼、乐、射、御、书、数，最后是之后衍生出来的书法、音乐、武术、曲艺、棋类、节日和民俗等。中华传统文化与我们的生活息息相关，既传承着中华民族悠久的历史，又时刻融入生活。

【案例 9-1】

### 中医文化

"中医药学凝聚着深邃的哲学智慧和中华民族几千年的健康养生理念及其实践经验，是中国古代科学的瑰宝，也是打开中华文明宝库的钥匙。"

——习近平

中医，一般指以中国汉族劳动人民创造的传统医学为主的医学，所以也称汉医，是研究人体生理、病理以及疾病的诊断和防治等的一门学科。中医诞生于原始社会，春秋战国时期中医理论已基本形成，之后历代均有总结和发展。

首先，中医注重养生、"治未病"，防患于未然。《黄帝内经》中其实并没有多少药方，更多的是在谈如何根据不同的节气和时辰调养自己的精气神，让健康的生活方式成为常态。其次，中医治疗手法温和，取材于大自然的中药副作用更小，而且很多原料都是药食同源的。除了药物干预之外，还可以以按摩、刮痧、拔罐代药，甚至可以采取情志疗法，即不用任何药物，只需调动患者某方面的情绪即可医好病。中医更善于整体调和，激发人体的自愈能力和抗病能力，对人体的伤害更小。尽管当代西医发展迅速，但越来越多的人因中医与西医相比的种种优势而开始推崇中医。

中医药学依赖民族传统文化的丰沃土壤而生，几千年来中华民族认识生命、维护健康、防治疾病的思想和方法体系一直被人们推崇，从而形成了璀璨的中医文化。

资料来源：百度百科，2017-06-10。

# 9.2 传统文化的发展现状

## 9.2.1 国外传统文化的发展

### 1. 日本

日本的传统文化包括樱花、和服、俳句、武士、清酒、神道教、茶道、花道和书道等。日本大和民族是一个勇于和善于吸收外来文化的民族，日本文化是通过吸收、选择、融合外来文化而形成的混合文化。日本的传统文化在当代社会被很好地传承和发扬，主要有以下四个原因：

（1）经济背景。日本文化第一次区别于中国文化被西方认知源于第二次世界大战后日本经济的迅速崛起。日本成为发达国家后，凭借经济背景走入西方人的视野，日本研究开始成为国外大学中炙手可热的课程。当代的日本传统文化是日本崛起时被挖掘、被追捧的结果。经济上的繁荣促使日本的艺术家开始转向本国的传统，从而推动了日本文化的传承与发展。

（2）传统文化与现代文化的结合。日本现代文化对传统文化的发展起了重要作用。例如日本的动漫，无论是宫崎骏的手稿绘画，还是新海诚的高科技计算机特效，多种风格一起引发了日本动漫的流行热潮。日本动漫席卷全球，使得在动漫里体现的传统文化也受到了重视。动漫中的和服、寿司、柔道、茶道等传统文化被世界各地人们熟知，从而带动了日本传统文化的发展。

（3）商业化的推广。日本在推广传统文化过程中突出了仪式感、工艺复杂精致等特征，以此为基础打造传统文化，使之更具商业化。例如和服文化，和服本是价格便宜、人人都穿的传统服饰，但和服协会把和服提高到了对应庄重场合的特殊地位并加以重塑，从而将和服文化打造成了日本传统文化中极具特色与吸引力的分支。同样，本身是乡间戏曲的歌舞伎也在商业化的推广下发展成一种高贵冷艳的格调。

（4）对传统匠人的重视。日本对生产工艺中的传统匠人极为尊崇。日本政府专为支持手艺精湛的匠人准备了"人间国宝"的称号，以促进匠人精神与匠人文化的传承与发展。匠人在产品设计和制造过程中需要有自己对文化和技艺的揣摩与理解，才能做出独特而有文化内涵的东西。这种匠人精神，推进了日本传统文化的优秀传承。

【案例9-2】

日本的匠人精神

匠人精神，用日本人自己的话说就是追求自己手艺的进步，不因金钱和时间的制约扭曲自己的意志或作出妥协，只做自己能够认可的工作。一旦接手，就算完全弃利益于不顾，也要使出浑身解数完成。

**1. 长崎蛋糕——山本洋一**

长崎市郊外有个蛋糕店"琴海堂"，其主人山本洋一已经做了60年的长崎蛋糕。山本洋一几十年来坚持使用新鲜鸡蛋且麦芽糖只使用米饴，并且从来不使用防腐剂等添加物。山本洋一能够精准地把握影响蛋糕口味的各个因素的变化，如烤箱火力。每逢周日店铺附近的其他店休息时，由于电压变大，烤箱的火力会有轻微的变化。凭借多年的经验，山本洋一能够根据这些变化仅凭感觉调整烤制的时长，从而保证做出来的蛋糕一如既往地美味。

**2. 木制便当盒——栗盛俊二**

栗盛俊二，秋田县大馆市一家已有200年历史的传统老店"栗久"的第六代传人，17次荣获日本经济产业省设立的优秀设计奖。栗盛俊二自18岁开始制作木制器皿，46年来苦心钻研，不但延续了栗盛家的传统，又结合时代变迁加入了一些创意元素，得以让传统历久弥新。他制作的饭盒，盒身和底部的连接处几乎看不出一丝痕迹，仿佛是由一整块木板制作而成的，而这才是他所说的"符合主妇们要求的饭盒"。

**3. 寿司之神——小野二郎**

奥巴马访日时曾造访东京银座的高级寿司店"数寄屋桥次郎"，店铺的主人小野二郎现年已经89岁——他一生超过55年的时间都在做寿司。

每天准备寿司材料的时候，小野二郎都会亲自去鱼市场挑选，所有的细节都要亲自过问。为了保护创造寿司的双手，不工作时永远戴着手套，连睡觉也不懈怠。他会根据顾客性别调整寿司大小，留心记住顾客的座位顺序，记得顾客是否有用左手的习惯，以调整寿司摆放的位置。该店所有的学徒都要从学会拧烫手的手工毛巾开始，逐步着手准备和处理食材，10年之后才会学煎蛋。这种苦修一般的美食精神远非常人能及。

资料来源：http://www.360doc.com/content/17/0308/10/40922292_634931575.shtml,
2017-08-10。

**2. 韩国**

从韩服、泡菜，到跆拳道、雪乐山，韩国的传统文化一直保持着自身的特点。韩国上上下下都珍视民族传统文化，重视各种形式的文化遗产的保护。他们利用历史文化传统塑造民族精神，并且乐于把这种传统向世界推广。韩国的传统文化得以较好地传承与发扬，有以下三个重要原因：

(1)民俗展示场所遍布全国。韩国设立了众多博物馆对传统器物进行实物陈列和现场演示。博物馆向国民和游客全面展示韩国人的衣、食、住、行，以及农业、手工业、娱乐、婚丧、祭祀等各种民俗场景和实物。此外，韩国在各地建设各类民俗村以宣传、推广传统文化。例如京畿道龙仁民俗村，将经过考证的韩国传统文化通过古建筑和民俗资料进行再现，来展示传统的农业文化以及古代独具特色的民间生活的方方面面。

(2)立法保护。韩国通过立法形成了一套完整的管理体系和严格的奖惩制度，有力地保障了民族传统文化的保护与传承。韩国政府对全国重要的有形或无形文化遗产、重要民俗资料、史迹兼名胜、天然纪念物进行普查，并为文化传承人发放生活补贴，大大提高了他们的社会地位，从而有效地促进了民族传统文化的保护和传承。

(3)传统与现代相结合。韩国认真思考和研究本国的传统文化特点以及周边国家或地区的国情和文化，广泛借鉴众多其他文化产业强国的成功经验，立足自身的文化和地理优势，巧妙地把自身的传统文化和现代传媒工具有机结合，在世界范围内产生了很大的影响。

**【案例9-3】**

### 《大长今》

韩国电视剧是韩国民族传统文化和现代文化产业的成功结合。最成功的例子之一就是韩国电视剧《大长今》。《大长今》在韩国和我国香港地区热播后，由湖南电视台引进在中国大陆掀起了一股"大长今"风。

除了在电视剧出口方面的一次性收益外,其综合效应不断扩散,带来了旅游、文化产业等方面的一系列商机。在《大长今》热播期间,粤港台三地还掀起了《大长今》美食养生热,韩国餐馆雨后春笋般出现在各大小城市的街头,"韩国文化"及韩国服饰备受吹捧。不仅在中国大陆《大长今》深入民心,甚至在韩国也出现了"传统文化新娘培训班",专为准新娘传授韩国的传统文化。拍摄《大长今》的处所已经成为旅游观光的风景区,各地旅行社纷纷推出"大长今"体验文化游路线。《大长今》在带动韩国经济增长的同时,也向世界更好地传播了韩国的传统文化。

资料来源:刘云松,陈娟娟:《从韩国文化产业现状看我国传统文化的保护》,载《四川戏剧》,2010(5):63-65。

## 9.2.2 我国传统文化的发展

### 1. 发展历程

中国传统文化是中华文化的主体,是先辈传承下来的丰厚的历史遗产,记录了中华民族及其文化发生以及演化的历史论。世代相传的思维方式、价值观念和风俗习惯始终围绕着我们的生活,影响着当今国人的行为和思想方式。中国传统文化五千年的历史传承共经历了以下三个阶段:

(1)第一阶段是封建时代的全盛时期,我们的传统文化对周边国家产生了极其深刻的影响。

(2)第二阶段是近代中国,我们的传统文化遭遇到了质疑,五四运动开辟了全面彻底地否定儒家文化的进程,对传统的否定由政治层面进入文化层面。

(3)第三阶段是20世纪90年代以后,激进的反传统主义逐渐退潮,以儒家为核心的传统文化得到中国社会乃至世界的肯定,中国传统文化开始了复兴的过程。随着中国经济的发展和综合国力的提升,中国人民的民族自信开始恢复,重建中华民族的精神传统、复兴儒学的呼声由弱到强,逐渐得到广泛的认同。

### 2. 文化冲击

在经济全球化、文化多元化、政治多极化的全球化背景下,中国从封闭的计划经济转为开放的社会主义市场经济,加入世界贸易组织WTO,向世界各国敞开了大门。西方文化作为外来文化,短短几十年里对中国人特别是年轻人产生了重大影响。在这样强势的文化冲击下,中国传统文化正面临着严峻的挑战。

现如今西方的许多节日在中国年轻人的心中已经根深蒂固。圣诞节、愚人节、感恩节等"洋节"在中国掀起一股又一股的热潮。与此同时，中国的端午节、清明节、中秋节等传承了几千年的传统节日却渐渐被淡忘于脑海，甚至春节近年来都被感叹越来越没有年味。在市场经济条件下，媒体、商家等媒介为捕捉商机进行了过度的宣传，这在一定程度上对圣诞节、愚人节等西方节日进行了放大，使它们越来越被大家所接受。西方的一些节日大多以自娱自乐为形式，注重热情奔放的情感追求，过节方式洋溢着狂欢和自由，比较迎合年轻人的需求。而中国的传统节日总是内敛而含蓄的，虽然也注意创造欢乐祥和的气氛，讲究载歌载舞的表现形式，但局限在家人之间的其乐融融、讲究礼节。

随着中国改革开放的深入，有着快捷、方便、营养等特点的西方饮食文化也逐渐涌入中国。1987年，第一家肯德基在北京前门开业；1996年，第100家肯德基在中国开业；截至2002年，已有700家肯德基在中国开业。随着社会的发展，中国人对西方饮食文化越来越接受了。同时，西方的饮食文化快餐化的特点，对中国传统饮食文化也产生了较大的冲击，现今的人越来越愿意用较短的时间到肯德基或麦当劳等西式快餐店解决午饭，抑或去西餐厅纪念重要的日子，中国八大菜系中的传统名菜却被很多人忽视了。

在电影市场方面，以好莱坞为主的美国电影已在全球占据统治地位，好莱坞向全球推广了跨文化的通俗故事，其倡导的流行文化满足了大众的消费需求。但是当下大众热衷美国大片，却对传统文化题材的《百鸟朝凤》不予关注，这也是中国电影产业的一个问题所在。

**【案例9-4】**

### 《百鸟朝凤》"跪"出来的票房

2016年，不管你有没有进电影院，相信你的朋友圈一定被一部叫《百鸟朝凤》的电影刷屏了。当美国队长开始霸屏时，《百鸟朝凤》——这部出自中国第四代导演的扛鼎人物吴天明之手，讲述两代唢呐艺人艺术传承的电影，却排片寥寥。

和好莱坞大片《美国队长3》同一天上映，就注定了吴天明遗作《百鸟朝凤》票房的惨败。方励为求排片的惊人一跪，却让这部原本小众的《百鸟朝凤》在上映一周后突然上了娱乐版头条。一时间众声喧哗，全国九大影业发布联合声明，为影片发行保驾护航；马丁·斯科塞斯、李安、张艺谋、徐克、陈凯歌、韩寒、管虎等多位著名导演发声力挺。

　　是什么让一部豆瓣评分8.4分的好电影落得如此境地？说到底还是老生常谈的话题。在国内，缺少支持优秀文艺片创作、发行的机制，把本就弱小的文艺片扔到猛兽横行的商业丛林中，只能是任其自生自灭了。

　　方励的这一跪显然回答不了这些问题，但至少给了我们一个契机，让有关部门去研究和制定相关政策，让电影人思考前行的方向，毕竟，文艺片尤其是传统文化题材的文艺片今后的命运不能仅仅靠膝盖来挽救。或许《百鸟朝凤》不是吴天明导演最出色的作品，但能够在这个喧嚣的时代引发人们对传统艺术观念和现代商业操作之间的思考，大概正是吴天明导演希望看到的吧。

资料来源：人民网、腾讯娱乐，2016。

# 9.3　互联网对传统文化发展的影响

## 9.3.1　互联网对传统文化的冲击

### 1. 过度商业化

中国传统文化传承与发展的本质是"取其精华，去其糟粕"。互联网将传统文化应用到了广泛的领域、创造了多样的服务类型，但相关服务商对传统文化的生搬硬套、网络平台的杂乱以及传统文化信息的错漏却增加了用户的不满意度。

社会发展越快，人们对传统文化的需求就越大。然而触"网"之后，传统文化在网络平台的商业化在所难免，一定程度上的商业化固然对传统文化融入现代日常生活、得以有效传承和传播有所增益，但过度的商业化则是对传统文化精髓的背离和破坏。

### 2. 缺乏行业生态

互联网牵手传统文化的总体状态是缺乏规模性的行业生态。一方面，互联网与传统文化的结合与发展处在探索创新阶段，行业生态尚未成型，各服务商在产品的研发创新及运营上均未成熟，从而给产品在市场上的普及和推广带来阻碍；另一方面，传统文化与互联网原本在学科属性和发展逻辑上就有很大的分歧，这两个领域的结合虽然既符合社会发展的趋势，也具有广阔的市场空间，但也对相关从业者的专业性提出了较高的要求，而行业人才的匮乏恰恰是造成当前发展令人不甚满意的关键所在。

【案例9-5】

## "七夕"情人节

随着互联网的发展，近年来的"七夕节"也搭上了互联网的快车：街道两边充斥着商场的促销活动，电商推出"七夕"特惠、O2O花店的创意营销让玫瑰花价格一路飙升、爱情主题酒店一房难求，就连看似与"七夕"无关的小零食、饮料、水果也都想方设法贴上了"七夕"的标签……不少商家使出浑身解数，抢滩"浪漫经济"，就连单身人士也加入了"买买买"的大潮。朋友圈更是被各种"秀"刷爆，秀红包、秀礼物、秀美食、秀旅游，仿佛"情人节"变成了全民消费，男士们直呼越来越"玩不起"了。

在这股消费热潮中，虽然有大众情感诉求的回归，但是传统节日的过度商业化也显而易见。这种逢节必买的全民消费热潮并不是一种好的发展方向。我们从中看不到传统文化对商业文化的渗透，反而过度的商业化冲淡了传统文化的底蕴。全民消费并不是弘扬传统文化的捷径，我们依旧要反思在保护和传承传统节日文化上还应该做什么。

"七夕"作为我国已确立的非物质文化遗产的六大传统节日之一，被赋予了夫妻相爱、和睦生活的期许和寓意，却没有明确的载体。古人在"七夕"时有许多民俗活动。南北朝时就有所谓"七夕节"，优伶扮演《鹊桥仙》戏曲，进时新果品，市井儿童手执荷叶，欢呼雀跃。另外还有穿针乞巧、种生、葡萄藤架子下偷听牛郎织女的悄悄话等民俗活动。但现在"七夕"并没有形成传统节日的独特性，反而成了西方"情人节"的翻版。因此，需在挖掘和保护传统节日文化载体上下功夫，通过传媒给人们以正确的引导。

增加参与性和操作性是传承、发扬传统节日的最关键的一环。传统节日只有创新参与形式，增强民众参与度，满足人们的精神需要，才能保有永久的生命力。节日是文化传播和传承的重要载体，承载了厚重的文化内涵。保护传统节日和民俗文化具有深远的历史意义和重要的现实意义，但愿明年的七夕可以少一些炒作，多一些文化氛围。

资料来源：于海新：《"七夕"的过度商业化值得反思》，红网，2016-08-10。

# 9.3.2 "互联网+"携手传统文化

"互联网+"的迅速发展为传统文化带来了复兴的机遇。互联网思维和技术为传统文化的时代感提供了实现基础，与传统文化形成了密切的共生关系。

**1. "互联网＋"推动传统文化广泛传播**

文化本质上是一种生活方式，随着互联网普及程度加深，传统文化传播方式也随之改变，人们通过互联网了解传统文化，与艺术、文学、历史等爱好者进行互动交流与资源共享，促进了传统文化更广泛地传播。

从中国诗词大会等众多国学节目，到传统文化 APP，再到网络拍卖平台，越来越多的大众通过互联网平台或者移动终端了解并接触了传统文化，网络已经成为网民了解传统文化的首要渠道。目前，传统文化在互联网的传播涉及传统文学、传统节日、传统戏曲、中国建筑、传统医学和民间工艺等诸多领域，提供的服务包含资讯、游戏、电商交易、教育和医疗等多种类型。

财经作家张建云是"微国学"的创办者。从 2005 年开始，他每天清晨给 2 000 多人发送短信，内容都是国学经典中的名句，他把这叫作"微国学"，如今他已出版了发行量超百万册的"微国学"系列读物。从 2013 年开始，张建云通过"微国学"微信平台，每天发表一篇"微国学"文章。"很多人一提起国学，都觉得艰涩复杂。用碎片化方式来整合国学思想，会更加喜闻乐见。"张建云介绍，如今，"微国学"广泛使用了图书、音像、视听、短信、博客、微信和 APP 等手段，真正实现了"互联网＋"国学。

**2. "互联网＋"有助于激发全民文化创意**

互联网是大众创业、万众创新的推动力，它像一个虚拟的孵化器，为有志于创业者提供开放空间，充分激发全民文化创意，为传统文化注入新鲜血液。

互联网通过整合创意、硬件、软件、资本等要素，正在形成具有极大包容性的文化商业生态系统，把文化企业和文化消费者的隔阂逐步消融。对于传统文化亦是如此，现在越来越多的传统文化题材的电影通过众筹方式让观众转化为投资者，进而增加影片的持续关注度和观众的参与度。借助互联网金融平台，真正实现了制作者与消费者间界限的突破，实现了传统文化、影视产业与草根资本的三方对接。

"互联网＋"带来的科技、艺术、人才自由交流，将催生一个大创意时代。专业众筹网站的诞生以及淘宝网等网站成立的众筹平台，为文化艺术类的项目提供了新的思路。创意展示平台与融资平台结合在一起，可以让艺术家、小企业家通过在网络上展示创意，预先向大众募集资金，极大地激发了大众创业、万众创新的活力。

【案例 9-6】

## 足不出户逛故宫

你想当"皇帝"吗？掏出手机，点开 APP，朝服、便服、雨服、行服、吉服等 5 套皇帝的衣服任你选。不知道起床该穿哪件？没关系，小狮子告诉你：便服是皇帝的休闲装，没有马蹄袖。上完朝批奏折，不会文言文？点一下飞过的小鸟：原来批奏折不用文言文，康熙常写"朕知道了"，雍正还写过"这不可能"。有次大臣上奏报告进贡两幅古画，乾隆批复：假的，不要！

故宫出品的 APP"皇帝的一天"，萌化了无数人，而它其实并非故宫的首款 APP。慈宁宫与寿康宫夹着的小院，原是寿康宫的厨房，现在是故宫资料信息部数字展示一组的办公室，故宫出品的 5 款 APP 就诞生在这里。APP 创作小组共有 10 人，包括一位聘请的美国专家，其余人的专业涵盖了史学研究、文化鉴赏、动画设计等涉及的各个环节。故宫已经推出多款 APP，构思全部出自这个 10 人的小组，其中最早的一款是 2013 年开始的，即"胤禛美人图"APP。首次试水应用市场，他们选择了故宫擅长的文物鉴赏类，将清代雍亲王胤禛的美人屏风裱成 12 幅挂轴，用户用手指轻触，就能观看画中摆设的文物；用手指划动，文物则随之旋转。该款 App 上线两周，其下载量便超过 20 万。

相比之下，"皇帝的一天"更受欢迎。它虚拟了一个故事：少年皇帝想要出宫，于是乾清门外的小狮子帮忙为皇帝找替身。从清晨 5 点起床穿衣开始，读书、骑射、上朝、用膳，玩家就这样当起了"皇帝"。在游戏中，小狮子还客串"讲解员"，通过弹出文字介绍清代宫廷礼节以及服装、文化等知识。凭借萌萌哒的人物形象、有趣的游戏环节，这款为 9~11 岁孩子设计的 APP，在应用平台上收到的点赞留言便有千余条。

故宫创作 APP 的一个出发点便是借用新媒体平台，帮助更多的人了解故宫的藏品和它背后的故事。只是故宫现有藏品 180 万件，选哪些作为 APP 的题材，是个费神的活儿。故宫的历史可以追溯 500 年前，怎么向现代人介绍它，让人们喜欢它，需要不断去尝试，用新的形式来实现。在另一款"韩熙载夜宴图"APP 中，每段作品前会首先出现一段文字，用户点击页面底部的耳机图标，就可分段收听语音解说。

资料来源：陈瑶，侯少卿：《故宫推出"皇帝的一天"APP：严肃历史轻松讲》，载《新京报》，2015-02-25。

### 3."互联网+"促进传统文化新样态

在互联网时代，传统文化获得了一种新样态。传统文化既是被传播的内容，也是传播方式，作为一个巨大的信息源和信息元，极具开发价值，而开发、激活和重启传统文化的方式又是多种多样的。随着移动终端的普及，文化传播也必然要考虑到终端及其用户的接受习惯与体验，随着线上线下渠道整合能力的增强，传统文化与餐饮、出行、社交等产业建立联系，催生新业态，从而推动自身更好地发展。

文化是从社会的生活环境中培养出来的，脱离了生活环境的文化必然无法生长。传统文化要更好地传播，就必须生活化，而互联网恰恰是将其生活化的重要载体。同时，互联网已经扎根于人们的日常生活，成为目前最主流的渠道和平台。

### 【案例 9-7】

### "老当益壮"的文房四宝

如今说到笔墨纸砚，似乎很难和今天的快节奏社会联系在一起。然而在江西文港镇却生活着这样一群人，他们传承着"华夏笔都"的美誉，却不满足于仅仅抱着老字号的名头不作为。他们打破思维，把文房四宝重新定义和创造，为这些带着时光痕迹的器物赋予新的意义，进而再通过互联网把这些产品卖到更多的地方去。

张万皇就是这个"华夏笔都"走出来的毛笔电商人之一。2015年3月，张万皇经营的南昌比优米文化用品有限公司在电商平台上线，主要经营的是软笔书法用品（毛笔和水写布）、国画用品等相对传统的书写用品。触网短短9个月的时间，其店铺的销售总额已经达到了500多万元，在同行业中显得颇有竞争力。

不过，同样是老字号，同样是在线下耕耘良久的传统行业，张万皇为什么能站在电商的风口上？这其中的诀窍远远不止产品好那么简单。

### 1. 出身制笔世家，误打误撞碰上电商

实际上，张万皇第一次接触互联网，开始于线上卖女鞋，这帮助他初步掌握了电商的游戏规则。然而生长在毛笔之乡——文港，从小在传统毛笔和书法的文化氛围中浸润长大的张万皇，虽想继承家族传统，但毛笔的市场一直不太乐观，因此张万皇把这个念头偷偷放在了心里。2014年年底，教育部明文规定中小学生书法进课堂，也就是说，毛笔即将成为这部分人群的刚需文具。一听到这则消息，张万皇欣喜若狂，当机立断辞掉了在警用产品集团研发总监的工作，同时也停下了淘宝女鞋C店，回到家乡创立"比优米文化用品有限公司"。

### 2. 到线上去，如何让文房四宝卖得俏

张万皇明白，要想真正把毛笔狭隘的市场空间撑大、填满，必须把生意做到线上去。

想要文房四宝在线上卖得俏，首先得从产品本身符合当下消费者的需求入手。张万皇留意到，小学生在练字的时候总是会弄脏自己的衣服，滴在衣服上的墨汁又很难清洗。而他早闻业内有一种水写布，用毛笔蘸清水在其表面书写后，即刻显黑色墨迹，水干后可以重新书写，既节省了买墨汁的花费，还十分环保、便捷。但由于这种水写布在研发之后并没有得到更有效的推广，一直在行业内未得到重视。张万皇当机立断联系熟知水写布生产的朋友，自己开辟了一条生产链来生产水写布。没过多久，水写布成了比优米的明星产品，占据销售产品数量的30%。

### 3. 突围市场，有产品还要会运营

为了扩大市场规模，张万皇不只做学生群体的生意，还找到了更多有同样需求的细分人群，如老年协会的书法组、大学书法社团等。张万皇还与各个文具品牌公司合作，为他们贴牌生产，与其他批发市场合作，把产品分销出去。

一方面是拓销路，另一方面则是更为精细化的运作。张万皇根据产品的需求程度计划好了自己要重点推广的产品。张万皇发现，只开一个店铺很难将不同产品所具有的价值和服务表达出来。他灵机一动，决定开三家不同主营产品的店铺，分开运营，这样不仅可以传递出商品价值，还可以更精准地做粉丝运营。

张万皇还深知人与笔之间有许多个性化的关联，不同的使用者对毛笔的需求是不同的。他会根据自己的专业知识，为不同的客户推荐不同的笔。例如，小学生作为初学者，不能拿太软的笔，需要硬一点的东西来支撑。

### 4. 老当益壮？老字号能走多远

由于文具市场的低成本和易开发，进入市场的门槛相对比较低，要想在同质化比较严重的行业中厮杀出属于自己的一片天来，细节显得格外重要。

在张万皇看来，比优米在短短9个月的时间里可以获得500多万元的销售额的主要原因在于产品服务差异化和人才差异化。不少网上店铺由于发货量较大，对物品的外包装并不是很在意，只追求简单、快速。但张万皇认为，客户拿到商品时的第一印象十分重要，特别是对于当下的年轻消费者，他们对包装的"眼缘"很讲究，因此他十分重视商品包装。

除了在平时的运营中注重细节，张万皇还合理地利用众多电商平台的资源和渠

道,了解大部分客户对选购平台的偏好。基于这样的客户定位,张万皇在众多电商平台中选取了销路最快的渠道,很大程度地提升了营业额。

对张万皇来说,把传统毛笔搬上了不传统的电商只是第一步。由于文具行业的产品繁杂,门槛低,竞争十分激烈,想要让老字号更加契合年轻化的市场需求,依然需要长时间的摸索。未来该如何走好这条路,答案还在后头。

资料来源:蒋一一:《比优米:老当益壮的文房四宝如何在线上赚得盆满钵满》,电商在线,2016-04-21。

# 9.4 "互联网+"传统文化创业机会

"互联网+"传统文化领域目前仍处于蓝海状态。随着"互联网+"政策的推动以及国民对传统文化需求的逐步上升,行业将迎来更多资本和创业者的关注。在工具应用以及资讯提供的细分领域,互联网服务厂商将以传统文化为中心,进行互联网与传统文化的深度融合。与此同时,随着线上、线下各种渠道的整合,传统文化产业中不同领域之间的壁垒正在慢慢打通。

在有效地利用互联网进行整合之后,"互联网+"传统文化产品的开发、营销和销售也将更加多元化,传统文化产业将迎来新的升级。"互联网+"的链接,将使得部分传统文化资源得到更加有效的分配,传统文化形象也将更加贴近用户,促进传统文化的传播及传承。

## 9.4.1 "互联网+"非遗文化

非物质文化遗产是指各种以非物质形态存在的与群众生活密切相关、世代相承的传统文化表现形式。非物质文化遗产包括传统口头文学以及作为其载体的语言;传统美术、书法、音乐、舞蹈、戏剧、曲艺和杂技;传统技艺、医药和历法;传统礼仪、节庆等民俗;传统体育和游艺以及其他非物质文化遗产六个方面。

非物质文化遗产是以人为本的活态文化遗产,它强调的是以人为核心的技艺、经验、精神,其特点是活态流变;突出的是非物质的属性,更多的是强调不依赖于物质形态而存在的品质。传统非遗文化并未完全走向市场,整个领域具有非常大的市场机会,并且在多个垂直细分领域都存在创业的新机会。

### 1. 非遗 O2O 电商领域

对于非物质文化遗产来说,线上线下结合的 O2O 电商模式具有一定的市场空间。国内已经有非物质文化遗产电商平台开始运作，如 e 飞蚁。O2O 平台通过借助互联网的渠道优势为非遗传承人和非遗企业构建全方位的线上推广，非遗传承人和非遗企业通过付出自己的手艺劳动，借助线上平台获取一定的收益，同时也能够借助线上平台弘扬自己的手艺文化。

目前国内专门从事非遗产品的电商平台并不多，电商平台可以依据自己的独特差异化优势，在天猫、京东称霸天下的中国电商市场格局中开辟新的道路。互联网平台打破了传统文化的信息障碍。随着人文层次的不断提升，众多消费者对有传统文化价值的产品更加关注，而互联网平台为单一的线下渠道提供了更多的机会。

通过借助线上平台作为导流，可以举办各种线下的非遗展览，如美食节、服装节、非遗产品展览等。对于平台来说，在为非遗传承人和非遗企业提供线下展示的同时，平台也获得了一定的收益，同时还可以收取前来参观用户的门票。对于用户来说，他们通过参加这种线下非遗活动，能够更深入地了解到中国的传统非物质文化遗产，而且还能够通过线下活动认识有着共同兴趣爱好的朋友，甚至可以由此开启非遗文化社交。同时对非遗文化的传承人和企业来说，通过这种线下活动也能够更好地推广和宣传自己的非遗文化作品，让更多的用户了解自己的非遗文化。

## 【案例 9-8】

### "e 飞蚁"让非遗走进千家万户

"e 飞蚁"是在中国非遗保护中心和中国非遗保护协会的指导下成立的文化机构，是唯一官方合作的非遗主题垂直电商。它依托国家非遗产业数据库，营销非遗产品，为非遗传承人和非遗企业构建推广平台。平台采用的是和淘宝网一样的 O2O 模式，线上交易平台对接的是线下包括"前门·华韵"国家非遗博览园在内的多个非遗博览园。

北京的前门大街是著名的历史街区，有着 600 多年的历史。如今，前门大街已"变身"前门非遗博览园，成为非遗的聚集地。园区按照一街（中国非遗大街）、两核（非遗博览馆、非遗大戏院）、三区（非遗博览区、非遗体验区、非遗创意区）的布局建设，总建筑面积达 40 万平方米，具备交易、展演、体验、美食、传习等功能。为了保证园区风格统一，新建建筑也将是明清风格。

目前已经有 40 多项非遗项目签约进驻园区，包括魏立中（十竹斋木版水印技艺）、吴元新（南通蓝印花布印染技艺）、姚慧芬（苏绣）、甘而可（徽州漆器髹饰技艺)、娘本(唐卡)、张同禄(景泰蓝制作技艺)等多位国家级非遗传承人。这为大众提供了找到非遗大师作品的快速通道,在满足文化需求的同时也促进了非遗的传播。

资料来源:蒋肖斌:《e飞蚁要做非遗界的淘宝》,载《中国青年报》,2015-07-31。

**2. 非遗旅游领域**

国内基于非物质文化遗产资源开发和利用的旅游市场日益增加,但将旅游景点与互联网深度结合,仍需要探索的过程。

目前一些导航软件已经开启了非遗城市、非遗博物馆的标注,同时还增加了非遗礼品的索引,能够让消费者找到附近的非遗文化产品。

互联网创业者搭建平台可以通过与非遗文化当地人进行合作,把整个非遗传承人所在的地区建成一个集餐饮、娱乐为一体化的文化旅游度假地,同时当地人把自己的非遗类艺术品进行出售,形成一个线上、线下结合的非遗旅游度假消费中心。

从旅游的角度来看,这是一种特色的差异化旅游。非遗文化的旅游具有多方面的价值:一是它的审美价值,很多工艺品、表演艺术以及民族服饰都是历史上不同时代、不同民族人民劳动和智慧的结晶;二是它的历史价值,非物质文化遗产大多历史悠久,承载着丰富的历史,是以前时代流传下来的历史财富;三是它的文化价值,非物质文化遗产是鲜活的文化,具有原生态的文化基因。

现阶段的问题是国内大量的民间传统文化器物和艺术品没有对其进行精心设计而被随意地改成旅游商品,这严重扭曲了艺术品的本意。

**【案例 9-9】**

### 乌镇:当千年古镇遇上"互联网+"

2016 年 9 月的 G20 杭州峰会以及世界互联网大会让乌镇这座千年古镇再度成为全球瞩目之地。

乌镇是典型的江南地区汉族水乡古镇,有"鱼米之乡,丝绸之府"之称。有人认为,一座有千年历史的水乡古镇似乎与前沿的互联网会议"不是一个次元"。可从2014 年开始乌镇就成了互联网大会的永久会址,其旅游业在互联网的背景下有了更好的发展。

在乌镇,利用网络提供订房服务已经成为当地多个家庭旅馆的选择,当扫码支付尚且只在北上广深等一线城市崭露头角时,在这个千年小镇,它已经在景区的商超系统普及了。

乌镇景区构建了独立的网络销售平台，游客可以通过乌镇旅游预订网站了解景区住宿、票务、套餐、特产等一系列信息，此外在 PC 和手机上均可实现网络订购。景区运行二维码电子门票，游客可直接凭二维码至西栅游客服务中心检票口扫描进入。从 2012 年 6 月起，乌镇西栅景区基本实现无线网络全覆盖。

乌镇运用二维码技术实现全镇公共自行车系统智慧化运营，26 个自行车点、61 个车棚、8 个岗亭，让出行变得更智能、便捷、低碳，充分展示了乌镇旅游智慧化的新面貌。乌镇建立智能化公共自行车租赁系统，是率先之举，只要用手机扫一扫二维码，便可免费租用自行车了。

乌镇智慧信息亭，运用智能多媒体技术展示导航地图、宣传视频、互动 APP、最新资讯并搭载 WiFi 设备、电商平台、手机充电等服务功能，为游客提供一系列智能互联网服务。

现在的乌镇是多元素的集合体，不仅是历史名镇、旅游小镇，更是智慧小镇、创业小镇。漫步街上，古朴的建筑风格，小桥流水的风韵，加上"互联网＋"的现代化气息，仿佛随时在穿梭时空。

资料来源：赵悦，乌镇：《当千年古镇遇上"互联网＋"》，中青在线，2015-12-14。

### 3. 非遗电影产业

非遗电影既是一个巨大的产业，也是对于传统非遗文化的一个极好的传播途径，通过电影，能够借助影像记录文化风俗、记录更为丰富的信息。

目前百度、阿里巴巴、腾讯等都已经涌入到了电影行业。从电影的制作、发行、电影票销售一直到电影衍生品，巨头们都在开始一步一步渗透和布局。将电影与非遗文化相结合起来，一定会产生新的市场机会。

## 【案例 9-10】

### 走进高大上的成都非遗节

中国成都国际非物质文化遗产节是继中国北京国际音乐节、中国上海国际艺术节、中国吴桥国际杂技节后，国务院正式批准的第四个国家级国际性文化节会活动品牌，是国际社会首个以推动人类非物质文化遗产保护事业为宗旨的大型文化节会活动。

"非遗节"定点四川省成都市，每两年举办一届。首届"非遗节"于 2007 年 5 月

23 日至 6 月 10 日举行，至今已成功举办五届。从第二届"非遗节"开始，联合国教科文组织参与主办。第五届非遗节围绕"传承文脉、创造未来"这一主题，以中国传统手工技艺为重点，聚焦"现代化进程中的非遗保护"，探索"互联网＋非遗""文化＋双创"的融合发展路径。

在此次的国际非物质文化遗产节上，有多家互联网企业参展，他们在现场用高科技展陈手段，展现"互联网＋非遗"全新商业模式，发布各类非遗文创产品，并开展非遗戏剧众筹、产品众筹、非遗旅游线路发布等现场活动。这一展出手段的出现，意味着非遗也将搭上"互联网＋"的快车，用新兴的传播方式让我国的文化产品时尚起来，让传统文化焕发出新"味道"。

资料来源：卫昕，王梓均：《非遗国际论坛再掀高潮，蜀锦保护传承引关注》，载《成都日报》，2015-09-13。

### 4. 非遗线上知识平台

非遗文化相关的知识问答、数字博物馆，对于大多数想要学习和了解非遗文化的用户来说是一个不错的渠道。因此，线上平台存在着相当大的市场机会。

通过搭建非遗文化的线上知识平台，未来可以推出非遗文化的在线教育课程。未来线上教育，尤其是直播教育会成为一种非常流行的趋势，非遗文化教育作为垂直细分领域，同样会具备一定的市场空间。

非遗文化在更多的领域还将具备一定的市场空间。中国的传统文化出现断层并非耸人听闻，但是随着互联网企业和互联网创业者对中国传统非遗文化的推动，中国的传统文化将会得到有效延续。最为重要的是，借助互联网，以市场化的方式来运作非遗文化，既有利于非遗文化的快速传播，对于互联网创业者以及非遗文化传承人和企业来说也是一个全新的市场机遇。

【案例 9-11】

#### 非遗博物馆

为推动非物质文化遗产的"互联网＋"落地，主题为"传承与守望"的百度知识体系非遗线下启动会在京召开。四川、山东、云南、福建四个非遗大省率先与百度知识体系平台达成合作。

2015 年是非遗保护正式纳入国家文化发展战略十周年。非遗保护将从"建章立制"转入"巩固成果，提高保护传承水平"的纵深发展阶段。百度公司运用互联网技术和数字科技立体化介绍非遗知识，利用其庞大的用户群和广大用户的知识依赖，打造互联网+非遗的传播模式，对丰富百度知识体系，促进广大公众对非遗的了解和热爱具有积极的意义。

百度知识平台上的非遗展示，相当于为传统非遗技艺搭建了一个永不下线的博物馆，让非遗的保护与推广更科学、高效。目前百度知道非遗特型产品页、百度百科非遗集合页都已正式上线。

首期百度百科非遗专题集合页包含了咏春拳以及其他非遗项目共1 377个，首屏采用"卷轴"的叙事方式，浓浓的中国风扑面而来。此次非遗专题，百度百科第一次使用中英双语版页面，为中国非物质文化遗产搭建了一个国际化的舞台。以"咏春拳"词条为例，双语内容不仅对咏春拳进行了详细的介绍，还以视频形式展现"小念头"练功方法，在丰富的信息之外更是通过"拜师学艺"板块实现了连接人与服务。

目前百度知道上的非遗问答量已经超过200万，对非遗传播形成了有效的助推，受到了众多非遗传承人们的关注和支持。福建咏春拳第八代"指"字辈传承人郑祖杰、蔚县剪纸传承人周淑英、藏族画师嘎玛朗加和成都蜀江锦院等传承人及传承机构与百度知道深度合作，创新融合富媒体、双语、电商等形式，打造了咏春、唐卡、剪纸、蜀锦四个非遗特型页，其他类别也在陆续接入中。百度知道通过深入挖掘非遗底蕴，既弘扬了文化正能量，又切实满足了用户需要，形成了良性共赢的"知识+"生态。

百度知识平台与全国各省非遗工作结合，在知识文化领域打通"连接人与服务"的通道，对于增强中国文化软实力具有积极的社会意义。

资料来源：《百度知识体系非遗线下启动，与四个非遗大省达成合作》，中国新闻网，2015-11-30。

## 9.4.2 "互联网+"国学

近年来，"国学热"再度升温，学校设置国学课程、举办国学夏令营，考试增加古诗词比重，学生参加各种国学培训班……国学成了当下的热门话题。与此同时，在互联网技术飞速发展的今天，"互联网+"遇上传统国学，定会碰撞出别样的火花。

**1. 传统国学搬上互联网的平台**

随着新技术的蓬勃发展，"互联网+"国学教育大规模普及。将传统国学内容再编辑，借助网站、视频公开课、移动客户端、微信公众号等新媒体产品的广泛传播，把国学教育的市场做大做强。现在在互联网上创立的国学平台、微信公众号如果做得严肃认真，对传播国学有很大的益处。

### 2."互联网＋"国学打造新形态

互联网为国学教育提供了新的表达形态和新的交流通道。"互联网＋"国学教育相比于传统国学教育有了很大的改变。从特征来看，传统的国学教育是面授式培训，更重视现场效果。而"互联网＋"国学教育则开启了线上教育的新模式，拥有碎片化、网络化和互动化的特征。网络传播更为方便、快捷，易形成一定的读者群，加之互联网跨越时空的传播特征，国学线上教育将学习过程细分，用户有更多的自主时间，学习效果也更好。

同时，线上国学教育还可以充分调动用户的积极性，引发网络用户的主动参与。在传统的国学课堂里，师生之间的互动是相对有限的，但在慕课等网络平台上，学生会变得积极，互动也十分自由、开放，学习不再是一件"苦差事"。

【案例 9-12】

#### "云国学"

由北京大学教育学院和中华书局共同推进的"云国学"，是全国首家面向中小学教育工作者的国学在线教育平台。该项目通过微课交互式学习的方式，辅以移动学习方案的多媒体客户端 APP，打造了一个具有浓郁国学氛围的线上、线下国学教育平台。除了提前录制微课视频，"云国学"还提供了阅读材料、作业题、结业考试等方式，提供了国学的系统化学习流程。值得一提的是，"云国学"还提供充满互动性的课程讨论区。用户可以在讨论区畅所欲言和提问，助教会及时进行解答，促进交流和反馈。从容设计的课程内容，加上精细化、专业化的教学管理，给国学在线教育带来了更多的想象力。

教育非一日之功，"云国学"以中小学教师作为抓手，通过继续教育的方式为国学传承和普及提供了师资储备。中华书局"云国学"项目负责人王建介绍，"该项目自 2015 年 10 月 8 日上线以来，已有超过 2 000 名用户在线使用，取得了较好的传播效果。'云国学'的主要用户群体是中小学教师，将中华书局优质的内容资源与北京大学教育学院先进的教育技术相结合，力争打造一个全方位、便捷的教育平台，以培养出更多的国学教育优质师资力量。"

资料来源：杨张若然，姚怡云，何诗源，赵娴娜：《"互联网＋"，国学走进寻常百姓家》，载《人民日报》，2016-03-27。

### 9.4.3 "互联网+"其他文化

**1."互联网+"音乐曲艺**

中国传统音乐源远流长，其美学思想博大丰富。中国传统音乐绵延几千年，包含诸多审美品格，它是一定音乐思想特殊本质的集中体现，是音乐思想意识的结晶。一个国家、一个民族的思维习惯，对其审美意识的形成和发展有不可低估的作用。器乐音乐、戏曲音乐、说唱音乐、民歌、民间舞蹈音乐都是中国传统音乐曲艺的典型代表。

(1)依托互联网平台扩大音乐曲艺的传播途径。无论是成立音乐文化传媒公司、推出以传统文化为主题的文化创作项目，还是通过微博、微信、移动 APP 等现代化的运营模式，多样的传播平台的结合是将传统音乐曲艺文化推向市场，促进传统音乐曲艺发展的基础。

通过各类平台和新兴宣传，传统音乐曲艺在互联网时代大幅度提高了传播的范围和时效，实现了全民参与。互联网平台集报纸、书刊、电视等媒体之大成，并借助新兴网络媒体，为观众提供创作、表演、评论、赏析、教学等多个领域的信息共享，将传统音乐曲艺更好地融入生活，可以带来很好的投资回报。

(2)开发"互联网+"音乐曲艺的新样态。目前传统音乐曲艺相关的文化传媒公司在整合众多互联网平台后，面临的最大问题是如何将传统曲艺与当下的流行趋势相结合，吸引大众。保持传统音乐曲艺精髓的同时，也要借鉴现代音乐的传播形式，打造"互联网+"传统音乐曲艺的新形态。

无论是经典的音乐演唱会，还是 VR 等科技元素的跨界融合，创造传统音乐曲艺的新样态，既迎合市场需求，又能广泛地传播和传承传统文化，将会把传统音乐曲艺带向更大的市场。

**【案例 9-13】**

**米漫传媒的"古风"演唱会**

南京米漫传媒是一家集演出经纪、影视创作、展览展示服务、音乐创作等经营内容于一体的文化娱乐公司。目前米漫以原创古风音乐作为企业发展突破口及重点聚焦于中国原创古风音乐，为原创古风音乐人和消费者创建全新的沟通交流平台。

米漫传媒带领二次元音乐制作人成功策划并举办了人民大会堂古风音乐会和多

场国风动漫音乐节，并在鸟巢举办了大型国风主题演唱会，用实际行动让大众真正了解到古风音乐及其背后所代表的中国传统文化，场场票房爆满，反响热烈。

米漫传媒致力于原创古风音乐创作、艺人培养，更提出"国风"新概念，同时打造一系列以"国风"为主题的线下漫展、大型主题音乐会。在融资资本进入后，米漫公司围绕国风音乐向音乐平台、动画、漫画、游戏、影视等方向延伸，提供面向青少年用户的以中国传统文化为基础的泛娱乐文化体验服务。

目前米漫旗下的一线国风音乐歌手、艺人均领跑业内。艺人微博累计粉丝超1 000万人，专辑销售十余万张，且每年以超100％的态势增长。同时，米漫线下品牌活动古风音乐会、动漫音乐节等全年演出超200小时，现场人流近100万人次。自2015年公司成立至今共出品百余首国风原创歌曲，成功打造了十余个有价值的IP，如《锦鲤抄》《次元传说》《律之世界》等。另外，米漫传媒正在布局入资二次元多城市动漫展览会，以实现线上线下内容与现场多元化捆绑的生态产业链。

米漫作为根植国风领域的领头羊，未来要做的就是振兴国风，让国风流行起来，做国风项目和IP的孵化器；帮助国风群体做资源整合，致力于国风IP（包括渠道拓展、业务开发、资源置换、品牌推广等）的运营，建立属于国风产业的行业准则和规矩。与此同时，在原创国风IP、独立音乐团队、自有国风音乐网站和平台上，建立标准化的行为规范准则，进而影响整个国风圈子，打造对圈子内部有原创内容、对外部扩展渠道、对国家支持政策、对行业树立准则、对受众扩展圈子以及对粉丝扩大影响的一整套生态体系。

资料来源：创投时报，http://www.ctsbw.com/article/5806.html。

### 2. "互联网+"传统游戏

中国传统游戏是指流传于广大民众生活中的娱乐活动，主要流行于少年儿童中间和节日里成年人娱乐节目之中。有些游戏项目在发展中逐渐完备，最后形成了竞技项目或杂技艺术。不论是斗百草、放风筝、骑竹马、荡秋千、捉迷藏、斗蟋蟀，还是象棋、围棋、拔河、赛龙舟、摔跤，都是中国传统文化的典型的表现形式。

（1）依托互联网平台开发传统游戏题材的手游、端游。依托移动互联网的平台，众多企业开发了传统游戏题材的端游和手游，为大众提供了更广阔、便捷的传统游戏平台，市场潜力巨大。

依托互联网平台，传统游戏不再拘束于时间、空间、参与人员等方面的影响，众多公司可以利用网页、移动APP、微信公众号等架构开发整合传统游戏，将传统游戏"搬到线上"，既解决了场地、器械工具等问题，又对传统游戏的方法和模式进行了改良，使之迎合不同人群的需求和兴趣。

【案例 9-14】

### "天天"下象棋

天天象棋是一款玩家之间对战的象棋手游，为广大棋类游戏爱好者提供了交流和实战的平台。天天象棋内设有多种游戏模式，既承接传统，又勇于创新。游戏的界面简单明了，没有复杂的功能按钮。

此款游戏的特点是质朴耐玩。精雕细刻的棋盘和棋子，让玩家沉浸在中国象棋的乐趣中；优雅古朴的音乐，能给玩家一种休闲舒适的感觉；其超眩的走棋效果，展现了中国风的时尚之美。在天天象棋平台上，玩家足不出户就可以和各位高手过招，不但为象棋爱好者提供了便捷的平台，更吸引了大量年轻人的关注，而且在展现象棋魅力的同时很好地传播了传统游戏文化。

资料来源：百度百科，2017-06-15。

（2）加大传统游戏元素的传播和应用广度。斗百草、滚铁环等传统游戏几乎已经消失在大众视野里，但是依托互联网平台，这些经典的游戏又重新回到了大众视野。"互联网+"传统游戏的发展，在重塑传统游戏的基础上，将新兴的 AI、VR 等科技应用到互联网游戏平台，增加了传统游戏的乐趣性和吸引力，促进了传统游戏的传承度。

要将传统游戏更好地融入市场，需要结合多种不同的模式。现代网络游戏依旧占据着大部分的市场份额，除了通过不同的互联网平台打造传统游戏模式之外，还可以将传统游戏元素融入到热门的大型网络游戏中，让更多的用户体验传统游戏的乐趣。通过多种模式的融合，可以更好地促进传统游戏的传承与发展。

【案例 9-15】

### 传统游戏进入数字图书馆

跳皮筋、丢沙包、抓石子儿、抽陀螺、打弹弓……这些包含着"80后"甚至"90后"集体记忆的游戏对于现在的小孩来说已经陌生了。而这种"童年记忆"也是在一代又一代的更迭中不断消逝的。现在，腾讯互娱要与联合国教科文组织一起利用互联网技术实现对于传统游戏的存储与保护。

　　腾讯互娱与联合国教科文组织联合启动了 CSR（企业社会责任）工程"开放的传统游戏数字图书馆"项目，旨在通过最前沿的信息技术，对全球范围内有代表性的传统游戏发起系统的收集、保护与整理。

　　这个项目致力于创建一个开放的、便于访问的"电子图书馆"，一个传统游戏库。这些知识要留存在公共领域，要让任何人都能够访问。借助 ICTs 技术，不仅要实现对传统游戏的保护，同时要进行重塑，让它们能够适应数字时代，以让青年一代能够理解的形式再现。

　　这座不一样的"图书馆"有以下几个特殊的关键词：

　　（1）连接器。将过去这些传统游戏及其蕴含的文化挖掘出来，包括传统文化、传统竞技与体育、民俗文化等。腾讯会通过图片、视频及多维体验的方式，来帮助传统游戏最大限度地还原与传播。

　　（2）交互。数字图书馆是基于互联网与移动信息技术的多维立体的数字图书馆，能与用户互动，并可以体验这些传统游戏的玩法。而在此基础上，腾讯会尝试通过这一些前沿的技术，给用户提供更鲜活且更真实的体验。

　　（3）开放。每个用户都可以成为图书馆内容的贡献者。它会包含完善的浏览、极速上传、实时体验等功能，让用户上传内容，参与建设数字图书馆，依靠更多的社会力量共同努力完成。

　　同时，由腾讯互娱、像素、南派三叔共同推出的"勇者大冒险"，将作为"开放的传统游戏数字图书馆"用全 IP 实践方式探索传统游戏保护与传承的首创试点合作项目。《勇者大冒险》游戏已经有很多国家地域的副本，都是以当地的文化风俗、地理环境为背景来制作的。未来可以将传统游戏的玩法搬到线上，用网络游戏对传统游戏进行二次演绎。目前"勇者大冒险"IP 系列已经拥有小说、动画、漫画、游戏等泛娱乐多领域布局，手游曾获苹果商店与应用宝双榜第一，动漫第一季的全网点击破 2.4 亿，小说登陆起点中文网后获得新书首发关注第一。未来会尝试将传统游戏融入小说情节、动画道具、游戏设定等每一个经典细节中，从而对用户产生潜移默化的影响。

　　资料来源：http://www.chinaz.com/news/2015/1129/476711.shtml，2017-06-10。

### 3. "互联网+"中医文化

　　随着"互联网+"概念的广泛传播，互联网医疗骤然火爆、快速发展，势头强劲。围绕中医题材的互联网医疗创业也变得颇为活跃，涌现了众多的新公司和大量的融资案例。互联网平台不仅促进了传统中医的广泛传播，也促进了中医本身的传承与发展。

（1）"互联网＋"带来全新就医问诊平台。颠覆"预约挂号—医院就医"的传统模式，将中医医师资源整合到互联网平台，是"互联网＋"中医文化的最大特点。对于用户来说，通过移动 APP、微信公众号以及中医健康网站等平台，选择中医医师资源进行问诊，既方便又节约资源；对于众多名医来说，可以突破地区的局限，更大程度地发挥自身价值，满足患者的不同需求。

（2）依附电商平台扩大中药产品市场。互联网平台为传统中医馆提供了蜕变和创新的机遇。随着电商平台的迅速发展，众多百年老店纷纷开始尝试电子商务，先后在天猫、京东、1 号店等平台上设立旗舰店，销售传统中药及周边产品。互联网工具在提升实体中医馆的业务量方面有着非常明显的作用。

（3）O2O 模式让传统中医更加大众化。线上线下结合的 O2O 模式在中医药领域存在很大的市场空间。依托线上平台问诊是新模式的基础，线上线下结合的 O2O 平台将线上问诊与线下取药、体检诊疗动态结合，为患者的就医流程提供了便利，是很好的发展方向。此外，中医学者和爱好者可以借助互联网的渠道优势，为中医文化构建全方位的线上推广，既能在线上平台为病人观诊治病，同时也能够借助线上平台弘扬中医文化。随着互联网的持续发展，中医文化将得到发展，中医产业也会爆发更多的机遇。

## 【案例 9-16】

### 金华佗

金华佗隶属于深圳市金华佗科技有限公司，是"互联网＋"中医创业的典型代表。目前金华佗共有四条业务线，分别是金华佗就医助手、自建线下医馆、24 小时动态经络仪和中药配送。

在医生端，金华佗线上平台的认证医生有 1 288 名，日活跃度能够达到约15%；在患者端，微信公众号"金华佗就医助手"共有 20 万粉丝，每天 UV 能达到2 000～3 000，其中 2%～3% 可以转化为实际的购买用户；在订单方面，金华佗每天的订单在百单左右，到现在为止付费用户达到 1.2 万人次。

金华佗的发展方向如下：

**1. 完善药品供应链**

由于现在医疗服务还处在探索阶段，公司主要的营收依赖于药品供应链的搭建，因此此次融到的资金将部分用于自建中心药房。自建中心药房有两个好处：一是可以提高派单效率；二是可以给用户提供更多药品的选择。目前，金华佗已经和康美药业、同仁堂、至信药业达成合作。

**2. 加大线上推广和用户导流的力度**

金华佗线上流量的转化率比较低，一般在千分之一左右，因此需要强大的流量入口做支撑。金华佗一方面希望加强微信公众号的运营，另一方面选择和其他公司合作互相导流。比如，本轮投资方就医160未来就有可能开放流量入口给金华佗。未来，金华佗还有可能选择母婴、女性、上门服务等公司进行合作。因为经过金华佗的调研，生产后的女性用户选择中医调理的比例较高。

**3. 构建线下医馆的流程化服务体系**

现在线下医馆每月新增病历约为300个。由于线下医馆用的是自己的HIS系统，且已经和线上平台打通，因此，医生、患者和医馆三方之间的信息流转更为通畅。金华佗希望强化这方面的优势，将信息化和优质服务结合成一个标准的体系流程，未来不排除会将这一体系共享给其他医馆，和其他医馆一同服务和培育用户。

"互联网+"中医领域走到线下是大趋势。一方面，纯线上平台模式的壁垒较低；另一方面，线上流量的获取也并不便宜。若能像金华佗一样打通线上线下，以服务体验取胜，或许是一种不错的尝试。

**4. 传统中医与泛娱乐平台跨界混搭，促进传播新形式**

传统中医文化的传播是"互联网+"中医创业的重要切入点之一，即将中医文化与移动互联网平台结合，开发吸引大众的新的传播形式，让大众能够轻松、有趣、有针对性地了解中医知识。

【案例 9-17】

### 中医也娱乐？

2016年是短视频井喷的一年。从2016年9月，今日头条宣布拿出10亿元人民币补贴短视频，微博和秒拍也宣布拿出1亿美元在未来一年扶持短视频，到12月底阿里大文娱视频战略全面升级，宣布未来三年投入将超过500亿元，这背后的巨大市场和前景非常值得期待。随着用户关注点的细化，短视频内容向垂直领域深化。

主打互联网中医健康的短视频节目《太医说》，从中医健康知识点切入，以简单趣味的形式诠释中医保健理念，让普通大众能够轻松愉悦地获得健康知识。在大多数人眼中，中医往往是传统的、神秘的，而"太医说"创造性地将娱乐元素巧妙地融入中医知识中，以生动直观的方式传递健康知识。团队目前已与中国中药协会达成独家战略合作，同时组建了 30 位专业中医顾问团队。

《太医说》第一季自 2016 年 8 月 5 日上线播出，共 13 集，全网播放量已突破 6 000 万，成为短视频垂直中医健康领域的佼佼者。

2016 年 12 月，《太医说》原创制作团队获得了由龙翌资本和青藤文化合投的天使轮投资，之后将持续加强在内容制作与发行运营方面的能力，全力打造互联网健康第一品牌。目前《太医说》团队正在筹备第二季内容，将在 2017 年春季推出《太医说之女性健康》，专注女性健康话题，制作规格全面升级。

资料来源：李轶：《中医也娱乐，中医短视频"太医说"上线》，http://36kr.com/p/5060653.html，2016-12-30。

## 【章尾案例】

### 中国诗词大会

《中国诗词大会》第二季是科教频道自主研发，国家语言文字工作委员会和共青团中央联合主办的一档大型演播室季播节目。节目以"赏中华诗词、寻文化基因、品生活之美"为宗旨，通过现场一百余位诗词达人之间的比赛对抗，带领全国电视观众重温经典诗词，继承和发扬中华优秀传统文化。

2017 年新春伊始，央视《中国诗词大会》第二季强势回归，收官战播出收视率位列实时第一，将《孤芳不自赏》《三生三世十里桃花》等热剧都甩在了后面。上至七旬老人，下至七岁儿童，既有大学教师，也有普通农民；有背诵毛主席《七律·长征》的外国友人，也有身体残缺但满腹诗书的独臂女孩，还有用诗词磨炼意志的抗癌农民，这些人身份虽然普通，却向观众传递了最有魅力的中国诗词文化。16 岁的复旦附中学生武亦姝凭借 2 000 余首诗词储备和清新的古风气质一举夺魁。网友纷纷为她的才情所折服，感叹她满足了大家"对古代才女的所有幻想"。

节目的四位国学嘉宾——王立群、康震、蒙曼、郦波——将生僻的掌故化作通俗的故事，增加了节目中诗词、诗人和历史的文化厚度，不着痕迹地实现了"从传统文化中挖掘时代内涵，培育新时代下的新文化"的核心立意。人们了解了"春来江水绿如蓝"的"蓝"并不是蓝色，而是"蓝草"；"云梦泽"是由"云泽"和"梦泽"组合而成；而诗中的许多"看"字，不读四声应读一声。这些知识，让参与者和观众受益匪浅。

《中国诗词大会》的热播也引起了人们的思索。在这样一个快餐时代，饱读诗书的人少了，通过学习优秀传统文化来提升文化素养的人少了，而《中国诗词大会》"圈粉"无数，恰恰说明了在每个人的心中都愿意亲近中国优秀传统文化，在每个人的心中都有"诗和远方"。源头的从《诗经》和《楚辞》，到高峰时的唐诗宋词，一直到当代毛主席诗词文选，中国人习惯以诗来表达自己的情感，表达自己的审美情趣和人生情趣。人们需要精神上的东西，而中国诗词文化特有的艺术魅力和其他任何形式相比是最属心的。近些年，《汉字听写大会》《成语大会》等文化类节目都曾经引发如潮般的关注，充分说明了公众对传统文化有巨大的需求。

中国古代还有"诗教"的说法。《礼记·经解》曰："入其国，其教可知也。其为人也，温柔敦厚，《诗》教也。"意思是《诗经》的学习与教育，对完美人格的培养具有重要意义。其实，远远不只是《诗经》，整个中国古典诗词乃至优秀传统文化都是一座巨大的精神宝库。

**思考题：**

1. 《中国诗词大会》火爆荧屏的原因是什么？
2. 中华传统文化最吸引人的地方有哪些？
3. 中国传统文化类创业项目的难点是什么？如何解决？
4. 中国其他传统文化能否复制《中国诗词大会》的成功？

案例解析